民國文化與文學_{研究}文叢

六 編

李 怡 主編

第 12 冊

曾樸、曾虛白父子與「眞美善作家群」研究

王 西 強 著

國家圖書館出版品預行編目資料

曾樸、曾虛白父子與「真美善作家群」研究／王西強 著 -- 初
版 -- 新北市：花木蘭文化出版社，2016〔民105〕
序 4+ 目 2+190 面；19×26 公分
（民國文化與文學研究文叢 六編：第 12 冊）
ISBN 978-986-404-686-7（精裝）
1. 曾樸 2. 曾虛白 3. 學術思想 4. 文學評論
541.26208   105012790

ISBN-978-986-404-686-7

9 789864 046867

特邀編委（以姓氏筆畫為序）：

丁　帆	王德威	宋如珊
岩佐昌暲	奚　密	張中良
張堂錡	張福貴	須文蔚
馮　鐵	劉秀美	

民國文化與文學研究文叢
六　編　第十二冊　　　　　ISBN：978-986-404-686-7

曾樸、曾虛白父子與「眞美善作家群」研究

作　　者	王西強
主　　編	李　怡
企　　劃	四川大學現代中國文化與文學研究中心 北京師範大學民國歷史文化與文學研究中心
總 編 輯	杜潔祥
副總編輯	楊嘉樂
編　　輯	許郁翎、王　筑　美術編輯　陳逸婷
出　　版	花木蘭文化出版社
社　　長	高小娟
聯絡地址	235 新北市中和區中安街七二號十三樓 電話：02-2923-1455／傳眞：02-2923-1452
網　　址	http://www.huamulan.tw 信箱 hml 810518@gmail.com
印　　刷	普羅文化出版廣告事業
初　　版	2016 年 9 月
全書字數	170133 字
定　　價	六編 24 冊（精裝）新台幣 44,000 元

曾樸、曾虛白父子與「眞美善作家群」研究

王西強　著

作者簡介

王西強：男，1978 年 10 月生，山東臨沂人，文學博士，陝西師範大學外國語學院副教授，碩士生導師。馬薩諸塞州立大學波士頓分校訪問學者。華東師範大學中文系博士後。研究方向爲：大陸當代小說在美國的譯介、傳播與接受研究；莫言小說敘事研究；曾樸、曾虛白與「眞美善作家群」研究。已在《中國現代文學研究叢刊》等期刊發表論文 14 篇；主持國家社科基金項目等 8 項；參與國家社科基金重大招標項目、國家十二五規劃重點出版項目等 10 項；出版專著 1 部，譯著 1 部，參編教材 4 部。

提　　要

　　本書通過梳理曾樸、曾虛白父子參與文學活動的相關史料，勾勒了他們在常熟地域文化及其家學體統影響下，展現出來的通過著譯活動在文學上除舊布新、「匡時治國」的文化理想，狀述了曾氏父子創辦「眞美善」書店雜誌以「進修文藝」、「廣交文友」的文學活動，分析了其「眞」、「美」、「善」的文學理想與藝術標準的形式規範與審美導向作用。

　　本書重點論述了「眞美善作家群」的形成及其文化姿態，展現了他們獨特的「法國式沙龍」的文學生活方式，論述了他們的文化姿態：追求文學的「偉大」與「普及」，放棄啓蒙姿態，推倒文學的「非文藝性」壁壘，組建「文化的班底」，建設「群眾的文學」。通過史料呈現出「眞美善作家群」通過欄目創新和策劃文學活動，對外宣揚自己的文學理念，進行頗具「文化表演」色彩的自我推銷活動。通過「眞美善作家群」翻譯外國文學的成績，展示了他們「容納異性」與「系統翻譯」的基本立場和方法，以及他們的翻譯觀念與技術探索對於現代翻譯的意義。

　　「眞美善作家群」獨特的審美訴求和文學理想與現實文學需求之間有著深刻的矛盾，他們的文學實績和文學史命運，爲我們考察 1930 年代的文學生態提供了一個頗爲獨特的典型性視角。

作爲方法的「民國」
——第六輯引言

李　怡

　　「作爲方法」的命題首先來自日本著名漢學家竹內好，從竹內好 1961 年「作爲方法的亞洲」到溝口雄三 1989 年「作爲方法的中國」，其中展示的當然不僅僅是有關學術「方法」的技術性問題，重要的是學術思想的主體性追求。日本學人通過中國這樣一個「他者」的參照進行自我的反省和批判，實現從「西方」話語突圍，重新確立自己的主體性，這對同樣深陷「西方」話語圍困的中國學界而言也無疑具有特殊的刺激和啓發。1990 年代中期以後，中國（華人）學人如孫歌、李冬木、汪暉、陳光興、葛兆光等陸續介紹和評述了他們的學說，〔註 1〕特別是最近 10 年的中國思想文化與文學批評界，可以說出現了一股竹內──溝口的「作爲方法」熱，「作爲方法的日本」、「作爲方法的竹內好」、「亞洲」作爲方法，〔註 2〕以及「作爲方法的 80 年代」等等

〔註 1〕　如 Kuang-ming Wu and Chun-chieh Huang　（吳光明、黃俊傑）：〈關於《方法としての中國》的英文書評〉（《清華學報》新 20 卷第 2 期，1990 年），溝口雄三、汪暉：〈沒有中國的中國學〉（《讀書》第 4 期，1994 年），孫歌：〈作爲方法的日本〉（《讀書》第 3 期，1995 年），李長莉：〈溝口雄三的中國思想史研究〉（《國外社會科學》第 1 期，1998 年），葛兆光：〈重評九十年代日本中國學的新觀念──讀溝口雄三《方法としての中國》〉（《二十一世紀》12 月號，2002 年），吳震：〈十六世紀中國儒學思想的近代意涵──以日本學者島田虔次、溝口雄三的相關討論爲中心〉（《東亞文明研究學刊》第 1 卷第 2 期，2004 年）等。

〔註 2〕　刊發於《臺灣社會研究季刊》12 月號，總第 56 期，2004 年。2005 年 6 月，陳光興參加了在華東師範大學舉行的「全球化與東亞現代性──中國現代文學的視角」暑期高級研討班，將論文〈「亞洲」作爲方法〉提交會議，引起了與會者的濃厚興趣。

在我們學術話語中流行開來，體現了一種難能可貴的自我反思、重建學術主體性的努力。竹內好借鏡中國的重要對象是文學家魯迅，近年來，對這一反思投入最多的也是從事中國現當代文學研究的學者，因此，對這一反思本身做出反思，進而探索眞正作爲中國現代文學的「方法」的可能，便顯得必不可少。

在「亞洲」、「中國」先後成爲確立中國學術主體性的話語選擇之後，我覺得，更能夠反映中國現代文學立場和問題意識的話語是「民國」。作爲方法的民國，具體貼切地揭示了中國現代文學的生存發展語境，較之於抽象的「亞洲」或者籠統的「中國」，更能體現我們返回中國文學歷史情境，探尋學術主體性的努力。

一

日本戰敗，促成了一批日本知識分子的自我反省，竹內好（1908～1977）就是其中之一。在他看來，「脫亞入歐」的日本「什麼也不是」，反倒是曾經不斷失敗的中國在抵抗中產生了非西方的、超越近代的「東洋」。通常我們是說魯迅等現代中國知識分子從「東洋」日本發現了現代文明的啓示，竹內好卻反過來從中國這個「東洋」發現了一條區別於西歐現代化的獨特之路：借助日本所沒有的社會革命完成了自我更新，如果說日本文化是「轉向型」的，那麼中國文化則可以被稱作是「迴心型」，而魯迅的姿態和精神氣質就是這一「迴心型」的極具創造價值的體現。「他不退讓，也不追從。首先讓自己和新時代對陣，以『掙扎』來滌蕩自己，滌蕩之後，再把自己從裏邊拉將出來。這種態度，給人留下一個強韌的生活者的印象。像魯迅那樣強韌的生活者，在日本恐怕是找不到的。」「在他身上沒有思想進步這種東西。他當初是作爲進化論宇宙觀的信奉者登場的，後來卻告白頓悟到了進化論的謬誤；他晚年反悔早期作品中的虛無傾向。這些都被人解釋爲魯迅的思想進步。但相對於他頑強地恪守自我來說，思想進步實在僅僅是第二義的。」〔註3〕就此，他認爲自己發現了與西方視角相區別的「作爲方法的亞洲」，這裡的「亞洲」主要指中國。溝口雄三（1932～2010）是當代中國思想史學家，他並不同意竹內好將日本的近代描述爲「什麼也不是」，試圖在一種更加平等而平和的文化觀

〔註3〕　（日）竹內好：《近代的超克》，11、12 頁，李冬木、趙京華、孫歌譯，三聯書店，2005 年。

念中讀解中國近代的獨特性:「事實上,中國的近代既沒有超越歐洲,也沒有落後於歐洲,中國的近代從一開始走的就是一條和歐洲、日本不同的獨自的歷史道路,一直到今天。」〔註4〕作爲方法的中國,意味著對「中國學」現狀的深入的反省,這就是要根本改變那種「沒有中國的中國學」,「把世界作爲方法來研究中國,這是試圖向世界主張中國的地位所帶來的必然結果……這樣的『世界』歸根結底就是歐洲」。「以中國爲方法的世界,就是把中國作爲構成要素之一,把歐洲也作爲構成要素之一的多元的世界」。〔註5〕

海外漢學(中國學)長期生存於強勢的歐美文明的邊緣地帶,因而難以改變作爲歐美文化思想附庸的地位,這一局面在海外華人的中國研究中更加明顯。而日本知識分子的反省卻將近現代中國作爲了反觀自身的「他者」,第一次將中國問題與自我的重建、主體性的尋找緊密聯繫,強調一種與歐美文明相平等的文化意識,這無疑是「中國學」研究的重要破局,具有重要的學術啓示意義,同時,對中國自己的學術研究也產生了極大的衝擊效應。

在逐步走出傳統的感悟式文學批評,建立現代知識的理性框架的過程中,中國的學術研究顯然從西方獲益甚多,當然也受制甚多,甚至被後者裹挾了我們的基本思維與立場,於是質疑之聲繼之而起,對所謂「中國化」和保留「傳統」的訴求一直連綿不絕,至最近20餘年,更在國內清算「西化」的主流意識形態及西方後現代主義、西方馬克思主義的自我批判的雙重鼓勵下,進一步明確提出了諸如中國立場、中國問題、中國話語等系統性的要求。來自日本學者的這一類概括——在中國發現「亞洲」近代化的獨特性,回歸中國自己的方法——顯然對我們當下的學術訴求有明晰準確的描繪,予我們的「中國道路」莫大的鼓勵,我們難以確定這樣的判斷究竟會對海外的「中國學」研究產生多大的改變,但是它對中國學術界本身的啓示和作用卻早已經一目了然。

我高度評價中國學界「回歸中國」的努力與亞洲——中國「作爲方法」的啓示意義。但是,與此同時,我也想提醒大家注意一個重要的現實,所謂的「作爲方法」如果不經過嚴格的勘定和區分,其實並不容易明瞭其中的含義,而無論是「亞洲」還是「中國」,作爲一個區域的指稱原本也有不少的遊

〔註4〕 (日)溝口雄三:《作爲方法的中國》,12頁,孫軍悅譯,三聯書店,2011年。
〔註5〕 (日)溝口雄三:《作爲方法的中國》,130、131頁,孫軍悅譯,三聯書店,2011年。

移性與隨意性。比如竹內好將「亞洲」簡化爲「中國」，將「東洋」轉稱爲「中國」，臺灣學人陳光興也在這樣的「亞洲」論述中加入了印度與臺灣地區，這都與論述人自己的關注、興趣和理解相互聯繫，換句話說，僅僅有「作爲方法」的「亞洲」概念與「中國」概念遠遠不夠，甚至，有了竹內與溝口的充滿智慧的「以中國爲方法」的種種判斷也還不夠，因爲這究竟還是「中國之外」的「他者」從他們自己的需要出發提出的觀察，這裡的「中國」不過是「日本內部的中國」，而非「中國人的中國」，正如溝口雄三對竹內好評述的那樣：「這種憧憬的對象並不是客觀的中國，而是在自身內部主觀成像的『我們內部的中國』。」〔註6〕那麼，溝口雄三本人的「中國方法」又如何呢？另一位深受竹內好影響的日本學者子安宣邦認爲，溝口雄三「以中國爲方法，以世界爲目的」的「超越中國的中國學」與日本戰前「沒有中國的中國學」依然具有親近性，難以眞正展示自己的「作爲方法」的中國視點。〔註7〕所以葛兆光就提醒我們，對於這樣「超越中國的中國學」，我們也不能直接平移到中國自己的中國學之中，一切都應當三思而行。〔註8〕

問題是，中國學界在尋找「中國獨特性」的時候格外需要那麼一些支撐性的論述與證據，而來自域外的論述與證據就更顯珍貴了。在這個時候，域外學說的「方法」本身也就無暇追問和反思了。例如竹內好與溝口雄三都將近現代中國的獨特性描述爲社會革命：「中國的近代化走的是自下而上的反帝反封建社會革命、即人民共和主義的道路。」〔註9〕在他們看來，太平天國至社會主義中國的「革命史」呈現的就是中國自力更生的道路。這的確道出了現代中國的重要事實，因而得到許多中國現代文學研究者的認同，當然，一些中國學者對現代中國革命的重新認同還深刻地聯繫著西方後現代主義對西方文化的自我批判，聯繫著西方馬克思主義及其它左派對資本主義的嚴厲批判，在這裡，「西洋」的自我批判和「東洋」的自我尋找共同加強了中國學者對「中國現代史＝革命史」的認識，如下話語所表述的學術理念以及這一理念的形成過程無疑具有某種典型意義：

〔註6〕（日）溝口雄三：《作爲方法的中國》，6頁，孫軍悅譯，三聯書店，2011年。

〔註7〕參看張崑將：〈關於東亞的思考「方法」：以竹內好、溝口雄三、子安宣邦爲中心〉，《臺灣東亞文明研究學刊》第1卷第2期，2004年。

〔註8〕葛兆光：〈重評九十年代日本中國學的新觀念——讀溝口雄三《方法としての中國》〉，《二十一世紀》12月號，2002年。

〔註9〕（日）溝口雄三：《作爲方法的中國》，11頁，孫軍悅譯，三聯書店，2011年。

　　從 1993 年起，我逐步地對以往的研究做了兩點調整：第一是將
自己的歷史研究放置在「反思現代性」的理論框架中進行綜合的分
析和思考；第二是力圖將社會史的視野與思想史研究結合起來。在
中國 1980 年代的文化運動和 1990 年代的思想潮流之中，對於近代
革命和社會主義歷史的批判和拒絕經常被放置在對資本主義的全面
的肯定之上；我試圖將近代革命和社會主義歷史的悲劇放置在對現
代性的批判性反思的視野中，動機之一是為了將這一過程與當代的
現實進程一道納入批判性反思的範圍。……而溝口雄三教授對日本
中國研究的批判性的看法和對明清思想的解釋都給我以啟發。也是
在上述閱讀、交往和研究的過程中，我逐漸地形成了自己的一個研
究視野，即將思想的內在視野與歷史社會學的方法有機地結合起
來。〔註10〕

東洋與西洋的有機結合，鼓勵我們對現代性的西方傳統展開質疑和批判，同
時對我們自身的現代價值加以發掘和肯定，在中國現代文學研究領域中，這
些「我們的現代價值」常常也指向革命文學、左翼文學、延安文學與新中國
建立至新時期以前的文學，有學者將之概括為新左派的現代文學史觀。姑且
不論「新左派」之說是否準確，但是其描述出來的學術事實卻是有目共睹的：
「以現代性反思的名義將左翼文學納入現代性範疇，並稱之為『反現代的現
代主義文學』、『反現代的現代先鋒派文學』，高度肯定其歷史合理性，並認為
改革前的毛澤東時代可以定位為『反現代的現代性』，其合法性來自於對西方
資本主義現代性的批判。」〔註11〕為了肯定這些中國現代文化追求的合理性，
人們有意忽略其中的種種失誤，包括眾所周知的極左政治對現代文學發展的
傷害和扭曲，甚至「文革」的思維也一再被美化。

　　理性而論，前述的「反思現代性」論述顯然問題重重：「那種忽略了具體
歷史語境中強大的以封建專制主義文化意識為主體的特殊性，忽略了那時文
學作品巨大的政治社會屬性與人文精神被顛覆、現代化追求被阻斷的歷史內
涵，而只把文本當作一個脫離了社會時空的、僅僅只有自然意義的單細胞來

〔註10〕汪暉、張曦：〈在歷史中思考──汪暉教授訪談〉，《學術月刊》第 7 期，2005
　　　　年。

〔註11〕鄭潤良：〈「反現代的現代性」：新左派文學史觀萌發的語境及其問題〉，《福建
　　　　論壇》第 4 期，2010 年。

進行所謂審美解剖。這顯然不是歷史主義的客觀審美態度。」〔註12〕

　　值得注意的現實是，爲了急於標示中國也可以有自己的「現代性」，我們學界急切尋找著能夠支持自己的他人的結論和觀點，至於對方究竟把什麼「作爲方法」倒不是特別重要了。

　　「悖論」是中國學者對竹內好等學者處境與思維的理解，有意思的是，當我們不再追問「作爲方法」的緣由和形式之時，自己也可能最終陷入某種「悖論」。比如，在肯定我們自己的現代價值之際，誕生了一個影響甚大的觀點：反現代的現代性。中國革命史被稱作是「反現代的現代性」，中國的左翼文學史也被描述爲「反現代性的現代性」，姑且不問這種表述來源於西方現代性話語的繁複關係，使用者至少沒有推敲：「反」的思維其實還是以西方現代性爲「正方」的，也就是說，是以它的「現代」爲基本內容來決定我們「反」的目標和形式，這是眞正的多元世界觀呢？還是繼續延續了我們所熟悉的「二元對立」的格局呢？這樣一種正／反模式與他們所要克服的思維中國／西方的二元模式如出一轍：把世界認定爲某兩種力量對立鬥爭的結果，肯定不是對眞正的多元文化的認可，依舊屬於對歷史事實的簡化式的理解。

二

　　「中國作爲方法」不是學術研究大功告成之際的自得的總結，甚至也還不是理所當然的研究的開始，更準確地說，它可能還是學術思想調整的準備活動。在這個意義上，眞正的「中國」問題在哪裏，「中國」視角是什麼，「中國」的方法有哪些，都亟待中國自己的學人在自己的歷史文化語境中開展新的探討。對於中國現代文學研究而言，我覺得，與其追隨「他者」的眼界，取法籠統的「中國」，還不如眞正返回歷史的現場加以勘察，進入「民國」的視野。「作爲方法的中國」是來自他者的啓示，它提醒我們尋找學術主體性的必要，「作爲方法的民國」，則是我們重拾自我體驗的開始，是我們自我認識、自我表達的眞正的需要。

　　海外中國學研究，在進入「作爲方法的中國」之後，無疑產生了不少啓發性的成果，即便如此，其結論也有別於自「民國」歷史走來的中國人，只有我們自己的「民國」感受能夠校正他者的異見，完成自我的表述。包括竹

〔註12〕董健、丁帆、王彬彬：〈我們應該怎樣重寫當代文學史〉，《江蘇行政學院學報》第 1 期，2003 年。

內好與溝口雄三這樣的智慧之論也是如此。對此，溝口雄三自己就有過眞誠的反思，他說包括竹內好在內他們對中國的觀察都充滿了憧憬式的誤讀，包括對「文革」的禮贊等等。〔註 13〕因爲研究「所使用的基本範疇完全來自中國思想內部」，而且「對思想的研究不是純粹的觀念史的研究，而是考慮整個中國社會歷史」，溝口雄三的中國研究曾經爲中國學者所認同，〔註 14〕例如他借助中國思想傳統的內部資源解釋孫中山開始的現代革命，的確就令人耳目一新，跳出了西方現代性東移的固有解說：

> 實際上大同思想不僅影響了孫文，而且還構成了中國共和思想的核心。

> 就民權來看，中國的這種大同式近代的特徵也體現在民權所主張的與其說是個人權利，不如說國民、人民的全體權利這一點上。

> 大同式的近代不是通過「個」而是通過「共」把民生和民權聯結在一起，構成一個同心圓，所以從一開始便是中國獨特的、帶有社會主義性質的近代。〔註 15〕

雖然這道出了中國現代歷史的重要事實，但卻只是一部分事實，很明顯，「民國」的共和與憲政理想本身是一個豐富而複雜的思想系統，而且還可以說是一個動態的有許多政治家、思想家和知識分子共同參與共同推進的系統。例如在五四新文化運動前夕，出於對民初政治的失望，《甲寅》的知識分子群體就展開了「國權」與「民權」的討論辨析，並且關注「民權」也從「公權」轉向「私權」，至《新青年》更是大張個人自由，個人情感與欲望，這才有了五四新文學運動，有了郁達夫的切身感受：「五四運動的最大成功，第一要算『個人』的發現。從前的人是爲君而存在，爲道而存在，爲父母而存在的，現在的人才曉得爲自我而存在了。」〔註 16〕不僅是五四新文學思潮，後來的自由主義者也一直以「個人權利」、「個人自由」與左右兩種政治主張相抗衡，雖然這些「個人」與「自由」的內涵嚴格說來與西方文化有所區別，但也不

〔註 13〕　（日）溝口雄三：《作爲方法的中國》，12 頁，孫軍悅譯，三聯書店，2011 年。

〔註 14〕　（日）溝口雄三、汪暉：〈沒有中國的中國學〉，《讀書》第 4 期，1994 年。

〔註 15〕　（日）溝口雄三：《作爲方法的中國》，12、16、18 頁，孫軍悅譯，三聯書店，2011 年。

〔註 16〕　郁達夫：《〈中國新文學大系·散文二集〉導言》，上海良友圖書印刷公司，1935 年。

是「大同」理想與「社會主義性質」能夠涵蓋的，它們的發展在不同的歷史時期各有限制，但依然一路坎坷向前，並在 20 世紀 80 年代的海峽兩岸各有成效，成爲現代中國文化建設所不能忽略的一種重要元素，不回到民國重新梳理、重新談論，我們歷史的獨特性如何能夠呈現呢？

治中國社會歷史研究多年的秦暉曾經提出了一個耐人尋味的觀點：當前中國學術一方面在反對西方的所謂「文化殖民」，另外一方面卻又常常陷入到外來的「問題」圈套之中，形成有趣的「問題殖民」現象。〔註 17〕我理解，這裡的「問題殖民」就是脫離開我們自己的歷史文化環境，將他者研討中國提出來的問題（包括某些讚賞中國「特殊價值」的問題）當作我們自己的問題，從而在竭力掙脫西方話語的過程中再一次落入到他者思維的窠臼。如何才能打破這種反反覆復、層層疊疊的他者的圈套呢？我以爲唯一的出路便是敢於拋開一些令人眼花繚亂的解釋框架，面對我們自己的歷史處境，感受我們自己的問題，對中國現代文學的研究而言，就是要在「民國」的社會歷史框架中醞釀和提煉我們的學術感覺，這當然不是說從此固步自封，拒絕外來的思想和方法，而是說所有的思想和方法都必須在民國歷史的事實中接受檢驗，只有最豐富地對應於民國歷史事實的理論和方法才足以成爲我們研究的路徑，才能最後爲我所用。在中國現代文學研究領域，並沒有異域學者所總結完成的「中國方法」，而只有在民國「作爲方法」取得成傚之後的具體的認知，也就是說，是「作爲方法的民國」眞正保證了「作爲方法的中國」。下述幾個中國現代文學研究中影響較大、也爭論較大的理論框架，莫不如此。

例如，在描述中國歷史從封建帝國轉入現代國家的時候，人們常常使用「民族國家」這一概念，中國現代文學也因此被視作「現代民族國家文學」，不斷放大「民族國家」主題之於中國現代文學的意義：「在抗戰文學中，由於抗日民族統一戰線的建立，民族國家成爲了一個集中表達的核心的、甚至唯一的主題。」〔註 18〕甚至稱：「『五四』以來被稱之爲『現代文學』的東西其實是一種民族國家文學。」〔註 19〕這顯然都不符合中國現代文學在「民國」

〔註 17〕http：//www.360doc.com/content/10/0626/01/875791_35273755.shtml

〔註 18〕曠新年：〈民族國家想像與中國現代文學〉，《文學評論》第 1 期，2003 年。

〔註 19〕劉禾：《文本、批評與民族國家文學——〈生死場〉的啓示》，1 頁，北京大學出版社，2007 年。對中國現代文學研究中民族國家理論的檢討，已有學者提出過重要的論述，如張中良《中國現代文學的「民族國家」問題》，臺灣花木蘭文化出版社，2012 年。

的歷史事實，不必說五四新文學運動恰恰質疑了無條件的「國家認同」，民國時期文學前十年「國家主題」並不占主導地位，出現了所謂「民族國家意識的延宕與缺席」現象，[註20]第二個十年間的「民族主義」觀念也一再受到左翼文學陣營的抨擊，就是抗日戰爭時期的文學，也不像過去文學史所描繪的那麼主題單一，相反，多主題的出現，文學在豐富中走向成熟才是基本的事實。不充分重視「民國」的豐富意義就會用外來概念直接「認定」歷史的性質，從而形成對我們自身歷史的誤讀。

　　文學的「民國」不僅含義豐富，也不適合於被稱作是「想像的共同體」。近年來，美國著名學者本尼狄克特・安德森關於民族國家的概括──「想像的共同體」廣獲運用，借助於這一思路，我們描繪出了這樣一個國家認同的圖景：中國知識分子從晚清開始，利用報紙、雜誌、小說等媒體空間展開政治的文化的批判，通過這一空間，中國人展開了對「民族國家」的建構，使國民獲得了最初的民族國家認同。誠然，這道出了「帝國」式微，「民國」塑形過程之中，民眾與國家觀念形成的某些狀況，但卻既不是中華民族歷史演變的真相，[註21]也不是現實意義的民國的主要的實情，當然更不是「文學民國」的重要事實。現實意義的民國，在一個相當長的時間裏，依然處於殘留的「帝國」意識與新生的「民國」意識的矛盾鬥爭之中，專制集權與民主自由此漲彼消，黨國觀念與公民社會相互博弈，也就是說，「國家與民族」經常成爲統治者鞏固自身權利的重要的意識形態選擇，與知識分子所要展開的公眾想像既相關又矛盾。在現實世界上，我們的國家民族觀念常常來自於政治強權的強勢推行，這也造成了

〔註20〕李道新在剖析民國電影文化時指出：「南京國民政府成立以前，亦即從電影傳入中國至 1927 年之間，中國電影傳播主要訴諸道德與風化，基本無關民族與國家。民族國家意識的延宕與缺席，與落後保守的價值導向及混亂無序的官方介入結合在一起，使這一時期的中國電影幾乎處在一種特殊的無政府狀態，並導致中國電影從一開始就陷入目標／效果的錯位與傳者／受眾的分裂之境。」（李道新：〈民族國家意識的延宕與缺席：南京國民政府成立前中國電影的傳播制度及其空間拓展〉，《上海大學學報》第 3 期，2011 年。）這樣的觀察其實同樣可以啓發我們的文學研究。

〔註21〕關於中華民族及統一國家的形成如何超越「想像」，進入「實踐」等情形，近來已有多位學者加以論證，如楊義、邵寧寧：〈描繪中國文學地圖──楊義訪談錄〉（《甘肅社會科學》第 5 期，2004 年）、郝慶軍：〈反思兩個熱門話題：「公共領域」與「想像的共同體」〉（《中國現代文學研究叢刊》第 5 期，2005 年）、吳曉東：〈「想像的共同體」理論與中國理論創新問題〉（《學術月刊》第 2 期，2007 年）等。

知識分子國家民族認同的諸多矛盾與尷尬，他們不時陷落於個人理想與政治強權的對立之中，既不能接受強權的思想干預，又無法完全另立門戶，總之，「想像」並不足以獨立自主，「共同體」的形成步履艱難，「文學的民國」對此表述生動。這裡既有胡適「只指望快快亡國」的情緒性決絕，〔註22〕有魯迅對於民族國家自我壓迫的理性認識：「用筆和舌，將淪為異族的奴隸之苦告訴大家，自然是不錯的，但要十分小心，不可使大家得著這樣的結論：『那麼，到底還不如我們似的做自己人的奴隸好。』」〔註23〕也有聞一多輾轉反側，難以抉擇的苦痛：「我來了，我喊一聲，迸著血淚，／『這不是我的中華，不對，不對！』」「我來了，不知道是一場空喜。／我會見的是噩夢，那裡是你？／那是恐怖，是噩夢掛著懸崖，／那不是你，那不是我的心愛！」〔註24〕

　　總之，進入文學的民國，概念的迷信就土崩瓦解了。

　　也有學者試圖對外來概念進行改造式的使用，這顯然有別於那種不加選擇的盲目，不過，作為「民國」實際的深入的檢驗工作也並沒有完成，例如近年來同樣在現代文學研究界流行的「公共空間」（「公共領域」）理論。在西歐歷史的近現代發展中，先後出現了貴族文藝沙龍、咖啡館、俱樂部一類公共聚落，然後推延至整個社會，最終形成了不隸屬於國家官僚機構的民間的新型公共社區，這對理解西方近代社會歷史與精神生產環境都是重要的視角。不過，真正「公共空間」的形成必須有賴於比較堅實的市民社會的基礎，尚未形成真正的市民社會的民國，當然也就沒有真正的公共空間。〔註25〕可能正是考慮到了民國歷史的特殊性，李歐梵先生試圖對這一概念加以改造，他以「批判空間」替換之，試圖說明中國近現代知識分子也正在形成自己的「公共性」的輿論環境，他以《申報·自由談》為例，說明：「這個半公開的園地更屬開創的新空間，它

〔註22〕胡適〈你莫忘記〉有云：「你莫忘記：／你老子臨死時只指望快快亡國：／亡給『哥薩克』，／亡給『普魯士』／都可以」。

〔註23〕魯迅：《且介亭雜文末編·半夏小集》，《魯迅全集》6卷，617頁，人民文學出版社，2005年。

〔註24〕聞一多詩歌：〈發現〉。

〔註25〕對此，哈貝馬斯具有清醒的認識，他認為，不能把「公共領域」這個概念與歐洲中世紀市民社會的特殊性隔離開，也不能隨意將其運用到其它具有相似形態的歷史語境中。（參見哈貝馬斯：《公共領域的結構轉型》初版序言，曹衛東譯，學林出版社，1999年。）中國學者關於「公共領域」理論在中國運用的反思可以參見張鴻聲：〈中國的「公共領域」及其它——兼論現代城市文學研究的本土化〉，《首都師範大學學報》第6期，2006年。

至少為社會提供了一塊可以用滑稽的形式發表言論的地方。」魯迅為《自由談》欄目所撰文稿也成為李歐梵先生考辨的對象，並有精彩的分析，然而，論者突然話鋒一轉：「因為當年的上海文壇上個人恩怨太多，而魯迅花在這方面的筆墨也太重，罵人有時也太過刻薄。問題是：罵完國民黨文人之後，是否能在其壓制下爭取到多一點言論的空間？就《偽自由書》中的文章而言，我覺得魯迅在這方面反而沒有太大的貢獻。如果從負面的角度而論，這些雜文顯得有些『小氣』。我從文中所見到的魯迅形象是一個心眼狹窄的老文人，他拿了一把剪刀，在報紙上找尋『作論』的材料，然後『以小窺大』，把拼湊以後的材料作為他立論的根據。事實上他並不珍惜——也不注意——報紙本身的社會文化功用和價值，而且對於言論自由這個問題，他認為根本不存在。」「《偽自由書》中沒有仔細論到自由的問題，對於國民黨政府的對日本妥協政策雖諸多非議，但又和新聞報導的失實連在一起。也許，他覺得真實也是道德上的真理，但是他從報屁股看到的真實，是否能夠足以負荷道德真理的真相？」〔註26〕其實，魯迅對「自由」的一些理論和他是否參與了現代中國「批判空間」的言論自由的開拓完全是兩碼事。實際的情況是，在民國時代的專制統治下，任何自由空間的開拓都不可能完全是「輿論」本身的功效，輿論的背後，是民國政治的高壓力量，魯迅的敏感，魯迅的多疑，魯迅雜文的曲筆和隱晦，乃至與現實人事的種種糾纏，莫不與對這高壓環境的見縫插針般的戳擊有關。當生存的不自由已經轉化成為「日常生活」的一部分（所謂「報屁股看到的真實」），成為各色人等的「無意識」，點滴行為的反抗可能比長篇大論的自由討論更具有「自由」的意味。這就是現代中國的基本現實，這就是民國輿論環境與文學空間所具有的歷史特徵。對比晚清和北洋軍閥時代，李歐梵先生認為，1930年代雖然「在物質上較晚清民初發達，都市中的中產階級讀者可能也更多，咖啡館、戲院等公共場所也都具備」，但公共空間的言論自由卻反而更小了。原因何在呢？他認為在於像魯迅這樣的左翼「把語言不作為『中介』性的媒體而作為政治宣傳或個人攻擊的武器和工具，逐漸導致政治上的偏激文化（radicalization），而偏激之後也只有革命一途」。〔註27〕這裡涉及對左翼文化的反思，自有其準確深刻之處，但是，

〔註26〕李歐梵：〈「批評空間」的開創——從《申報》「自由談」談起〉，見《現代性的追求》，19、20頁，三聯書店，2000年。
〔註27〕李歐梵：〈「批評空間」的開創——從《申報》「自由談」談起〉，見《現代性的追求》，21頁，三聯書店，2000年。

就像現代中國社會的諸多「公共」從來都不是完全的民間力量所打造一樣，言論空間的存廢也與政府的強力介入直接關聯，左翼文化的鋒芒所指首先是專制政府，而對政府專制的攻擊，本身不也是一種擴大言論自由的有效方式？

作爲方法的民國，意味著持續不斷地返回中國歷史的過程，意味著對我們自身問題和思維方式的永遠的反省和批判，只有這樣，我們的中國現代文學研究才是眞正屬於自己的。

三

「民國作爲方法」既然是在自覺尋找中國現代文學研究「自己的方法」的意義上提出來的，那麼，它究竟如何才能成爲一種與眾不同的「方法」呢？或者說，它對中國現代文學研究具體有哪些著力點與可能開拓之處呢？我認爲至少有這樣幾個方面的工作可以開展：

首先是爲「中國」的學術研究設立具體的「時間軸」。也就是說，所謂學術研究的「中國問題」不應該是籠統的，它必須置放在具體的時間維度中加以追問，是「民國」時期的中國問題還是「人民共和國」時期的中國問題？當然，我們曾經試圖以「現代化」、「現代性」這樣的概念來統一描述，但事實是，兩個不同的歷史階段有著相當多的差異性，特別是作爲精神現象的文學，在生產方式、傳播接受方式及作家的生存環境、寫作環境、文學制度等等方面都更適合分段討論。新時期文學曾經被類比爲五四新文學，這雖然一度喚起了人們的「新啓蒙」的熱情，但是新時期究竟不是「五四」，新時期的中國知識分子也不是「五四」一代的陳獨秀、胡適與周氏兄弟，到後來，人們質疑 1980 年代，質疑「新啓蒙」，連帶五四新文化運動一起質疑，問題是經過一系列風起雲湧的體制變革和社會演變，「五四」怎麼能夠爲新時期背書？就像民國不可能與人民共和國相提並論一樣；也有將「文革」追溯到「五四」的，這同樣是完全混淆了兩個根本不同的歷史文化情境。在我看來，今天的中國現當代文學研究，尚需要在已有的「新文學一體化」格局中（包括影響巨大的「20 世紀中國文學」）重新區隔，讓所謂的「現代」和「當代」各自歸位，回到自己的歷史情境中去，這不是要否認它們的歷史聯繫，而是要重新釐清究竟什麼才是它們眞正的歷史聯繫。研究中國現代文學，就必須首先回到民國歷史，將中國現代文學作爲民國時期的精神現象。晚清盡頭是民國，民國盡頭是人民共和國，各自的歷史場景講述著不同的文學故事。

其次是「中國」的學術研究也必須落實到具體的「空間場景」。「空間和時間是一切實在與之相關聯的架構。我們只有在空間和時間的條件下才能設想任何眞實的事物。」〔註 28〕民國及其複雜的空間分佈恰恰爲我們重新認識中國問題的複雜性提供了基礎。在過去一個相當長的時期內，我們習慣將中國的問題置放在種種巨大的背景之上，諸如「文藝復興」、「啓蒙與救亡」、「中外文化衝撞與融合」、「中國傳統文化」、「現代化」、「走向世界文學」、「全球化」、「現代民族國家進程」等等，這固然確有其事，但來自同樣背景的衝擊，卻在不同的區域產生了並不相同的效果，甚至有些區域性的文學現象未必就與這些宏大主題相關。詩人何其芳在四川萬縣的偏遠山區成長，直到 1930 年代「還不知道五四運動，還不知道新文化，新文學，連白話文也還被視爲異端」。〔註 29〕這對我們文學史上的五四敘述無疑是一大挑戰：中國的現代文化進程是不是同一個知識系統的不斷演繹？另外一個例證也可謂典型：我們一般都把白話新文學的產生歸結到外來文化深深的衝擊，歸結到一批留美留日學生的新式教育與人生體驗，所以「走異路，逃異地」的魯迅於 1918 年完成了〈狂人日記〉，留下了中國現代文學史上第一篇白話小說，但跳出這樣的中／西大敘事，我們卻可以發現，遠在內部腹地的成都作家李劼人早在尚未跨出國門的 1915 年就完成了多篇新式白話小說，這裡的文化資源又是什麼？

中國的學術問題並不產生自抽象籠統的大中國，它本身就來自各個具體的生活場景，具體的生存地域。有學者對民國文學研究不無疑慮，因爲民國不同於「一體化」的人民共和國，各個不同的政治派別、各個不同的區域差異比較明顯，更不要說如抗戰時期的巨大的政權分割（國統區、解放區及淪陷區）了，這樣一個「破碎的國家」能否方便於我們的研究呢？在我看來，破碎正是民國的特點，是這一歷史時期生存其間的中國人（包括中國知識分子）的體驗空間，只要我們不預設一些先驗的結論，那麼針對不同地域、不同生存環境的文學敘述加以考察，恰恰可以豐富我們的歷史認識。一個生存共同體，它的魅力並不是它對外來衝擊的傳播速度，而是內部範式的多樣性和豐富性，這就是我們所謂的「地方性知識」。民國時期的「山河破碎」，正好爲各種地方性知識的生長創造了條件，如果能夠充分尊重和發掘這些地方性知識視野中的精神活動與文學創造，那麼中國的現代文學研究也將再添不少新的話題、新的意趣。

〔註 28〕（德）恩斯特·卡西爾：《人論》，73 頁，甘陽譯，西苑出版社，2003 年。
〔註 29〕方敬、何頻伽：《何其芳散記》，22 頁，四川教育出版社，1990 年。

「破碎」的民國給我們的進一步的啓發可能還在於：區域的破碎同時也表現爲個人體驗的分離與精神趣味的多樣化。當代中國的大眾文化曾經出現了所謂的「民國熱」，在我看來，這種以時尚爲誘導、以大眾消費爲旨歸，充滿誇張和想像的「熱」需要我們深加警惕，絕不能與嚴肅的歷史探詢相混淆。其中唯一值得肯定的便是某種不滿於頹靡現狀，試圖在過去發掘精神資源的願望。今天的人們也或多或少地感佩於民國時代知識分子精神狀態的多樣性，如魯迅、陳獨秀、胡適一代新文化創造者般的不完全受縛於某種體制的壓力或公眾的流俗的精神風貌。〔註30〕的確，中國現代作家精神風貌的多姿多彩與文學作品意義的多樣化迄今堪稱典範，還包括新／舊、雅／俗文學的多元並存。對應於這樣的文學形態，我們也需要調整我們固有的思維模式，未來，如果可能完成一部新的文學發展史的話，其內容、關注點和敘述方式都可能與當今的文學史大爲不同。

第三，「作爲方法的民國」的研究並不同於過去一般的歷史文化與文學關係的研究，有著自己獨立的歷史觀與文學觀。中國現代文學研究不乏從歷史背景入手的學術傳統，包括傳統文學批評中所謂的「知人論世」，包括中國式馬克思主義的社會歷史批評，也包括新時期以後的文化視角的文學研究。應該說，這三種批評都是有前提的，也就是說，都有比較明確、清晰的對歷史性質的認定，而文學現象在某種意義上都必須經過這一歷史認識的篩選。「知人論世」往往轉化爲某種形式的道德批評，倫理道德觀是它篩選歷史現象的工具；中國式馬克思主義的社會歷史批評在新中國建立後相當長的時間中表現爲馬克思主義普遍原理的運用，有時難免以論帶史的弊端；文化視角的文學研究曾經爲我們的研究打開了許多扇門與窗，但是這樣的文化研究常常是用文學現象來證明「文化」的特點，有時候是「犧牲」了文學的獨特性來遷就文化的整體屬性，有時候是忽略了作家的主觀複雜性來遷就社會文化的歷史客觀性——總之，在這個時候，作爲歷史現象的文學本身往往並不是我們呈現的對象，我們的工作不過是借助文學說明其它「文化」理念，如通過不同地域的文學創作證明中國區域文化的特點，從現代作家的宗教情趣中展示各大宗教文化在中國的傳播，利用文學作品的政治傾向挖掘現代政治文化在文學中的深刻印記等等。

〔註30〕丁帆先生另有「民國文學風範」一說可以參考，他說：「我所指的『民國文學風範』就是五四新文學傳統，特指五四前後包括俗文學在內的『人的文學』內涵。」見丁帆：〈「民國文學風範」的再思考〉，《文藝爭鳴》第 7 期，2011 年。

　　「作爲方法的民國」就是要尊重民國歷史現象自身的完整性、豐富性、複雜性，提倡文學研究的歷史化態度。既往的中國現代文學研究充斥了一系列的預設性判斷，從最早的「中國新文學是反帝反封建的文學」、「五四新文學運動實施了對舊文學摧枯拉朽般的打擊」、「中國現代文學的發展與歷史的進步方向一致」，到新時期以後「中國現代文學是走向世界的文學」、「中國現代文學是現代性的文學」、「20 世紀中國文學的總主題是改造民族靈魂，審美風格的核心是悲涼」等等。在特定的時代，這些判斷都實現過它們的學術價值，但是，對歷史細節的進一步追問卻讓我們的研究不能再停留於此，比如回到民國語境，我們就會發現，所謂「封建」一說根本就存在「名實不符」的巨大尷尬，文學批評界對「封建」的界定與歷史學界的「封建」含義大相徑庭，「反封建」在不同階段的眞實意義可能各各不同；已經習用多年的「進步作家」、「進步文學」究竟指的是什麼，越來越不清楚，在包括抗戰這樣的時期，左右作家是否涇渭分明？所謂「右翼文學」包括接近國民黨的知識分子的寫作是不是一切都以左翼爲敵，它有沒有自己獨立的文學理想？國民黨專制文化是否鐵板一塊，其內部（例如對文學的控制與管理）有無矛盾與裂痕？共產黨的革命文學是否就是爲反對國民黨和「舊社會」而存在，它和國民黨的文學觀念有無某些聯通之處？被新文學「橫掃」之後的舊派文學是不是一蹶不振，漸趨消歇？因爲，事實恰恰相反，它們在民國時代獲得了長足的發展，並演化出更爲豐富的形態，這是不是都告訴我們，我們先前設定的文學格局與文學道路都充滿了太多的主觀性，不回到民國歷史的語境，心平氣和地重新觀察，文學中國（文學民國）的實際狀況依然混沌。

　　這就是我們主張文學研究「歷史化」，反對觀念「預設」的意義。當然，反對「預設」理念並不等於我們自己不需要任何理論視角，而是強調新的研究應該比以往任何時候都尊重民國社會歷史本身的實際情形，研究必須以充分的歷史材料爲基礎，而不應當讓後來的歷史判斷（特別是極左年代的民國批判概念）先入爲主，同時，時刻保持一種自我反思、自我警醒的姿態。回到民國，我們的研究將繼續在歷史中關注文學，政治、經濟、法律、教育等等議題都應當再次提出，但是與既往的研究相比，新的研究不是對過去的拾遺補缺，不是如先前那樣將文學當作種種社會文化現象的例證，相反，是爲了呈現文學與文化的複雜糾葛，不再執著於概念轉而注重細節的挖掘與展示。例如「經濟」不是一般的政治經濟學原理，而是具體的經濟政策、經濟

模式與影響文學文化活動的經濟行為，如出版業的運作、經濟結算方式；「政治」也不僅僅是整體的政治氛圍概括，而是民國時期具體的政治形態與政治行為，憲政、政黨組織形式，官方的社會控制政策等等；在文學一方面，也不是抽取其中的例證附著於相應的文化現象，而是新的創作細節、文本細節的全新發現。回到文學民國的現場，不僅是重新理解了民國的文化現象，也是深入把握了文學的細節，這是一種「雙向互犁」的研究，而非比附性的論證說明。例如茅盾創作《子夜》，就絕非一個簡單的「中國道路」的文學說明，它是 1930 年代中國經濟危機、社會思想衝突與茅盾個人的複雜情懷的綜合結果。解析《子夜》決不能單憑小說中的理性表述與茅盾後來的自我說明，也不能套用新民主主義論的現成歷史判斷，而必須回到「民國歷史情境」。在這裡，國家的基本經濟狀況究竟如何，世界經濟危機與民國政府的應對措施，各種經濟形態（外資經濟、民營經濟、買辦經濟等）的真實運行情況是什麼，社會階層的生存狀況與關係究竟怎樣，中國現實與知識界思想討論的關係是什麼，文學家茅盾與思想界、政治界的交往，茅盾的深層心理有哪些，他的創作經歷了怎樣的複雜過程，接受了什麼外來信息和干預，而這些干預又在多大程度上改變了茅盾，茅盾是否完全接受這些干預，或者說在哪一個層次上接受了、又在哪一個層次上抵制了轉化了，作家的意識與無意識在文本中構成怎樣的關係等等，這樣的「矛盾綜合體」才是《子夜》，「回到民國歷史」才能完整呈現《子夜》的複雜意義。

　　民國作為方法，當然不會拒絕外來的其它文學理論與批評視角，但是，正如前文所說，這些新的理論與批評不能理所當然就進入中國現代文學研究之中，它必須能夠與文學中國——民國時期的文學狀況相適應，並不斷接受研究者的質疑和調整。例如，就我們闡述的歷史與文學互通、互證的方法而言，似乎與歐美的近半個世紀以來的「文化研究」頗多相近，因此不妨從中有所借鑒，但是，在另外一方面，我們必須認識到，歐美的「文化研究」的具體問題——如階級研究、亞文化研究、種族研究、性別研究、大眾傳媒研究等——都來自與中國不同的環境，自然不能簡單移用。對於我們而言，更重要的可能就是一種態度的啟示：打破了文學與各種社會文化之間的間隔，在社會文化關係版圖中把握文學的意義，文學的審美個性與其中的「文化意義」交相輝映。

　　作為方法的民國，昭示的是中國現代文學研究「學術自主」的新可能，

它不是漂亮的口號，而是迫切的學術願望，不是招搖的旗幟，而是治學的態度，不是排斥性的宣示，而是自我反思的眞誠邀請，一句話，還期待更多的研究者投入其中，以自己尊重歷史的精神。

序言：研究視野的拓展與
學術空間的發現

　　在當下的近現代中國文學學科及其相關的中外文學交流史等學術研究領域之中，關於曾樸、曾虛白父子的文學活動及其文學史評判，似乎從來就不是一個學術史及研究者們所關注的熱門話題。其中的主要原因，我想除了當代學科劃分造成的作家身份的無所適從或定位含混等之外，當代學術的政治意識形態化及其權威理論方法下的主流文學史敘述，對於曾樸、曾虛白父子與「眞美善作家群」文學理念及其翻譯、創作等文學史實的遮蔽與壓抑，或者是一種漠然狀或邊緣化的簡單批評及歷史解讀，也就必然地成爲一種學術思想及其研究方法上的常態。

　　因此，這部《曾樸、曾虛白父子與「眞美善作家群」研究》雖然由於某些個人的考慮及寫作上的因素，許多問題的論述及理論闡釋的展開，諸如圍繞其創作形態方面的探討等，都還有待作者進一步的思考及研究的深入。然而，這本書應當予以肯定和最爲重要的，就是其中所體現出的多元開放的文學史意識與立足於中西文學融通互鑒的學術立場，以及對於相關研究資料具體細緻的搜集整理及其關係的理論發現等方法上的自覺。因此，從學術史的角度來看，本書不僅拓展了近現代中國文學研究的學術視野及其歷史闡釋的敘述空間，同時也爲曾樸、曾虛白父子文學實踐等學術領域的專題研究等，做出了事實上的努力並提出了自己的見解。

　　於是，我們所看到的，就是本書作者不同於常見的及一般歷史境遇下的文學史追尋及其研究敘述，而是以曾樸、曾虛白父子及其「父傳子承」的文學活動，以及他們「眞美善」文學理想的實踐歷史的考察。本書包括作者對

曾樸父子及其法國文學及其浪漫主義藝術理念的理解，及其上海「法國文藝沙龍」及其文化氛圍的經營，以及《眞美善》雜誌的創辦及其作家群的形成等文學現象的探索，解讀並論述中國文學從19世紀末前後所開始的「向西方學習」走向，以及在這種「中西融通與文學互鑒」潮流之中，現代中國文學發生發展的多元複雜機制及諸多被歷史消解或人爲忽略不記的重要事實與社會因素。

通過本書，我們能夠瞭解到的「曾樸、曾虛白父子及『眞美善作家群』」文學史實的發生，以及其文學自我建構與藝術擴張的背後，除了作家個人成長的社會政治、歷史背景與審美趣味的經驗或感悟等自身原因之外，對於來自法國19世紀浪漫主義文學思潮的三種主流藝術理念「眞」、「美」、「善」的美學理解，進而相應追求的「眞實感人」、「形式完美」和「革新進步」等文學理想。同時，我們還可瞭解19世紀二三十年代中國社會、文化機制及其出版接受等方面的演進變革。本書不僅揭示出曾樸、曾虛白父子美學思想及其「父傳子承」文學活動的獨特性歷史特徵，引起一般讀者對於近現代中國文學及其熟知的中西文學影響交流史的「常識性」與「多元化」的反思，而且豐富了近現代中國文學及其研究領域的研究理路，開拓了文學史認知與寫作的多種可能及研究空間。對於剛剛走上學術之路的青年學者來說，其論述與文字之中所表現及達到的專業意識與史識觀念，實屬不易，應當予以申明鼓勵。

在這裏，我還要說明的就是本書在研究選題及理論方法等方面所表現出的諸多特點，實際上也和作者的專業背景及知識結構有著直接的關係。王西強副教授原來是學英語語言文學專業的。大學畢業留校執教後，主要從事的是外語教學及中外文學翻譯方面的工作與研究。工作三年之後，在職攻讀了中國現當代文學專業的碩士、博士研究生。近年來，他先後主持有多項中外文學譯介影響及傳播接受方面的國家及教育部社科基金課題，同時也在現當代中外文學交流影響研究上取得了一定的成果。這種跨學科的知識背景及研究生學習階段的個人努力，讓他對20世紀中國文學與中西文學關係的複雜性及豐富性，有了更切實地專業層面基本瞭解和知識上的一定準備。這也讓這部具體深入探討20世紀中國文學史及其中西文學「融通互鑒」課題的博士論文，畢業答辯時就獲得了國內各位論文評議專家的高度評價。因此，作為他的導師，除了眞切地瞭解作者研究這個課題的過程及所付出的艱辛外，也爲

他由此展示出青年學人的銳氣與學術態度的踏實等，感到由衷的高興。並且，在此也樂於向讀者說明及推薦這樣的學術成果。

　　自然，關於近現代中國文學及中外文學交流影響的學術研究，包括多元文學機制背景下，對諸如曾樸、曾虛白父子文學活動等作家群體或文學社團在內的個案性專題研究，在拓展並啓發我們超越慣性的思想方式或研究模式，發現或質疑僵滯的文學史敘事及其問題症候等理論方法現狀的同時，事實上也對作者及其相關課題研究的學術理路與理論深化，提出了進一步的期待與更高的要求。其中，僅本書涉及的研究內容與提出的具體問題，例如 19 世紀法國浪漫主義文學思潮與曾樸、曾虛白「父傳子承」文學思想的關係，以及其和五四新文學浪漫主義文學運動之間的文學史分析；曾樸、曾虛白父子文學創作及翻譯的文本分析，以及其在中國近現代文學翻譯史上的歷史地位及美學評價等，不僅可能爲本課題及作者以後的研究，開啓新的學術思路及紮實的論說空間，而且能夠讓讀者更爲完整、全面地把握瞭解近現代中國文學及中外文學交流影響的多元化機制與發生的複雜性。當然，這也將會讓作者的學術之路及創新境界，走地更爲踏實，更加清晰和開闊。

王　榮
2015 年 10 月
於長安南山北苑

目

次

前　言

　　1927 年，曾樸、曾虛白父子在上海創辦「眞美善」書店、雜誌，堅持近四年，出版、發表了大量文藝作品，團結了一批有趨同的文藝傾向和文學理想的作家、翻譯家和（留）學生。他們通過在法租界的「異質」文化氛圍中搞文藝沙龍聚會、相互往還，通過運作文化商業資本、編輯出版圖書雜誌，得以躋身上海現代都市公共文化空間，獲得了在文學藝術層面的公共話語權。他們通過創作、翻譯和文藝批評等方式，參與了中國文學現代化轉型的理論探索與路徑設計，形成了一個有趨同的審美氣質和文學追求、有相對穩定的活動範圍和組織方式、有較強的向心力的「眞美善作家群」。

　　本書通過分析研究這個有著清醒的文學變革意識、有著文壇典型性和共性的作家群的文學活動和著譯實績，來反思他們參與文學變革的思路、方式、文化姿態以及他們在歷史的「當時」和文學史的「當下」的遭際，並從文學變革的角度來審視 1930 年代的文學如何在政治與商業的張力中、試圖整合本土與外來文學資源，以擇取新路、謀求發展的文學史價值和意義。本書的論述將從以下幾個方面展開：

　　第 1 章，引言。本章從中國晚清文學與現代文學的關係研究這一學術視角，在 20 世紀中國文學史研究視野中，通過資料梳理和觀點呈現來展現百餘年來曾氏父子研究與「眞美善作家群」研究的歷史與現狀，指出本書的基本研究方法與內容，說明要解決的主要問題。

　　第 2 章，曾樸、曾虛白父子的文學理想與實踐。本章通過梳理曾樸、曾虛白父子參與文學活動的相關文學史料，來勾勒他們在常熟地域文化及其家學體統的影響下，所展現出來的通過文學著譯活動在文學上除舊布新、「匡時

治國」的文化理想，以及他們開放包容、全面革新中國文學的文化姿態。

第 3 章，「眞美善」書店、雜誌的創辦及其文學活動。本章通過簡要描述 1930 年代上海文化生產場域的生存規則，呈現「眞美善」書店、雜誌創立的歷史文化條件，狀述曾氏父子創辦「眞美善」書店雜誌以「進修文藝」、「廣交文友」的文學活動，並通過數據統計呈現「眞美善」書店、雜誌的出版實績和刊物形態。在《眞美善》雜誌上，曾氏父子系統闡釋了其「眞」、「美」、「善」的文學理想與藝術標準，確定了「文學的範圍」，爲其「眞美善」事業做出了形式規範與審美導向。

第 4 章，「眞美善作家群」的形成及其文化姿態。本章論述「眞美善作家群」的形成及聚集，展現其獨特的「法國式沙龍」的文學生活方式和他們從「客廳」到「書店」由內而外的文化交往活動，描述了他們的群體性文化姿態：追求文學的「偉大」與「普及」，放低啓蒙姿態，推倒文學的「非文藝性」壁壘，通過報媒、雜誌的引導，組建「文化的班底」，建設「群眾的文學」。

第 5 章，凝聚交際：藝術的宣揚與商業化推銷。本章論述「眞美善作家群」通過一些常規和創新性欄目及策劃某些文學活動，對外宣揚自己的文學理念，並進行頗具「文化表演」色彩的自我推銷活動，這是曾氏父子針對 1930 年代文學的生存規則和激烈競爭所進行的商業化推銷。

第 6 章，「注重翻譯事業」：外國文學的翻譯與介紹。本章通過介紹曾樸、曾虛白父子及「眞美善作家群」翻譯外文學的成績，來展示他們「容納異性」與「系統翻譯」的基本立場和方法，以及他們的翻譯觀念與技術探索對於現代翻譯的意義。

最後一部分，結語。從文藝主張、文學理想、組織方式、與主流文壇的關係和最終命運等方面來看，「眞美善」書店、雜誌在 1930 年代的現代文壇上都是積極參與文學變革的典型代表，他們主動與新文學接近卻又與新文學的新方向——革命文學主潮自覺疏離，這體現出他們獨特的審美訴求和文學理想與現實文學需求的深刻矛盾。「眞美善作家群」的文學實績和文學史命運，爲我們考察 1930 年代的文學生態提供了一個頗爲獨特的典型性視角。

關於本書的論述在文字和格式上的規範問題，還有以下幾點需要說明：

1. 作者的署名問題。在《眞美善》原刊中，曾樸的文章有時署作「東亞病夫」，有時署作「病夫」，曾虛白的文章有時署作「曾虛白」，有時署作「虛白」，有時署作「白」，署名方式較爲隨意。在本書著者的論述文字中，使用

曾樸、曾虛白的全名，凡引用原文、原題以及原作者署名時，均依原書、原刊，不作改動或統一；

2. 標點符號規範問題。民國時期現代漢語標點符號還沒有通用的規範，本書在引用民國書刊所載原文時，標點符號均依原文，不作改動；

3.「的、地、得」問題。民國時文中「的、地、得」三字未有統一的使用規範，並多用「底」字，本書引文均依原文，無需也無法統一；

4. 書、文題目和原作者譯名問題。本書在論述中凡涉及譯著及其作者的譯名時，均依據譯者當時的譯法，未按照時下通行的譯法統一；當時譯者有兩種譯法的，也在引用或論及時尊重原始譯法（同時標明其它譯法或今譯），如曾樸在發表於《眞美善》雜誌上致劉舞心的信中，始終使用「阿弗洛狄德」的字樣來指代其與曾虛白合譯、後來正式出版時題爲「《肉與死》」的譯作，本書作者在論及該書時，按照時間、場合的不同，區別使用，未作統一。又如，在《眞美善》雜誌上，《煉獄魂》的原作者前後署作「梅黎曼」和「梅麗曼」，譯者相同，譯法有變，本書在論述中引用時均遵照原文發表時的署名，並標明發表期次、時間，未作統一。其餘此類問題若干，均依原文照錄，不一一列出。

本書作者在引用原文時對原文、原書有認眞的勘誤和考校，以期在學術規範之內，呈現原文原作風貌，但因爲本人知識水平、學術能力以及所見資料的局限，難免有錯訛之處，請讀到拙作紕漏的各位方家不吝賜教，惶恐拜謝。

王西強

2016 年 3 月 12 日

於長安城南臥雲齋

第 1 章　引　言

1.1　20 世紀中國文學語境中的曾樸、曾虛白父子及其文學活動

在 20 世紀中國文學研究中，晚清文學與現代文學的關係研究一直受到不同時期學術界及其研究者的關注與重視，尤其是 20 世紀 80 年代以來，學者們從不同學術視角展開了關於晚清文學對現代文學發生、發展的影響研究，並取得了豐碩的成果。

在中國文學近現代化轉型的歷史進程中，資本主義的發展促進了中國知識階層向城市的集結與相互間的聯合，並逐步形成了接納、傳播西方近現代政治、思想和文化藝術的知識者群體，他們是中國現代化進程中積極的思考者、探索者和實踐者，他們最早睜眼看世界、策劃並推動中國的近代化洋務運動、尋求制度變革進行維新變法、揭櫫新文化運動，一直都沒有停止對中國社會走向現代化之路的探尋。在器物和制度層面鏡鑒西方的努力宣告失敗之後，知識界把目光轉向了西方先進的精神文明。這時，中國傳統的「文以載道」的文藝觀和長期沿用的科舉「詩文取士」的思維模式，讓知識者們選擇了其天然親近的「文學」作爲開啓民智、改造社會的突破口。梁啓超先後提出了「詩界革命」、「文界革命」和「小說界革命」的口號，指出小說爲「新一國之民」、「新道德」、「新宗教」、「新政治」、「新風俗」、「新學藝」、「新人心」、「新人格」〔註1〕的工具，把傳統文人所不屑爲的「小說」極力抬高，就

〔註 1〕梁啓超：《論小說與群治之關係》，《新小說》，1902 年第 1 期。

是要利用小說受眾面廣的文體優勢，希望通過改造中國舊小說、造成「新小說」，使其像西方近代小說（尤其是政治小說）那樣幫助其實現改良社會的政治功利目的。這些超越了傳統「士人」文學觀的知識者選擇了譯介西方文學以為中國「新小說」提供參照學習的摹本，在傳播西方近現代小說文本中所攜帶的政治民主思想和科學眞理的同時，也為中國文學輸入了西方現代文學觀念和審美精神，促進了中國小說敘事模式的轉變和現代敘事文學觀念的崛起以及現代文學審美精神的確立。

　　在關於晚清文學與現代文學的關係及其影響研究中，曾樸及其文學創作從一開始就成為很多批評者及研究者重視的領域。其中，僅以學界對《孽海花》藝術價值的論說為例，從晚清直至「五四」時期一直爭議不斷，如林紓的激賞〔註2〕、魯迅的肯定與批評〔註3〕、胡適的「酷評」〔註4〕等本身就說明了其研究的學術價值及重要性，特別是在當代晚清文學與現代文學關係研究中，圍繞近代小說與現代小說的關係等學術問題，著名學者如陳平原、楊聯芬和王德威等就分別指出，《孽海花》是中國小說敘事模式轉變期和中國現代小說起點期的重要作品〔註5〕，是中國文學現代性發生期的代表性作品〔註6〕，是晚清文學「被壓抑的現代性」的一個案例〔註7〕。

　　與此同時，作為晚清文學的代表作家之一，曾樸跨越晚清、五四直至 20 世紀 30 年代等不同文學時期及其貫通新舊文學、中西文學的作家、翻譯家和出版家等文化身份，以及其有意於主動接續晚清「士人」傳統與新文化經驗的文化志向，使他能夠不斷更新其文學主張，以文學譯介活動參與、觀察並反思「五四新文學」的成績與缺陷，並且在 1930 年前後，與長子曾虛白聯手創辦「眞美善」書店及雜誌，以較為獨特的文化姿態提出了「改革文學」的

〔註2〕林紓在《紅礁畫槳錄·譯餘剩語》（商務印書館，1914 年 4 月版）寫道：「《孽海花》非小說也，鼓蕩國民英氣之書也。」
〔註3〕參見魯迅：《中國小說史略》（新潮社，1924 年 6 月出版）一書的相關論述。
〔註4〕參見胡適：《再寄陳獨秀答錢玄同》，《新青年》，1917 年第 3 卷第 2 期。
〔註5〕參見陳平原：《中國現代小說的起點——清末民初小說研究》（北京大學出版社，2005 年 9 月版）和《中國小說敘事模式的轉變》（北京大學出版社，2003 年 7 月版）兩書中的相關論述。
〔註6〕參見楊聯芬：《晚清至五四：中國文學現代性的發生》（北京大學出版社，2003 年 11 月版）一書的相關論述。
〔註7〕參見王德威：《被壓抑的現代性：晚清小說新論》（北京大學出版社，2005 年 5 月版）一書的相關論述。

主張，並「糾合」了一批有趨同的文學理想和審美取向的作家，形成了一個在 20 世紀中國文學史上較爲獨特的「眞美善作家群」，他們通過辦沙龍、搞文藝聚會和在「眞美善」書店、雜誌出版、發表作品，佔據了上海公共文化話語空間一角，通過多種新穎、獨特的方式展開層級性公共文化交際活動，有效地向文壇和讀者推介了其「眞」、「美」、「善」的文藝主張，通過辛勤的文學活動參與了 1930 年前後的中國文學現代化變革，在創作和翻譯、介紹外國文學等方面，都取得了顯著的成績，曾樸也因此被郁達夫譽爲「中國新舊文學交替時代的這一道大橋梁，中國 20 世紀所產生的諸新文學家中的這一位最大的先驅者」〔註8〕。

因此，本書在 20 世紀中國文學研究的學術視野中，以曾樸、曾虛白父子及「眞美善作家群」在 1930 年前後的著譯思想和創作實績爲主體研究對象，通過細緻梳理、考察晚清至 1930 年前後的曾樸翻譯、創作、編輯及領導、組織文學活動的相關史料，討論曾氏父子及「眞美善作家群」的文學著譯活動與中國古典文學尤其是晚清文學、外國文學和「五四新文學」傳統的關係，討論他們的文學理想與實踐在 1930 年前後的政治和商業的雙重擠壓下的奔突與掙扎。

1.2 百餘年來的曾氏父子及「眞美善作家群」研究

長久以來，「眞美善作家群」所表現出來的某些不符合正統中國現代文學史寫作要求的審美氣質，導致了學界對曾樸及「眞美善作家群」的文學／文化史價值認識不足。隨著意識形態話語禁忌的鬆動，曾樸研究獲得了新的學術視角，曾樸在「眞美善」書店、雜誌時期的文化實踐也慢慢進入相關學者的研究視野，並在以下幾個方面取得了成績：

（1）總體研究和傳記。關於曾樸總體研究的著作有如下幾種：1.《宇宙風》1935 年第 2 期上刊發的《曾公孟樸紀念特輯》，發表了當時知識界、文藝界如蔡元培、胡適等的紀念文章和《曾孟樸先生年譜》與《病夫日記》等詩文；2.日本清末小說研究會所編《曾孟樸研究資料目錄》，詳細編列了曾樸的「編著譯目錄」（列曾樸編著譯篇目 178 種）和曾樸研究「文獻目錄」（列 1916 年至 1978 年 8 月間中外曾樸研究論著 156 種，其中中、美各 1 種、蘇俄 1 種、

〔註 8〕郁達夫：《記曾孟樸先生》，《越風》（半月刊），1935 年第 1 期。

日本 36 種），後者分「A 記事・論稿（漢語及其它）」、「B 記事・論稿・翻譯（日語）」和「C 文學史・事典」三個層面展現了 1978 年以前學術界、文藝界對曾樸、《孽海花》（及本事）和曾樸文學思想的研究狀況，列舉了各種專論或專章研究曾樸和《孽海花》的文學史傳著作〔註9〕，基本未涉及曾樸後期即真美善時期的文學著譯事業；3.朱傳譽主編的《曾孟樸作品研究目錄》列曾樸作品研究文章 31 篇，從魯迅、王哲甫、陶希聖、劉心皇、孟瑤和劉綬松等專家學者的現代文學史傳著作中搜檢出關於曾樸的傳略和關於《孽海花》的文學史評價文章、段落，彙編而成，展現了大陸和港臺地區不同的學術和文學史視野中曾樸的「作家形象」；4.美籍華裔學者李培德（Peter Li）博士的 Tseng P'u（《曾樸》，Twayne Publishers，1980）一書〔註10〕，介紹了曾樸的生平、法國文學因緣、編輯出版活動和《孽海花》研究，是一部較為全面的曾樸評傳。雖也介紹了曾樸創辦「真美善」書店、雜誌的經歷，但沒有深入探討曾樸這個階段的文學思想和著譯理論探索；5.時萌的《曾樸研究》詳細考訂了曾樸的生平繫年、著譯篇目，討論了曾樸的文學思想、詩歌思想與藝術及其與法國文學的關係，介紹了《孽海花》的續篇及評價、考證等，附刊了曾樸的一些詩文；6.時萌在《曾樸及虞山作家群》中對曾樸的文學活動及其跨越新舊文學的文學史地位進行了簡要介紹。

（2）《孽海花》及曾樸創作思想研究。在曾樸研究中，《孽海花》研究佔

〔註 9〕 有魯迅的《中國小說史略》（新潮社，1924 年 6 月出版）、范煙橋的《中國小說史》（蘇州秋葉社，1927 年 12 月出版）、陳炳堃的《最近三十年中國文學史》（上海太平洋書店，1931 年 5 月再版）、譚正璧的《中國小說發達史》（上海光明書局，1935 年 8 月出版）、陳子展的《中國文學史講話》（下冊，北新書局，1937 年 6 月出版）、阿英的《晚清小說史》（商務印書館，1937 年 5 月出版）、楊蔭深的《中國文學史大綱》（商務印書館，1938 年 6 月出版）、郭箴一的《中國小說史》（商務印書館，1939 年 5 月出版）、1500 Modern Chinese Novels & Plays（Catholic University Press，1948 年出版）、劉大杰的《中國文學發展史》（下卷，上海中華書局，1949 年 1 月出版）、柳存仁的《中國文學史》（香港大公書局，1956 年 4 月出版）、陸侃如、馮沅君的《中國文學史簡編》（作家出版社，1957 年 7 月出版）和游國恩等《中國文學史》（第四冊，人民文學出版社，1964 年 2 月出版）等，這些文學史著作可以給我們展示「五四文學傳統」視野中的曾樸生平及《孽海花》研究狀況和曾樸的文學史定位，從中我們已經可以見出曾樸的文學身份在這個文學傳統中的「被過濾」，而曾樸在其「真美善」文學事業時期所表現出的「現代性追求」則成了真真正正的「被壓抑的現代性」。

〔註10〕 此書曾於 1977 年以《曾孟樸的文學旅程》為題在臺灣傳記文學出版社出版。

了絕大比例，上列曾樸「總體研究和傳記」研究論著中有很多資料的大半篇幅就是《孽海花》研究，茲不重複。此外，20 世紀上半葉的《孽海花》研究成果主要包括發表在期刊雜誌上的評論文章和文學史著作中的相關論述，其篇目、著論者信息基本都收錄在《曾孟樸研究資料目錄》中，一般都是圍繞著《孽海花》的本事、索引、考證、版本、續本、思想價值、時代意義和情節結構等方面展開議論，本事考證和觀感點評估了絕大多數〔註 11〕，嚴肅認真的藝術審美批評很少，其中以魯迅在《中國小說史略》中的相關論述影響最大。

　　在 20 世紀下半葉，關於《孽海花》的研究論著從學術角度出發的，有魏紹昌編《孽海花資料》，主要收錄整理相關研究資料；王祖獻著《孽海花論稿》是學界從純粹學術角度討論《孽海花》文本的思想和藝術價值的第一部專著；歐陽健著《曾樸與〈孽海花〉》一書對《孽海花》受到的評價、成書過程做了介紹，肯定了小說的藝術結構，分析了小說難以終篇的內在原因，注意到了小說中「民族傳統形式和西方藝術技巧的融合」〔註 12〕，但是作者堅持用階級革命的眼光看待這部小說，認爲晚年曾樸是「反動」的「落伍者」，他在「眞美善」時期對《孽海花》的續寫是失敗的。近年來，由於學術思想的解放和學術方法的遞新，學界關於《孽海花》的研究逐漸呈現出多視角多維度延展的態勢，其中既有沿襲傳統的批評話語模式，探討小說文本與歷史事實的關係的〔註 13〕，也有從審美藝術層面，關注作品的「形式現代性」特徵的〔註 14〕，

〔註11〕　比較典型、且影響較大的考索論著有二：一爲 1916 年擁百書局出版的《孽海花》第三冊，包含了《孽海花》續作第 21～24 回和強作解人的「《孽海花》人名索引表」、「《孽海花》人物故事考證八則」及「續考十一則」；其二爲繡虎生編著的《孽海花本事》（上海大通書社，1924 年 11 月 20 日出版）輯列「孽海花撰述之動機」、「孽海花人名索引表」等 26 篇本事考索文章。

〔註12〕　歐陽健：《曾樸與孽海花》，遼寧教育出版社，1992 年版，第 104 頁。

〔註13〕　此類論文有任訪秋的《曾樸和他的〈孽海花〉》（《河南師大學報》，1981 年第 2 期），陳子平的《〈孽海花〉：在歷史與小說之間》（《蘇州大學學報》，1994 年第 2 期），尚慧萍的《〈孽海花〉「譴責小說」之異見》（《銀山學刊》，1998 年第 1 期），涂秀虹的《〈孽海花〉：對古老民族的文化批判與反思》（《閩江學院學報》，2004 年第 4 期），伏濤的《〈赴試學院放歌〉、〈孽海花〉之互釋》（《武漢科技大學學報》，2010 年第 5 期），張凱的《「譴責小說」視野中的〈孽海花〉研究》（中國海洋大學碩士論文，2010 年 6 月），劉大先的《流言時代：〈孽海花〉與晚清三十年》（《明清小說研究》，2012 年第 2 期）等。

〔註14〕　此類論文有歐陽健的《〈孽海花〉藝術結構新說》（《曲靖師專學報》，1990 年第 4 期），李華和何志平的《論〈孽海花〉藝術形式的矛盾性》（《明清小說研

還有從晚清社會政治與倫理、傳統與現代的關係層面關注作品的「思想現代性」特徵的〔註15〕，更也有探討小說的租界文化背景與晚清異域想像書寫的，即小說體現出的「想像現代性」特徵〔註16〕。此外，還有學者楊聯芬、馬曉冬、沈潛、張正、吳舜華等〔註17〕對曾樸跨時代、跨文化的「整體性」文學史地位進行言說的，他們從文化價值、創作思想轉變等層面分析了曾樸小說的現代性追求，但仍基本偏重於就曾樸在晚清的文學活動展開論述，對曾樸

究》，1992 年第 1 期），陳鵬飛的《倫理判斷與政治判斷的融合與傾斜——論曾樸小說〈孽海花〉的審美方式》（《湛江師範學院學報》，1994 年第 2 期），楊聯芬的《〈孽海花〉與中國歷史小說模式的轉變》（《四川師範大學學報》，2002 年第 4 期），張瑜的《重構「作者／讀者」關係的企圖——從〈孽海花〉的一段作者辯白說起》（《安徽文學》，2007 年第 2 期），范永勝的《論〈孽海花〉歷史敘事的現代性》（《長春工程學院學報》，2007 年第 3 期），吳舜華的《試論曾樸小說對法國現實主義文學的借鑒——以〈孽海花〉人物的典型化描寫爲例》（《中文自學指導》，2008 年第 5 期），閆立飛的《現代中國歷史小說的發生——以吳趼人、曾樸爲例》（《天津大學學報》，2008 年第 3 期），曾思的《〈孽海花〉敘事視角解讀》（《重慶教育學院學報》，2009 年第 4 期），劉宇的《〈孽海花〉價值新論》（遼寧師範大學碩士學位論文，2009 年 5 月），王芳的《論〈孽海花〉的結構》（湖南師範大學碩士學位論文，2009 年 11 月），郭志芳的《〈孽海花〉的多重意蘊探析》（青島大學碩士學位論文，2010 年 6 月），吳舜華《曾樸與晚清小說的現代性萌芽》（《小說評論》，2010 年第 3 期），潘程環的《論〈孽海花〉對立分裂的形式要素》（《湘南學院學報》，2012 年第 6 期）等。

〔註15〕此類論文有耿傳明的《人心之變與文學之變——〈孽海花〉、〈廣陵潮〉與晚清社會心態的變異》（《大連大學學報》，2008 年第 2 期），劉堃的《晚清的女性教化與女性想像——以〈孽海花〉爲中心》（《中國現代文學研究叢刊》，2010年第 3 期），田甜的《社會轉型視角下〈孽海花〉的現代性書寫》（江西財經大學碩士學位論文，2012 年 6 月），黃海兵和陳金章的《思維轉型期的新嘗試——試析〈孽海花〉對小說傳統審美方式的磨合》（《莆田學院學報》，2002年第 6 期）等。

〔註16〕此類論文有宋莉華《傳統與現代之間：從〈孽海花〉看晚清小說中的異域書寫》（《文學遺產》，李永東《政治與情慾的雙重敘事——論上海租界語境調控下的〈孽海花〉》（《中國文學研究》，2011 年第 1 期）等。

〔註17〕論著有：楊聯芬《晚清至五四：中國文學現代性的發生》「第七章 曾樸、李劼人與長篇歷史小說的轉型」（北京大學出版社，2003 年 11 月版）；論文有：馬曉冬的《從「眞事實」到「眞情感」——曾樸創作觀的現代轉型》（《文化與詩學》，2009 年第 2 期），楊聯芬《從曾樸到李劼人：中國長篇歷史小說現代模式的形成》（《四川大學學報》，2003 年第 6 期），沈潛《近代社會變遷與曾樸的文化選擇》（《蘇州大學學報》，2008 年第 1 期），張正《論曾樸文學活動的價值取向》（揚州大學碩士學位論文，2008 年 5 月），吳舜華《試論曾樸小說創作的超越性》（《廣東教育學院學報》，2009 年第 6 期）等。

在「眞美善」時期的文學活動關注不足。

（3）曾樸著譯研究、比較研究及編輯出版活動研究。學界關於曾樸翻譯外國文學（主要是法國文學）的研究，主要從翻譯思想研究、翻譯成績展示、翻譯對其創作的影響研究及比較文學研究幾個角度展開：錢林森和袁荻湧都簡要論述了曾樸的翻譯思想、成績和創作上所受法國文學的影響；馬曉冬通過譯本分析論證了曾樸對於革命與人道主義「不一樣」的思考；車琳狀述了曾樸譯介法國文學的成績；胡蓉和陳夢討論了曾樸譯介雨果的成績和曾樸對雨果文藝思想的借鑒及其文藝思想自身獨立的民族性特徵；馬曉冬從譯介學文本對話視角探討了曾氏父子通過合作譯介《肉與死》參與了新文學話語場中與「革命話語」和性文學的審美取向對話，視角頗爲獨特，還通過比較文學和譯介學的雙重視角討論了《魯男子》對於《肉與死》在主題、語言和藝術手法上的借鑒，並指出了其創新之處；吳磊則使用了譯介學術語來框定討論曾樸翻譯，稍嫌機械，論證也較浮泛〔註 18〕。從以上關於曾樸的翻譯及其翻譯與外國文學的關係看，研究選題過於集中在介紹翻譯成績、相互重複之處較多，研究不夠全面深入，仍有很大的學術拓展空間。

關於曾樸出版編輯活動的研究，除上述曾樸研究論著中專門論及的和文學史著作中捎帶提及的外，其它僅有徐蒙、王建輝、曹培根等簡單介紹曾樸創辦、編輯「小說林」和「眞美善」書店、雜誌的情況；徐雁平和郭謙簡單介紹了眞美善書店雜誌的歷史、曾樸「眞」、「美」、「善」的文藝主張及其創

〔註 18〕此類論文有錢林森的《「新舊文學交替時代的一道大橋梁」——曾樸與法國文學》（《中國文化研究》，1997 年第 2 期），袁荻湧的《曾樸對法國文學的接受與翻譯》（貴州師範大學學報，2001 年 4 月），馬曉冬的《不一樣的「革命」——曾樸譯〈九十三年〉》（《法國研究》，2009 年第 3 期），車琳的《曾樸——中法文學交流的先行者》（《外國文學》，1998 年第 3 期），胡蓉的《論曾樸對雨果作品的譯介與接受》（《雲南大學學報》，2005 年第 5 期），陳夢的《譯介雨果的第一人——〈曾樸與雨果〉之一》（《常德師範學院學報》，1999 年第 5 期）、《曾樸與雨果》（《文藝理論與批評》，2006 年第 6 期）、《淺論曾樸對雨果的譯介》（《惠州學院學報》，2007 年第 4 期）、《容納外界成分，培養創造源泉——試論雨果對曾樸的創作影響》（《寧夏大學學報》，2007 年第 3 期）、《尋求「眞善美」和諧統一——曾樸與雨果的文藝思想比較》，馬曉冬的《譯本的選擇與闡釋：譯者對本土文學的參與——以〈肉與死〉爲中心》（《中國比較文學》，2011 年第 2 期）和《作者與譯者的對話：曾樸的〈魯男子〉與法國小說〈肉與死〉》（《延邊大學學報》，2008 年第 3 期），吳磊的《曾樸翻譯思想研究》（《常熟理工學院學報》，2008 年第 3 期）等。

作、翻譯成績，是常識性介紹〔註19〕。

（4）「眞美善」書店、雜誌及「眞美善作家群」研究。在中國現代文學史的書寫中，「眞美善」書店、雜誌因爲主流文學話語的意識形態偏見，被貼上了「資產階級改良主義」、「保守」、「唯美主義」、「頹廢主義」〔註20〕標籤，其編輯人員曾樸、曾虛白父子和主要撰稿人員的文化身份也被過濾，如曾樸僅以晚清譴責小說《孽海花》作者的身份進入文學史；有些主幹人員如邵洵美等被長時間遮蔽，直到近年才有作品集出版，重新「浮出歷史的地表」。

目前學界對「眞美善」書店、雜誌的研究，僅見蘇雪林著文簡介曾樸在「眞美善」時期的文學主張和《魯男子》的故事梗概，捎帶論及《孽海花》和曾樸的翻譯成績和曾虛白的創作〔註21〕；時萌簡單介紹過曾樸在主持「眞美善」書店、雜誌時期的創作、翻譯和交遊情況〔註22〕；此外，就是論及曾樸著譯出版事跡和文學思想的文章，對「眞美善」書店、雜誌略有提及；李培德在《曾孟樸的文學旅程》一書中以 11 頁的篇幅介紹了曾樸在「眞美善」時期的創作與翻譯，從「文學與民族認同的呼籲」和「翻譯與改革中國文學」〔註23〕兩個角度重點分析了曾樸「眞、美、善」的文藝主張，未對眞美善書店及同名雜誌做更深入的研究介紹。

楊聯芬等編著的《20 世紀中國文學期刊與思潮：1897～1949》較爲系統地介紹了曾樸的文學主張和《眞美善》雜誌譯介西方文學的成績，也分析了其被遮蔽的原因，是目前學界對《眞美善》雜誌作爲個案研究最爲集中和深入的成果，但因受該書體例和篇幅所限，對「眞美善」書店、雜誌的研究還不夠深入和細緻，沒有對《眞美善》雜誌作全刊整體研究，沒有深入展開對其編輯者曾樸、曾虛白父子的文學理想與創作實績、翻譯理念與實踐、編輯

〔註19〕此類論文有：徐蒙的《曾樸的編輯出版活動》（《山東圖書館學刊》，2010 年第 2 期），王建輝的《小說家兼出版家曾樸》（《出版廣角》，2000 年第 11 期），曹培根的《常熟近現代作家群的編輯出版與創作活動》（《常熟理工學院學報》，2007 年第 11 期），徐雁平的《曾氏父子與眞美善書店》（《編輯學刊》，1998 年第 3 期），郭謙的《曾氏父子開眞美善書店》（《世紀》，2006 年第 4 期）。

〔註20〕唐沅等：《中國現代文學期刊目錄彙編》（第二卷），知識產權出版社，2010 年版，第 1138 頁。

〔註21〕蘇雪林 1979、1980 年在臺灣的《暢流》雜誌上發表的《眞美善雜誌與曾孟樸》和《曾孟樸的〈魯男子〉及其父子的文化事業》兩文。

〔註22〕時萌：《曾樸探索新文學之路》，《淮陰師專學報》，1996 年第 2 期。

〔註23〕李培德著，陳孟堅譯：《曾孟樸的文學旅程》，臺灣傳記文學出版社，1977 年版，第 104，109 頁。

思路與實際效果的對應研究，沒有深入論證這個頗具向心力的「眞美善作家群」的存在，沒有對他們以私人文化商業資本參與中國文學現代化系統化工程的理論探索和實踐效果的研究與評價，沒有把他們理想化的、頗具異域情調的文化交際方式和在現實政治與商業擠壓間的奮鬥與掙扎作文學史層面的剖析與評價，更沒有論證「眞美善」書店、雜誌及「眞美善作家群」與 20 世紀 20、30 年代中國文壇其它作家群體和作家流派的生態關係，也沒有涉及到他們的文學現代性追求對於中國現代文學的價值與意義。

1.3 研究方法和內容

本書通過系統梳理、分析史料對「眞美善」書店出版物和《眞美善》雜誌進行形態研究，對「眞美善作家」們的文藝主張與譯著實踐進行比照研究，通過分析他們的往還方式和趨同性審美追求來論證「眞美善作家群」這一概念的學術合理性，對他們的文藝思想和創作實績及其與其它作家群間相互往還的文學史價值和意義進行考察，並展開影響研究。本書還參照相關期刊、作家文集、日記、書信和回憶錄，進行了史料的搜集、鈎沉、整理和對讀，用充分的史料來支撐起符合學理的論證，並揭示出他們參與文學變革的思路、方式、文化姿態以及他們在歷史的「當時」和文學史的「當下」的遭際，從而從文學變革的角度審視了 1930 年前後的文學在政治與商業的張力中、試圖整合本土與外來文學資源，以擇取新路、謀求發展的文學史價值和意義。本書圍繞以下學術問題次第展開：

（1）從晚清文學與現代文學的關係角度切入研究，展現曾樸及其「眞美善」文化事業的成績，梳理曾樸及「眞美善作家群」的研究歷史與現狀，找到本書的研究視角，並論證本書研究的學術價值；

（2）考察作爲自覺的文學變革參與者、「眞美善」書店、雜誌的創辦人、「眞美善作家群」的核心人物曾樸、曾虛白父子的文學理想與實踐活動；

（3）展現在 1930 年前後上海出版業興盛、文化事業繁榮的歷史背景下，曾樸、曾虛白父子以獨特的文化姿態創辦「眞美善」書店、雜誌，取得了豐碩的出版業績，並通過《眞美善》雜誌系統闡發了自己的文學理想與藝術標準，確定「文學範圍」以爲文學變革的形式規範和審美導向；

（4）論述「眞美善作家群」在曾氏父子的努力號召下聚攏起來，在競爭

激烈的上海文化市場獲得了自己的話語空間，形成了規律而別緻的「法國式文化沙龍」文學生活方式和內部層級性文化交往模式，對外展現了他們的文化姿態：改革新文學，使之走向「偉大」，放棄啓蒙立場，轉向培育「文化的班底」，實行文學的普及，建設「群眾的文學」，也喊出了打倒、「超越一切派」等不切實際的「狂飆」式口號。他們總體上認可其核心人物曾樸提出的「眞美善」的文學主張。

（5）論述通過《眞美善》雜誌這一公共話語空間，曾氏父子通過「編者小言」、「讀者論壇」和「文藝的郵船」等欄目展開對外話語交際，宣揚、闡發自己的文學主張，拉攏文學新人加入其「眞美善」文學事業，說明雜誌編輯思路，並製造「文壇佳話」。此外，他們還通過創新性欄目如「眞美善俱樂部」等進行文學的推銷與編讀互動。他們的這種對外文學交往活動，是他們在文學的商業化和政治化兩種路嚮之間奔突和探索的一種掙扎。

（6）通過介紹「眞美善作家群」的翻譯成績，展現他們的譯介傾向與偏好。通過梳理相關史料，歸納他們的翻譯理論和技術探索的主要成就：翻譯的標準、系統翻譯論、翻譯的名作經典意識、源語作家作品的擇取與翻譯效果的評價體系等。通過分析相關翻譯文本，討論他們翻譯實踐的三個主要努力方向：翻譯「革命精神」與「浪漫主義」、翻譯「現代性」和翻譯「異國情調」。探討他們是如何從建設本國文學的角度出發，從哪些方面譯介外國文化資源的？他們爲現代文壇奉獻了怎樣的翻譯實績，又做出了怎樣的翻譯理論建構？

最後，本書在 20 世紀中國文學的學術視野中，從文藝主張、文學理想、組織方式、與主流文壇的關係和最終命運等方面，來思考、總結「眞美善」書店、雜誌與「眞美善作家群」作爲 1930 年前後參與中國文學現代化建設的諸多文藝團體和流派的一支，所表現出來的典型意義和文學史價值。

第 2 章　曾樸、曾虛白父子的文學理想與實踐

　　和所有在西方強大的現代化面前感到焦慮的近現代中國知識分子一樣，曾樸也對民族國家文化的現代化建構充滿了希望與構想，無論是在沉浮宦海的時候，賦閒在家的時候，還是在經營文化出版事業的時候，他都沒有停止過關於如何從政治制度層面和精神文化層面建構民族國家的思考。曾樸譯介外國文學以促進中國文學現代化轉型的文化變革主張，始自他跟隨陳季同研習法國文學時期，經創辦「小說林」社，直至創辦「眞美善」書店、雜誌時，他一直未改初衷。雖然這前後他對於文學寄予的希望有所不同〔註1〕，但他對待文學的態度始終是嚴肅認眞的，他視文學爲生命、爲宗教〔註2〕。因此，當曾氏父子通過創辦「眞美善」書店、雜誌佔據了上海公共文化空間一角時，他們就在刊物上不遺餘力地宣傳其文化主張。我們僅從曾樸在《眞美善》雜誌第 1 卷上討論翻譯西洋文學的必要性、迫切性和討論譯介方式方法的文章中，就能感覺到他強烈的文化改革的緊迫感和使命感。所以，當這位有思想、有智慧、有豐富的人生閱歷、有復興民族國家的強烈願望、有豐富的中外文

〔註 1〕 在前「眞美善」時期，曾樸希望借外國文學作品所「夾帶」的近代民主思想
　　　　 來促進中國社會一般民眾民主政治意識的覺醒；在「眞美善」時期，他更多
　　　　 地期待以外國文學的審美精神來改變中國文學「積貧積弱」的狀況，建設利
　　　　 於文學、文化普及的「群眾的文學」，從而促進民族文化的復興與優化。
〔註 2〕 「我不但信任文學的高尚，我看著文學，就是我的生命，就是我的宗教，只
　　　　 希望將來文壇上，提得到我的名，就是我最後的榮譽。」見病夫：《編者一個
　　　　 忠實的答覆・覆彭思》，《眞美善》，1927 年第 1 卷第 4 號。

化／文學修養、有與時俱進的文化觀念的作家加入到新文學陣營，並根據自己的觀察提出改革文學的主張時，他表現出了「有備而來」的自信和希望能夠擔當新舊文學、中西文學溝通者的文化抱負。

與活躍在 20 世紀 20、30 年代上海灘的諸多小型出版機構、文藝期刊一樣，「眞美善」書店、雜誌的創辦，是其主持者曾樸、曾虛白父子爲了實現自己的文化理想和藝術追求，在黑暗的社會政治環境和孱弱紛亂的民族文化氛圍中，在業已「眾聲喧嘩」的上海公共話語空間中尋找自己的發聲渠道而做出的媒介選擇，是曾樸、曾虛白父子作爲作家、翻譯家和出版家文化身份的物質基礎。

2.1 「匡時治國」：文學的除舊布新與外國文學的有意譯介

曾樸的文學理想和開放的文化姿態，得益於他從晚清到 1930 年前後間豐富多彩的文化活動經驗積纍和他近 30 年如一日地堅持系統地研讀法國語言文學所得。

曾樸最早的文學編輯、出版活動始於「與丁芝孫（初我）合編《女子世界》」〔註3〕，並參與該刊前 17 期的編務。1904 年 8 月，曾樸有感於「那時社會上一般的心理，輕蔑小說的態度確是減了，對著外國文學整個的統系，依然一片模糊。我就糾合了幾個朋友，合資創辦了小說林和宏文館書店；在初意原想順應潮流，先就小說上做成個有統系的譯述。」〔註4〕在此前的 1898 年，他經江靈鶼〔註5〕介紹認識了法國文學專家陳季同先生，在其指導下系統

〔註 3〕時萌：《曾樸研究》，上海古籍出版社，1982 年版，第 26 頁。同出處「該刊由常熟女子世界社編，曾、丁兩人負責實際編務，由上海大同書局發行，於光緒二十九年臘月創刊，每月一回，朔日發行。」另據徐蒙：「從版權頁上看，從第九期開始，該雜誌由小說林社發行。……《女子世界》前十七期由丁祖蔭和曾樸主編。」（徐蒙：《曾樸的編輯出版活動》，《山東圖書館學刊》，2010 年第 2 期，第 63 頁。

〔註 4〕病夫：《覆胡適的信》，《眞美善》，1928 年第 1 卷第 12 號。

〔註 5〕關於曾樸與陳季同相識的介紹人，曾虛白在《曾孟樸先生年譜》中說是：「林登閣在滬時給先生介紹了一位深通法國文學的朋友，名叫陳季同。」（虛白：《曾孟樸先生年譜》，《宇宙風・曾公孟樸紀念特輯》，1935 年第 2 期），而據曾樸在《覆胡適的信》中講：「直到戊戌變法的那年，我和江靈鶼先生在上海浪遊。有一天，他替譚復先生餞行北上，請我作陪，座客中有個陳季同將

研讀法國文學，並「因此發了文學狂，晝夜不眠，弄成了一場大病，一病就病了五年」〔註6〕。從時間上算來，創辦「小說林」社和參編《女子世界》時，正在曾樸「文學狂」病癒，躊躇滿志要在文學上一展身手的時候。事實上，創辦於 1907 年初的《小說林》雜誌也確實被曾樸及其同志辦成了清末四大小說名刊之一。可以說，「小說林」社和《小說林》雜誌是曾樸投資出版事業的一個重要里程碑，是他與常熟鄉友精誠合作的結晶，為他此後的文學創作、翻譯和出版編輯活動積纍了一定的經驗。但是從「小說林」社的出版物和《小說林》雜誌的版面來看，「小說林」時代的曾樸在期刊編輯上並沒有太用心，而只是作為一個有文學抱負的發起人和大股東之一〔註7〕，將編務託付黃人（摩西）、徐念慈和丁初我等人，雖自任總理，但卻不善經營，「自己又捲入社會活動的潮流裏，無暇動筆，竟未到達目的，事業就失敗了」〔註8〕。在此期間，曾樸僅在「小說林」社出版著譯 3 種，在《小說林》雜誌上續寫連載《孽海花》第 21～25 回、詩文 13 種〔註9〕。可以說，儘管曾樸此時的志向還有些遊移不定，經商心不在焉、導致蝕本關張，著譯成績也很有限，經營著書店、雜誌卻又「張望」著社會政治活動，甚至在一段時間裏，對政治的熱心超過了對文藝的熱愛，更超過了對其投入書店的股本的關心〔註10〕，以至於在「小說林」書店關張之後不久，他便投身清末民初的社會政治運動，去做一個清醒的「政治入世者」了。

然而，在 20 年後的 1927 年，在政治上一直竭力爭取地方自治、扶持教育、護息民生的曾樸，因為軍閥的跋扈而掛冠辭職。經在常熟故居虛霩園短暫休養後，他又「重整河山待後生」：以自己仕宦 20 餘年的積纍，辦一家文藝書店，讓長子曾虛白全權負責經營。現在，這位在清末以《孽海花》名世、

軍，……，精熟法國文學，他替我們介紹了。」（病夫：《覆胡適的信》，《真美善》，1928 年第 1 卷第 12 號）。此處依曾樸之說。

〔註6〕病夫：《覆胡適的信》，《真美善》，1928 年第 1 卷第 12 號。

〔註7〕據虛白：「先生真切地認識了小說在文學上的特殊地位，因此想要打破一般學者輕視小說的心理，糾集同志，創立一家書店，專以發行小說為目的，就命名叫小說林。邑中同志如丁芝孫，徐念慈，朱遠生等皆踊躍投資，……先生自認總理，由徐念慈任編輯，出版小說林月刊。」（虛白：《曾孟樸先生年譜》，《曾公孟樸紀念特輯》，《宇宙風》，1935 年第 2 期）。

〔註8〕病夫：《覆胡適的信》，《真美善》，1928 年第 1 卷第 12 號。

〔註9〕具體可參看「附錄二：曾樸著譯篇目考錄」。

〔註10〕曾樸開辦小說林社一方面是由於對文藝的熱愛，另一方面也是因為在上海投資經營絲業的失敗，於彷徨無措間選擇了投資小說林和宏文館。

而今的「政治出世者」、這位「時代消磨了色彩的老文人，還想蹣跚地攀登嶄新的文壇」〔註 11〕。曾樸這次在文學著譯、出版上的「入世」之舉，是他編輯出版生涯的第二次大動作，也是他放棄了對政治和商業成功的企望，試圖在經濟和文藝上全心努力於文學著譯和出版編輯事業的一次最後的總爆發。曾樸在法國語言文學系統閱讀和研究上的積纍，在出版、編輯和發行等方面的地域性鄉友人脈資源的積纍，在出版資本和文化從業經驗上的積纍，及其長子曾虛白在上海聖約翰大學的英法文教育準備與《庸報》報媒從業經驗積纍，加上他要將豐富的人生體驗投射到文學著譯上的審美訴求等，都為他這次文藝的、審美的總爆發做好了充分的準備。而此時，南方文化中心城市上海，在文化產業從業人員、傳媒手段、文藝觀念、社團組織以及可資鏡鑒的外國異質文化生態環境〔註 12〕等方面的日臻成熟，都為曾樸的這次「文藝入世」提供了適宜的外部環境。

據《覆胡適的信》和《曾孟樸先生年譜》記載，曾樸在前「眞美善」時期的法國語言文學研習大致經歷了四個階段。在這四個不同的人生階段，他在無意間為他晚年的「眞美善」文學事業做好了物質與精神方面的種種準備。

1895 年秋天，24 歲的曾樸，「由俞又萊先生的介紹，報名入學」同文館法文班學習，因為「法文卻是外交折衝必要的文字」〔註 13〕。曾樸當時立意研習法文的目的還是很功利的想要做官，謀為國辦外交的職位。所以，修習很認真，用「八個月的光陰⋯⋯做成了我一個人法文的基礎。⋯⋯自始至終，學一點是一點，沒有拋棄，拼音是熟了，文法是略懂些了。於是離了師傅，硬讀文法，強記字典，這種枯燥無味的工作，足足做了三年。」〔註 14〕曾樸此時學習法語已基本失去原來的目標，因為他謀總理衙門職未得，但他仍能夠在沒有明確現實功利性學習目標、沒有老師輔導、沒有同學交流、沒有外語學習所必須的語言環境、也沒有現代外語學習者所需要的語言復讀訓練設備的情況下，持之以恒地堅持進行三年「盲人摸象式」的法語學習，實屬不易。這大概可以說明兩個問題：其一，曾樸認識到了法語的重要性，這種認識是出於政治目的還是文學考量已不重要，重要的是曾樸已被法國文化的浪

〔註 11〕病夫：《覆胡適的信》，《眞美善》，1928 年第 1 卷第 12 號。
〔註 12〕主要是指租界尤其是法租界的異域文化生態，他們可以寄居其間，親炙種種「異域情調」，並將其形諸筆端，形象地再現。
〔註 13〕虛白：《曾孟樸先生年譜》，《宇宙風‧曾公孟樸紀念特輯》，1935 年第 2 期。
〔註 14〕病夫：《覆胡適的信》，《眞美善》，1928 年第 1 卷第 12 號。

漫氣質和法國革命的洶湧澎湃所深深地吸引了；其二，曾樸是一個有恒心、有抱持，願意為實現理想堅持付出的文化實幹主義者。這個時期，在文藝上，曾樸主要創作了一些舊體詩詞，他的法文閱讀尚處於基礎階段，也未對他的文學創作和文學思想產生明顯影響，這是他為從政謀職而努力養成法文基礎的階段。

1898 年，自認識了精通法國文學的陳季同將軍後，曾樸就「天天不斷的去請教，他也娓娓不倦的指示我；……又指點我法譯本的意西英德各國的作家名著；我因此溝通了巴黎幾家書店，在三四年裏，讀了不少法國的文哲學書。」〔註 15〕，在既有法國語言學習積纍的基礎上，陳季同的指導讓「有準備的」曾樸明白了法國文學體系的博大和文體的豐富多樣，進行了初步的中法文學的比較閱讀與研究，還閱讀了法譯本的「意西英德各國的作家名著」，瞭解到了不同於中國古典文學傳統的西方文學的歷史譜系、文藝與哲學理論體系和經典作家作品。此時的曾樸，因為聽陳季同轉述法郎士關於「總而言之，支那的文學是不堪的」〔註 16〕的評價而深受刺激，發了「文學狂」，晝夜不息地研讀法國文學。這是曾樸癡迷、浸淫於法國文學的藝術魅力之中不能自拔的階段，也是他在無意間為他日後創辦「眞美善」書店、雜誌，團結聚攏「眞美善作家群」，譯介西洋文學做好了系統的文藝知識儲備。因此，在「眞美善」書店、雜誌創立之初，他才可以在《編者的一點小意見》裏提出切合中國實際的、融合中西文學優勢又頗具操作性和名作經典意識的、迻譯西方文學以為中國文學現代化建設鏡鑒的文化改革思路，並能在宏觀層面上提出遠期目標，在微觀層面上提出漸進的、對文壇不良傾向防微杜漸的文學改革與建設的技術策略。

在這一時期，他與友人創辦「小說林」，接手改續寫《孽海花》，嘗試譯介反映社會政治題材的法國經典文學名著《影之花》〔註 17〕和《馬哥王后佚史》〔註 18〕等，並作《大仲馬傳》〔註 19〕。此前在陳季同指導下系統研習法

〔註 15〕病夫：《覆胡適的信》，《眞美善》，1928 年第 1 卷第 12 號。
〔註 16〕病夫：《覆胡適的信》，《眞美善》，1928 年第 1 卷第 12 號。
〔註 17〕該書系法國嘉綠傅蘭儀著，競雄女史譯意，東亞病夫潤詞，小說林社，1905 年農曆六月出版。
〔註 18〕第一卷第 1、2 節在《小說林》第 11、12 期連載，後因刊物停刊，於 1908 年在小說林社出版單行本。
〔註 19〕刊於《小說林》第 5 期。

國文學經典作品的閱讀經驗與理論提升，使曾樸在此時已經獲得了不同於其同時代一般知識者的藝術審美眼光和創造力。他開始以閱讀所得的審美經驗爲鏡鑒來審視中國文學的傳統和現實，並試圖以這種審美經驗來指導自己的文學創作。《孽海花》便是他運用西洋文學經驗和敘事策略來表現中國藝術形象和東方敘事情感的成功文本例證，而《孽海花》的成功恰恰又是曾樸深刻悟得西洋文學審美經驗、并成功獲得自如地運用這種藝術表現功力來呈現東方社會文化生態的例證。這是曾樸窺到法國文學的堂奧而系統研讀法國文學經典名著並開始譯介事業的階段。

自 1909 年「先生入兩江總督端方幕，任財政文案」〔註20〕，至 1926 年「九月，先生反對孫傳芳加徵畝捐，未果，稱病請辭，與陳陶遺並去職」〔註21〕，是曾樸長達 20 年浮沉宦海的從政生涯。在此期間，曾樸在 1919 年「遣次子耀仲赴德學醫。發奮研究法國文學，囑次子在歐大購法國文學書籍，始編法國文學大綱」〔註22〕。關於此事，曾虛白曾回憶說：「二弟留學德國時期給他以不滿美金一千元的廉價拍賣購下一套整個私人圖書館將近千冊，全是法國文學名家一部一部的皮面精裝全集，因此他研究興趣之高已達沸點，當然我也跟著他發狂了」〔註23〕。這 1000 冊法文原版圖書，再加上他在追隨陳季同研習法文時，「溝通了巴黎幾家書店」所購得的圖書，到辦「眞美善」書店、雜誌時，「家裏私藏的法國文學書，約近二千種」〔註24〕，這是曾樸爲他的「眞美善」文化事業進行的圖書資源積纍。此外，在人力資源的準備方面，他對長子曾虛白悉心培養，「他積纍二十九年研究法國文學修養的指導給我對文學研究容易登堂入室的許多便利。在我文學研究的法國部分，他不久就由導師而轉變成我同窗研習的夥伴。」〔註25〕

這一時期，曾樸在官場上爲實現自己的政治理想前後奔撲。只不過，他的政治理想已從原來的爲國家「外交折衝」變爲運動地方自治以期實現民治、扶助地方教育以求開啓民智、護息民財民力以確保民生。在文藝研究上，他研習西洋文學的內容和目的也已發生重大轉變。早在 1895 年，「在國事蜩螗，

〔註20〕 時萌：《曾樸研究》，上海古籍出版社，1982 年版，第 31 頁。
〔註21〕 時萌：《曾樸研究》，上海古籍出版社，1982 年版，第 45～46 頁。
〔註22〕 時萌：《曾樸研究》，上海古籍出版社，1982 年版，第 41 頁。
〔註23〕 曾虛白：《曾虛白自傳》，臺灣聯經出版事業公司，1988 年版，第 86 頁。
〔註24〕 張若谷：《初次見東亞病夫》，《異國情調》，世界書局，1929 年版，第 22 頁。
〔註25〕 曾虛白：《曾虛白自傳》，臺灣聯經出版事業公司，1988 年版，第 89 頁。

喪師割地的這年頭」，「先生目睹外侮之日急，這時候就覺悟到中國文化需要一次除舊更新的大變革，更看透了固步自封的不足以救國，而研究西洋文化實為匡時治國的要圖」〔註26〕。到了 1927 年，曾樸則志在「改革文學」了，從直接的「經世致用」、服務現實，轉而變為以文學「化育」、開啟民智——「以文化人」——的精神文化建設了，他翻譯西洋文藝作品的重心也慢慢從政治革命意味濃厚的小說，如《九十三年》〔註27〕，轉向審美革命（指法國浪漫派對古典派的反動）意味濃厚的囂俄（今譯雨果）戲劇《銀瓶怨》〔註28〕、《梟歟》〔註29〕、《呂伯蘭》〔註30〕、《歐那尼》〔註31〕和穆里哀的《夫人學堂》〔註32〕等。需要注意的是，他的熱衷於譯介囂俄，是「因為他在囂俄的作品中找到了自己。囂俄在他作品裏充滿了不滿腐敗昏暗的現實社會，要揮其如椽之筆發動文學與政治雙軌齊下的革命。這正是父親一生努力的目標，……父親最先譯的是囂俄以法國革命為背景的名著小說《九十三年》。……囂俄戲劇是掙脫古典戲劇規模束縛的革命運動，在法國文學史上發生了翻江倒海的作用。父親這樣努力譯介它也有在中國文藝界發生同樣影響的企圖。」〔註33〕由此可見，此時的曾樸，因為身在現實政治的旋流之中，對社會現實的黑暗腐敗有著深刻的親身體驗，這種「人在江湖，身不由己」的人生體驗恰恰是一種對常人無法言說的內心掙扎與精神苦悶，而曾樸的個人精神氣質又是偏好文藝且敏銳多感的。因此，本就是晚清小說名手、有將個人經驗訴諸文學的藝術表現手腕的他，在個人遭際和經見與自己的西洋文藝作品閱讀經驗和感受相互激發時，在他通過審美閱讀在精神世界裏與來自異域的文化知己不期而遇時，他不禁產生了要將這種——對國人而言，在政治上熟悉、

〔註26〕 虛白：《曾孟樸先生年譜》，《宇宙風‧曾公孟樸紀念特輯》，1935 年第 2 期，第 109 頁。

〔註27〕 囂俄著，東亞病夫譯：《九十三年》，有正書局，1913 年版，封面題為「法國革命小說九十三年」，正文題為「法國革命外史九十三年」。

〔註28〕 囂俄著，東亞病夫譯：《銀瓶怨》，《小說月報》，1914 年第 5 卷第 1～4 期連載。1930 年 4 月，改名為《項日樂》在真美善書店出版。

〔註29〕 囂俄著，東亞病夫編譯：《梟歟》，有正書局，1916 年版。1927 年 9 月，改名為《呂克蘭斯鮑夏》在真美善書店出版。

〔註30〕 囂俄著，曾樸譯：《呂伯蘭》，《學衡》，1924 年第 36～37 期連載。1927 年 9 月，在真美善書店同名出版。

〔註31〕 囂俄著，東亞病夫譯：《歐那尼》，真美善書店，1927 年 9 月版。

〔註32〕 囂俄著，東亞病夫譯：《夫人學堂》，真美善書店，1927 年 9 月版。

〔註33〕 曾虛白：《曾虛白自傳》，臺灣聯經出版事業公司，1988 年版，第 88 頁。

在審美和表現方式上陌生的——文學作品介之於國人的強烈願望，便拿起溝通中西文學的「如椽之筆」開始他的翻譯事業了。這時的曾樸，已經由關注和參與政治革命轉而變爲關注並參加甚至希望能主導現代中國文化／文學革命的歷史進程了。這一時期，是他浮沉官場卻堅守文藝並開始翻譯事業的人生階段。

2.2 「改革文學」：現代中國文學的全面革新與開放包容

　　曾氏父子是主張「改革文學」的，這一點在 1927 年 11 月 1 日《眞美善》創刊號上《編者的一點小意見》一文中講得很清楚。然而此時，新文化運動已經進行了 10 年了，這時候提倡「改革文學」會不會被人譏爲「馬後炮」？會不會被新文學界目爲落伍的「吶喊」？實際上，曾樸在 1927 年創辦「眞美善」書店、雜誌時，新文學界的確是把他作爲一位「文學老人」〔註34〕來看待的，他也自稱是「時代消磨了色彩的老文人」〔註35〕，「年代消磨了他的聲音和顏色」〔註36〕，那麼曾樸自己在內心深處是如何看待自己晚清名小說家的文化身份的呢？事實上，曾樸是不以自己的《孽海花》爲「舊」的，他不贊同胡適將《孽海花》與《儒林外史》等量齊觀，並進行了辯駁〔註37〕，而他用來辯駁的理論支點，就是自己在《孽海花》裏所表現出來的敘事結構和敘事精神上的創新。對於這些創新，曾樸在創作之初或許未曾意識到，但當他系統研讀、譯介了法國文學作品，尤其是浪漫派的歷史小說如《馬哥王后佚史》和《九十三年》等後，才恍然自覺，找到了爲自己辯護的理論落腳點。曾樸的這種文學創新和他在閱讀中與異域文學敘事新方式的「偶遇」，使他體驗到了外國文學在敘事精神、敘事方法、審美倫理上的「陌生化」所帶來的閱讀快感，而他在文本中遇到的新精神、新道德和新的社會政治秩序等，卻

〔註34〕 「先生獨發弘大誓願，……即此弘大誓願已足令我們一般少年人慚愧汗下。」此處胡適以「少年人」自處，實際上有尊曾樸爲文壇前輩的意思，也有以「新文學先鋒」自居的意思，畢竟二三十年代的文壇，是以新爲尊的。見胡適：《致曾孟樸先生的信》，《眞美善》，1928 年第 1 卷第 12 號。

〔註35〕 病夫：《覆胡適的信》，《眞美善》，1928 年第 1 卷第 12 號。

〔註36〕 病夫：《覆戴望道》，《眞美善》，1928 年第 1 卷第 8 號。

〔註37〕 參見病夫：《修改後要說的幾句話》，《孽海花》（修訂二十回本），眞美善書店，1928 年 1 月版。

是他在黑暗的現實世界中所苦苦追尋的。當時國內的現實政治和軍閥統治的黑暗，讓他徹底絕望。因此，曾樸改變了努力的方向，選擇了用文藝來寄託人生理想，用文藝的方式來實現其人生抱負。

那麼，曾樸爲什麼要提出「改革文學」呢？首先，我們應該承認，曾樸的這個口號是對新文化運動的一種呼應。但是，曾樸還是發現了新文學存在的諸般問題和缺陷，對新文學的成績不滿意。他在《眞美善》雜誌創刊號《編者的一點小意見》裏說：「這雜誌是主張改革文學的，不是替舊文學操選政或傳宣的」〔註38〕。那麼，該如何改革文學呢？「凡文學的革新，最先著手的，總是語言文字。……就是中國新文學的勃興，起點也是文言白話的論戰，到了現在，差不多白話已佔了優勢」〔註39〕。可是，在「文言白話的論戰」中「佔了優勢」的「白話」文學是不是就已經令曾樸滿意了呢？不然。

首先，曾樸發現「現代文學革新裏的一個歧途」——「改去難解的文言換了個難解的白話」〔註40〕，茅盾稱之爲「太文言化的白話」〔註41〕。對此，他提出要「在作品或譯品的用語上，第一注意須求普遍的瞭解，不但叫會讀的讀了都懂，並且要叫不會讀的聽了都懂，……我們現在也該把白居易做詩的標準，來做我們文學作品的標準。」〔註42〕

曾樸指出，「中國近來新文化的運動，不能說不爛熳，可惜只顧癲狂似的模仿外人，不知不覺忘了自己。……尤其是語體的改變，放著說慣的語言秩序不用，偏要顚顚倒倒學著人家的語法，叫做歐化文字。」〔註43〕儘管曾樸始終提倡譯介學習西方文學，但他認爲要借鑒有度，對西方文學的語言表達方式要模仿然後化爲我所用，反對過度歐化。對此，他提出「我們主張改革文學，第一要發揚自己的國性，尊重自己的語言文字，在自己的語言文字

〔註38〕　病夫：《編者的一點小意見》，《眞美善》，1927 年第 1 卷第 1 號。

〔註39〕　病夫：《編者的一點小意見》，《眞美善》，1927 年第 1 卷第 1 號。

〔註40〕　「若然面子上算改了白話，底子裏還是嚕蘇疙瘩，詰屈聱牙，研究過新文學的人能懂，沒研究過的就不能懂，會外國文的人還可勉強看得下，不會的只好付之一歎，不管它是有意矜奇立異，或是無心辭不達意，但打總說，是改去難解的文言換了個難解的白話，打到了舊貴族式，另造了一個新貴族式，把改革白話的本意拋荒了，雖然現代的作品，明白曉暢的佳作也很豐富，然照我說的樣子也還不少，這實在是現代文學革新裏的一個歧途。」　見病夫：《編者的一點小意見》，《眞美善》，1927 年第 1 卷第 1 號。

〔註41〕　茅盾：《從牯嶺到東京》，《小說月報》，1928 年第 19 卷第 10 期。

〔註42〕　病夫：《編者的一點小意見》，《眞美善》，1927 年第 1 卷第 1 號。

〔註43〕　病夫：《編者的一點小意見》，《眞美善》，1927 年第 1 卷第 1 號。

裏，改造中國國性的新文學。」〔註44〕對於影響甚至阻礙作家傳遞信息的「太歐化或太文言化的白話」，茅盾也曾提出過類似的解決方案：「不要太歐化，不要多用新術語，不要太多了象徵色彩，不要從正面說教似的宣傳新思想。」〔註45〕

其次，在創作方面，曾樸認爲：「長篇小說——現在的名爲長篇，實不過是中篇——沒有見過，詩劇，散文劇，敘事詩，批評，書翰，遊記等，很少成功之作。我們在這新闢的文藝之園裏巡遊了一周，敢說一句話，精緻的作品是發見了，只缺少了偉大。」〔註46〕曾樸認爲導致這種狀況的原因是「懶惰」和「欲速」，是因爲新文學界對於文學翻譯不夠重視，沒有通過翻譯及時爲新文學的發展提供可資鏡鑒的域外文學文本資源。曾樸批評了這種現象，並獲得了胡適的認同：「一開手，便輕蔑了翻譯，全力提倡創作。從新文化運動後，譯事反不如了舊文學時期，無怪您要詫怪重要些作品，都被老一輩人譯了。」〔註47〕有鑒於此，曾樸提出，要注重翻譯事業，進行有統系的翻譯，並要「定出一個文學上翻譯的總標準」〔註48〕。可見，曾樸的文化建設思路是較全面的，主張以翻譯帶動創作，他還提出了文學的健康發展需要公允、客觀、「正當」的文學批評和合格的批評家的培養。

從曾樸在《眞美善》雜誌第 1 卷第 1 號、12 號上發表的兩篇系統闡述其文學主張的文章來看，他批評的矛頭直指「新文學」，他所要改革的「文學」，並非指中國傳統文學，即所謂「舊文學」，而是已經進行了 10 年「文學革命」的「新文學」。他指出了新文學的不足，並結合自己的文學創作經驗和系統閱讀、研究外國文學的經驗，提出了要系統譯介西方文學，讓國人學習其先進的精神內核和形式美學，並結合我們的民族文學風格，從形式到內容全面革新，以改革並創造嶄新的、現代化的中國新文學，促使其系統、有序、健康地步入現代化的世界文學之林。而這也正是曾樸作爲「眞美善作家群」領袖人物的文化姿態。而且，他還有一個畢業於上海聖約翰大學、專修英國語言文學 6 年，且有著新聞採編和報媒從業經驗的長子曾虛白從旁協助。

曾虛白在協助曾樸辦「眞美善」書店、雜誌之前，雖已有新聞報導與時

〔註44〕病夫：《編者的一點小意見》，《眞美善》，1927 年第 1 卷第 1 號。
〔註45〕茅盾：《從牯嶺到東京》，《小說月報》，1928 年第 19 卷第 10 期。
〔註46〕病夫：《覆胡適的信》，《眞美善》，1928 年第 1 卷第 12 號。
〔註47〕病夫：《覆胡適的信》，《眞美善》，1928 年第 1 卷第 12 號。
〔註48〕病夫：《覆胡適的信》，《眞美善》，1928 年第 1 卷第 12 號。

事評論文章的撰寫經驗，但並無多少文藝創作經驗。然而，從他在「眞美善」書店出版的著譯文集和在《眞美善》雜誌發表的創作和批評文章看，他在創作和批評方面進入狀態的速度還是很快的，而他的批評文章最能展現他此時的文化姿態。

和曾樸一樣，曾虛白也對新文學的既有成績感到不滿意。他曾花「一個月把文藝出版物澈底的盤查過一次」〔註 49〕，所得的調查結果，使他看到新文學 10 年發展的「貧」與「弱」：「貧」即「發行者的『貧』和著作者的『貧』」〔註 50〕，作家隊伍和出版機構少得可憐，且不團結；「弱」指「出版物的銷數」低，即讀者群的培養沒有跟上。據曾虛白分析，讀者群「弱」的原因主要有兩個：其一，教育不普及，能識字閱讀者少，加之我們的老大民族「受了幾千年禮教的束縛，把精神上的感應性慢慢變成了麻木」，即使有閱讀能力者，對於讀物，「他們的要求就只想刺激下子疲憊的神經，在幻想裏換一換單調的生活，還有一大部分只求在茶餘酒後添一些閒談的資料；所以他們對於讀物的態度不願有深入的欣賞，只願浮光掠影般在表面盤旋下子。」〔註 51〕這是導致新文學讀者群和刊物發行量低的外在的、客觀的歷史和社會原因，是一種外在於新文學界的不利因素。對此，曾虛白要「問責」於新文學的是它不能夠引起讀者普遍的「興會」，不能引起讀者的興趣，沒有做到「重門洞開，放著大路上夾夾雜雜的群眾，大家來瞭解，大家來享樂，大家來印感，」〔註 52〕因此，也就不是「眞的平民文學，眞的群眾文學，眞的『藝術爲人生』的文學。」〔註 53〕很明顯，這是曾虛白對曾樸提出的改革白話以建設「群眾的文學」主張的一種呼應。新文學出版物在第一個十年間的銷量與「小報」、「劍俠傳」之類的銷量相比，就說明了新文學在大眾讀者中的影響不高。其二，新文藝界與讀者群相互孤立，沒有形成一種有效的「作者—作品—讀者」呼應、互動機制，導致新文學作品不能有效地進入普通讀者的閱讀接受視野。對此，曾虛白批評的不是新文學的啓蒙立場，相反，他肯定了「啓蒙」初期篳路藍縷的艱難〔註 54〕，卻批

〔註 49〕　虛白：《給全國新文藝作者一封公開的信》，《眞美善》，1928 年第 2 卷第 1 號。
〔註 50〕　虛白：《給全國新文藝作者一封公開的信》，《眞美善》，1928 年第 2 卷第 1 號。
〔註 51〕　虛白：《給全國新文藝作者一封公開的信》，《眞美善》，1928 年第 2 卷第 1 號。
〔註 52〕　病夫：《編者的一點小意見》，《眞美善》，1927 年第 1 卷第 1 號。
〔註 53〕　病夫：《編者的一點小意見》，《眞美善》，1927 年第 1 卷第 1 號。
〔註 54〕　「現在你們新文藝作家忽然跳出來要把他們不會知不願知的東西揭開來給他們看，讓他們認識挾著自己漂泊的人生，讓他們賞欣可以減少激盪的痛苦的藝術。這當然不是一樁容易見效的工作，因爲你們要徹底改革他們的人生觀，

評了啓蒙者文化姿態的過於高傲和不切實際〔註 55〕以及內部無意義論爭的內耗〔註 56〕，給出了關於如何通過文學來啓迪、引導民眾進步的建議〔註 57〕，即放下啓蒙者高傲的身姿，停止無謂的爭執，通過切實的著譯努力，來創造「群眾的文學」。對曾虛白所分析批評的新文學的這些缺陷，茅盾也表達過類似的看法：「我們應該承認：六七年來的『新文藝』運動雖然產生了若干作品，然而並未走進群眾裏去，還只是青年學生的讀物；因爲『新文藝』沒有廣大的群眾基礎爲地盤，所以六七年來不能長成爲推動社會的勢力。」〔註 58〕

此外，作爲對茅盾《從牯嶺到東京》〔註 59〕一文的呼應、批評和補充，曾虛白發表了《文藝的新路——讀了茅盾的〈從牯嶺到東京〉之後》一文，闡述了他的文藝觀念，他認爲「文藝是沒有時間性也沒有階級性的一個整個，不論它爲的是人生或爲的是藝術，永遠是一個拆不開的整個，決不能給人家雞零狗碎地切成了片段來供給某一時代或某一部份人所獨享。……文藝不是一件工具……凡要硬給文藝規定某種目標的舉動，是錯認了文藝，不，簡直侮蔑了文藝。」〔註 60〕他承認文藝的目的性，但反對文藝的階級性和工具論，

要他們捨棄對於一切的麻木性，脫掉堆滿了塵土染滿了泥污的舊衣，換上一件光采四射的新袍。因爲習慣上，遺傳上的關係，在你們努力的初期，這種新奇的貢獻的不能夠使他們接受本來也是意料中的事情。」見虛白：《給全國新文藝作者一封公開的信》，《眞美善》，1928 年第 2 卷第 1 號。

〔註 55〕 「你們的世界容積太小的，掛的太高了，你們的一切舉動有多少人理會呢？這派是眞理，那派是屁，在四萬萬人群的大海裏不過是浮在水面上的芥菜子面子上一些兒變化吧？我不客氣地要說你們是在午夢中做著螞蟻國裏的駙馬爺而已！這叫旁觀人看了夠多麼可笑呀！」見虛白：《給全國新文藝作者一封公開的信》，《眞美善》，1928 年第 2 卷第 1 號。

〔註 56〕 「然而，踏進這小世界去看，卻居然是個世界！總共不過百十來個作者，也是五花八門的分出了數不清的派別，這一派說那一派是時代的落伍者，那一派說這一派是讀者的唾棄者：我說我是潮流的先導，你說你是民眾的呼號，一個個高興采烈地把有用的精力在攻擊，頌揚上彼此對銷掉的不知有多少。」見虛白：《給全國新文藝作者一封公開的信》，《眞美善》，1928 年第 2 卷第 1 號。

〔註 57〕 「我希望你們肯一個個跳出這自己高傲性搭就的小世界去做民眾的先導，誠懇地請求你們不要再藏在這個小世界裏搭著尊王攘夷的架子，自稱自贊的算民眾的領導了。你要民眾跟著你，先得引起他們瞭解你的興會；你要創出新潮流，先得給予民眾一種新的認識。請你們收起了一切「罵人的藝術」，藏起了響過行雲的高嗓子，大家埋下頭來做一番切實的工夫吧。」見虛白：《給全國新文藝作者一封公開的信》，《眞美善》，1928 年第 2 卷第 1 號。

〔註 58〕 茅盾：《從牯嶺到東京》，《小說月報》，1928 年第 19 卷第 10 期，第 1145 頁。

〔註 59〕 該文發表於 1928 年 10 月 10 日的《小說月報》第 19 卷第 10 期。

〔註 60〕 虛白：《文藝的新路——讀了茅盾的〈從牯嶺到東京〉之後》，《眞美善》，1928

反對人爲地把文藝分段切割或淪爲某一個階級／階層的話語工具，這是對當時文壇上過分功利化的文藝觀念的一種反動，是整個「眞美善作家群」較爲趨同的文藝價值觀，與邵洵美提出的「我們要打倒有時代觀念的工具的文藝，我們要示人們以眞正的文藝」〔註61〕的「文學宣言」何其相似！那麼，如何實現文藝的「去階級化」、「去工具化」、「去時代化」呢？也就是說，文藝應當如何實現其自在的發展呢？曾虛白提出「我們以爲文藝決沒有一條共同的道路，每個作家各有他最適合的路徑。現在，我們該提倡的是要叫一切作家去找尋他們發展『自我』的路徑，不能指定了一條路叫一切作家都跟著我們走。……一切階級表現一切階級，每個作家找尋自己的新路。」由此可見，曾虛白認識到，文藝生產是非常個人化、個性化的精神生產，是不能搞集群化調控，不能強制進行人爲的規約，並且還暗含著文學生態應該多元共生、求同存異的意味，即文學藝術的各形態各流派可以、而且應該互不壓制、自由競爭。如果聯想到中國現當代文學史上文學與意識形態鬥爭的種種，我們就不難理解曾虛白的這種文藝主張對於文藝自由發展的追求的合理性。雖然他的這種訴求過於理想化，甚至永遠都不可能眞正實現，但是如果把它放置到 1930 年代的上海文化氛圍中，雖會惹來左翼作家們的嘲諷，卻又並非全無現實意義的「吶喊」，畢竟他還有部分地實現其理想的相對寬鬆的文化環境，而這也正是「眞美善」書店、雜誌文化姿態開放、包容的一個重要原因。

可以說，曾氏父子的文學改革策略，是號召「改革新文學」，放低啓蒙者的姿態，選擇文學普及者身份的一種開放包容的文化姿態。他們的文學普及者的文化姿態主要體現在他們在「眞美善」事業時期的外國文學譯介成績、創作成績和關於文學翻譯、創作的理論思考上。

2.3 「父傳子承」：地域文化薰陶與家學體統影響

曾樸、曾虛白父子對於文學事業的熱愛和堅持，對於文學於家國社會的作用的認識，是與其生長、浸淫其間的常熟地域文化氛圍，以及濃鬱的家族文化傳統密不可分的。

年第 3 卷第 2 號。
〔註61〕邵洵美：《色彩與旗幟》，《一個人的談話·文藝閒話》，上海書店出版社，2008年版，第 53 頁。

　　曾氏父子出生在「文學化洽而人才彙出。是固江南名區」的江蘇常熟。「文風綿延三四千年……到了清代，常熟文風更見發揚。」〔註62〕文風興盛為常熟造成了鬱鬱不斷的文氣和重視文化教育的民風傳統。我們知道，中國古代教育受科舉制度偏重「詩文取士」的影響，在客觀上造成了中國古代士人頗具文化審美意趣的詩人氣質和隱藏在詩文裏的胸懷家國天下的情懷。到了晚清，中華帝國的衰落在西方現代化的崛起面前，顯得滯重、蒼涼，我們一直以來引以為豪的中華文化也在西方現代科技文明、制度文明和文化繁盛面前，顯得破敗老氣，又透出一種拿腔作勢的頑固與滑稽。清末科舉制度的廢除，徹底終結了傳統讀書人求取功名的錦繡前程路，也讓很多人覺悟到中國傳統文化的落時。在國家落後、被動挨打的殘酷現實面前，那些懷抱家國天下的讀書人，面臨著要在新時代語境下做出新的文化抉擇的尷尬與無奈。那些求新求變的知識者，選擇了從不同角度去瞭解、吸收和借鑒西方的現代化。晚清知識界對西方文明在「器物——制度——文化」三個不同層面的學習借鑒，給我們呈現的實際上都是一種對於西方現代化／現代性的追求。雖然，這三個層面的「現代化」都是當時國人需要學習的，但企望「畢國族復興大功於一役」的急功近利，讓近現代中國先進知識分子在現代化的探索之路上，不斷自我否定並否定那些異己的文化思想。然而，在晚清王朝對整個社會政治、文化控制不斷降低的情況下，原本統馭知識者思想的主流意識形態體系崩坍，不同思想文化流派間又無力完全否定「異己」的變革主張、獨尊一家，這就造成了社會文化的多樣與繁豐。那些飽讀詩書卻報國無門、那些感時憂國卻無能為力的知識者們，失去了用其詩文學養博取功名的前路，就淪落到了在紙上經營自己的「匡時治國」之夢。越是文氣濃鬱的地方，知識者的反思能力越是能造成有變革意識的文化團體和文化會社。常熟知識者在晚清由追慕科考功名的讀書人集體「華麗轉身」為追求國族富強的「文化革命者」、頗有現代性追求的作家、出版家和翻譯家，是他們在時代巨變面前自覺進行的文化轉型。這種轉型雖有其歷史的無奈，但在客觀上卻是積極而偉大的。晚清時期，在洋場上海集體崛起的常熟／虞山作家群，是中國傳統文化人奮起追求文化現代化的傑出代表，他們活躍在近代文壇上，通過自己的文化出版編輯和文學著譯活動，在精神文化領域苦心經營著其「匡時濟世」的事業。「常熟曾樸」就是其中的傑出代表。

〔註62〕曾虛白：《曾虛白自傳》，臺灣聯經出版事業公司，1988年版，第2頁。

　　「常熟文風之盛，主要原因還是因爲它的經濟環境的富裕」﹝註63﹞。常熟的經濟富庶，培育了穩定的「士階層」，即「詩書傳家」的論學從政的江南大地主階層。這些有錢有閒的讀書地主階層使常熟地方成爲「明清以來中國私家藏書和出版中心地之一，形成出版藏書流派──常熟派，融藏書、出版、編纂、著述活動與一體。」﹝註64﹞曾氏父子便生在這樣的家庭裏，「我們家，世代是讀書人」﹝註65﹞，「曾家，是四大望族之一，可以說是士階層的魁首」﹝註66﹞。曾家世代積纍的財富、家學體統和在常熟上層知識階層的人脈資源，都爲「稟賦是與生俱來的浪漫主義者，也就是與生俱來的除舊更新的革命鬥士」﹝註67﹞曾樸在進行文化出版事業募集股本和號召文藝同好時提供了地域文化的便利。在近代資本主義萌芽發展較充分的江南地區，地主家庭思想相對開放，入仕者「懷抱家國」，退隱者「歸耕課讀」，不能或不願入仕者則一般會選擇投資經商一途來實現個人價值及其家族財富的增長。常熟地方文氣的鬱勃、教育的相對普及、文人的著書立說與傳播知識以及世家的藏書風氣等，都促進了常熟的富有「士階層」攜帶商業資本進入圖書編輯、出版和發行行業，從而促進了常熟地方近現代出版編輯人才和作家群的誕生。從曾樸屢求入仕不得、退而經商的經歷看，曾家作爲常熟「士階層的魁首」，正是這種家族經濟經營模式的典型代表。常熟曾家在地方上是「領袖階層」，在培養後代的時候也總是有意識地培養他們「領導群倫，服務社會」﹝註68﹞的能力與涵養，曾君表對曾樸是如是要求，曾樸對曾虛白也是如是要求。這種家學傳統，甚至讓曾家後代都養成了一種人格鍛鍊的自覺：「應該跳進社會裏，抱著不滿現實，發奮革新的精神，來做一個領導群倫，服務社會的有用讀書人。」﹝註69﹞這樣，我們就不難理解曾樸在募集股本籌備創辦「小說林」社時，那些常熟的文壇麟角們何以能積極響應，並迅速集結在曾樸麾下，也就能夠理解他們要通過譯介西洋文學名著來改造中國社會的遠大抱負，並能將其辦成晚清四大小說名刊之一了；這樣，我們也就不難理解曾樸在「眞美善」時代

﹝註63﹞ 曾虛白：《曾虛白自傳》，臺灣聯經出版事業公司，1988 年版，第 5 頁。

﹝註64﹞ 曹培根：《常熟近現代作家群的編輯出版活動與創作活動》，《常熟理工學院學報》，2007 年第 11 期，第 119 頁。

﹝註65﹞ 曾虛白：《曾虛白自傳》，臺灣聯經出版事業公司，1988 年版，第 8 頁。

﹝註66﹞ 曾虛白：《曾虛白自傳》，臺灣聯經出版事業公司，1988 年版，第 9 頁。

﹝註67﹞ 曾虛白：《曾虛白自傳》，臺灣聯經出版事業公司，1988 年版，第 15 頁。

﹝註68﹞ 曾虛白：《曾虛白自傳》，臺灣聯經出版事業公司，1988 年版，第 15 頁。

﹝註69﹞ 曾虛白：《曾虛白自傳》，臺灣聯經出版事業公司，1988 年版，第 26 頁。

何以能夠毅然決然以仕宦二十餘年的積俸十萬大洋、以父子二人之力要號召新文藝界奮起，通過譯介外國文學來改變中國新文壇的「貧」與「弱」，以圖光大中國文學，革新中國文化，使民族雄起，國家富強了。通俗一點講，他們有這筆「閒」錢，「玩」得起，更重要的是，他們有一種浸淫在家族骨子裏的自信與抱負，有「領導群倫，服務社會」的家學體統！所以，他們必然會選擇「振臂一呼」，必然會採用「揮斥方遒、指點江山」的方式來號召文藝同好，下文會討論到體現曾氏父子這種抱負的三篇文章：病夫的《編者的一點小意見》、《覆王石樵、黃序龐、願義的信》和虛白的《給全國新文藝作者一封公開的信》。在這三篇文章裏，我們可以看到，病夫的謙遜裏透漏著看似矛盾的焦慮與自信，虛白則直指文壇弊病，揭批毫不留情。可以說，曾氏父子是懷著要做文壇領袖的自信開始他們的「真美善」文化出版事業的。在他們看來，股本的多少不是事業成敗的決定性因素，文藝修養程度的高低才是最關鍵的，而這也決定了他們的努力在文學已經高度商業化、文學的意識形態話語權爭奪愈演愈烈的上海勢必會黯然告敗。

曾樸對政治的厭倦和對文學的熱愛，使他希望長子曾虛白能夠繼承自己文學事業的衣缽，並力勸他從《庸報》辭職，協助自己創辦「真美善」書店、雜誌，並以「父子書店」聞名海上。在「真美善」事業初期，曾樸不斷敦促曾虛白增進外語、尤其是法語閱讀能力，有系統地提高他對整個西洋文學知識的瞭解。

1912 至 1918 年間，曾虛白在上海聖約翰大學接受了系統的英文教育，「它全部英文課程都由慎重敦請的專家學者認真以英語講解、督導，⋯⋯我進的是文學院，可是所讀的課目，並不專限於文學，凡是哲學、政治學、經濟學、社會學、倫理學、心理學，甚至天文、地理、化學、物理一般常識所需的課程，無不一一開列。所請教授皆為一時之選。」〔註 70〕在此期間，曾虛白還「讀過兩年法文，經宋春舫老師以直接研習的方法教授進步較速。」〔註 71〕1928 年上半年，由於曾虛白要陪曾樸去上「一位法國女士開的法文夜間補習班」〔註 72〕，父子二人做了半年的「同窗」，曾虛白也因此「增進了對法文的閱讀能力」〔註 73〕。

〔註 70〕 曾虛白：《曾虛白自傳》，臺灣聯經出版事業公司，1988 年版，第 34 頁。
〔註 71〕 曾虛白：《曾虛白自傳》，臺灣聯經出版事業公司，1988 年版，第 86 頁。
〔註 72〕 曾虛白：《曾虛白自傳》，臺灣聯經出版事業公司，1988 年版，第 87 頁。
〔註 73〕 曾虛白：《曾虛白自傳》，臺灣聯經出版事業公司，1988 年版，第 87 頁。

同時，曾虛白「為了充實真美善文學全面的貢獻起見，不得不利用我英國語文的熟練，研究範圍擴大到英美以及其它國家的文學。……就英、美部分說，我對英國的大戲劇家莎士比亞與蕭伯納，小說家迪根司與司谷德，都做過特殊研究與報告；對美國的詩人艾倫‧浦，散文家華盛頓‧艾文，與馬克‧都溫也做了不少的介紹。此外挪威詩人易卜生，俄國小說家陶斯托葉夫斯基，德國大詩人哥德，意大利怪戲劇家鄧南遮，印度詩人泰各爾也分別選他們的代表作品作了扼要的評介。就整個英美文學的介紹，我也出版過英國與美國文學簡史。」〔註74〕從曾虛白研究外國文學的學術經歷自述和他在《真美善》雜誌上發表的文章來看，曾虛白具備了宏闊的世界文學的學術視野和比較文學的批評眼光，他在創作中有對外國文學敘事和審美精神的自覺借鑒，在批評中表現出了較為系統的西方文學理論修養，在翻譯時在源語作家作品的選擇上有名作經典意識。可以說，曾樸對自己和兒子在語言能力方面的要求都很高，這也使父子二人能夠在「真美善」書店、雜誌辦刊之初，在出版業繁盛、書店雜誌林立的上海把這個「父子書店」、「父子雜誌」維持下來，拉攏起較為穩定的撰稿人隊伍，並贏得了數量較為可觀的讀者群的支持。

　　從《曾孟樸先生年譜》、《曾樸生平繫年》和《真美善》的「編者小言」欄目的記述來看，曾樸雖文學熱情高漲，但體弱多病，又有「阿芙蓉癖」。所以，「真美善」書店的經營和《真美善》雜誌的編輯兩副擔子後來都慢慢由曾虛白承擔起來。曾樸辦書店、雜誌的目的，一方面是要藉以實現自己文化建設的夢想，一方面也是想磨練自己的兒子，讓他繼承自己的文學衣缽〔註75〕。曾樸有很深的「名山事業」的文化情結，看不上記者們作的時文，所以反對曾虛白做記者，希望他能成長為作家、翻譯家。儘管如此，曾虛白的《庸報》從業經驗，還是培養了他對社會事件的新聞敏感，增加了他對於現實的瞭解，鍛鍊了他作為書店「全權經理人」在待人接物和經營管理方面的能力。當然，

〔註74〕曾虛白：《曾虛白自傳》，臺灣聯經出版事業公司，1988 年版，第 89～90 頁。
〔註75〕曾樸去世後，曾虛白在整理其日記時發現了一段記於 1928 年 9 月 11 日的日記：「鴻兒（我的乳名）對於文學上的確進步不小。……現在越做越有了勁了，將來我這一套衣缽有了繼承人了。這是我近來最快慰的一件事。我的真美善書店一大半是這個目的，讓他有個發展的機會。如去當庸報的編輯，決不會有如許的成績，就拿了二三百元薪水，做幾篇一瞥即過的論文，有什麼意味。」見曾虛白：《曾虛白自傳》，臺灣聯經出版事業公司，1988 年版，第 92 頁。

最重要的是，他的記者編輯從業經驗，讓他能夠輔助曾樸籌辦並創立「眞美善」書店、雜誌，並在圖書出版、刊物編輯、外國文學譯介和獨立創作等方面，都應對裕如。

第 3 章 「眞美善」書店、雜誌的創辦及其文學活動

　　中國社會的近代化是在諸多外力的脅迫之下被動展開的。在經歷了最初的痛苦掙扎、躁動反覆與被動轉型，經歷了「五四」新文化運動的洗禮和十年發展之後，最早被迫開埠通商的上海已經彙集了全國最密集的文化出版機構和最活躍開放的文人群體，成爲了中國文化與世界文化對接的窗口，「是與西方文化接觸最便利的都市」，「是中西研究與愛好文藝人士集中的都市」〔註1〕。而作爲近代「傳媒革命」重要成果之一的書報雜誌，便成了雲集海上的知識者們接觸、研究和傳播西方文化的重要媒介和手段，並催生了職業作家群落的形成、城市市民讀者階層的成熟，改變了中國文學的傳播和消費方式。書報雜誌，尤其是文學、文化期刊，成了當時時效性最強、輻射面最廣的文化複製手段、傳播渠道和消費介質。因此，辦報刊，尤其是傳播介紹西方文化、文學的報刊，也變得有利可圖。資本的逐利本性促使手中握有剩餘資本的商人們將資金投向出版傳播業。他們開書店、辦雜誌、搞發行，大大促進了上海文化事業的繁盛。

　　資本介入文學生產和傳播流通領域，並在一定程度上與文學合謀，使文學生產與傳播成爲一個產業，催生了一個現代的「名利場」、一個話語權和影響力越來越大的都市公共話語空間。這個新生的公共話語空間所具有的傳播和宣傳價值，也越來越受到各類社會活動家、政治家和知識者的重視，促使他們斥資文化出版業，或創辦出版社、印書館、書店，出版各類書籍以圖利；或創辦黨團機關報刊，宣傳其政治主張爲謀權；或集資創辦同人刊物，發表

〔註 1〕曾虛白：《曾虛白自傳》，臺灣聯經出版事業公司，1988 年版，第 83 頁。

文藝作品，進行精神文化生產，以期以精神性和審美性文藝創造來啓蒙或愉悅大眾，或譯介國外文藝作品，以爲民族文化再造的精神鏡鑒。這些新式書店、出版社往往掌握在文化資本家的手中，他們爲了逐利或實現個人政治文化信仰，往往會雇請文化人創辦各類政論或文藝雜誌。在文藝刊物中，書店出資、編輯負責的往往視經濟效益而定存亡，以私人股本經營的同人刊物往往又會因經濟拮据而短命，文藝與商業資本之間充滿了矛盾。同時，民國時期的政治和文化審查制度又決定了文藝期刊必須要在文藝和政治（不論是「爲藝術」的還是「爲人生」的，都難免會犯政治的忌諱）之間謀求某種微妙的平衡，以追求審美表現以及商業利益的最大化。然而，上海租界的「治外法權」——這一近代中國民族屈辱的標誌物——卻又爲那些敢言的知識者、「張狂」的文化人提供了一個特殊的「治外」公共話語空間，一個可以躲避「文責」的發聲場域，使他們能夠獲得較大程度的話語自由。同時，租界也爲那些嚮往西方現代物質生活方式和精神文化生態的知識者，提供了一個近在眼前、可供觀摩和體驗的活生生的「文化現場」，讓他們在對異域文化的體驗與陶醉中進行他們的文化譯介、創作與傳播活動。

3.1 「進修文藝」與「廣交文友」：書店的創立與雜誌的編輯

　　因爲上海作爲近現代南方中心城市的地位及其與常熟鄰近的地利之便，曾樸選擇了上海作爲他一生兩次「文化投資」的基地。至於「爲什麼這書店一定要開在上海，父親有兩套理由，其一，想借這書店的激勵，增進自己對文藝的進修，特別要透過翻譯的努力吸收西方文藝的精英，來補充中國文藝的不足，上海是與西方文化接觸最便利的都市；其二，想借這書店的號召，廣交愛好文藝熱心研究文藝的同好，經常往來，交換心得，構成幾個法國式沙龍中心，蔚成一時風尚，上海是中西研究與愛好文藝人士集中的都市。」〔註2〕曾虛白曾將他們開書店的目的概括爲「進修文藝」與「廣交文友」〔註3〕。那麼，「進修文藝」的目的是什麼？是爲了「補充中國文藝的不足」；「廣交文友」的目的是什麼？是「構成幾個法國式沙龍中心，蔚成一時風尚」！事實上，這也是曾氏

〔註 2〕曾虛白：《曾虛白自傳》，臺灣聯經出版事業公司，1988 年版，第 83 頁。
〔註 3〕曾虛白：《曾虛白自傳》，臺灣聯經出版事業公司，1988 年版，第 85，92 頁。

父子從其自身學養、能力出發，爲實現中國文學現代化所設計的改進策略和技術路線：在中國西化程度最高的文學中心城市上海，依託現代傳媒——書店（出版機構）和雜誌（傳播手段）——以自己爲中心聚攏起「中西研究和愛好文藝人士」，以譯介西方文學爲「用」，以光大中國文學爲「體」，並希望能夠引領「一時風尚」。那麼，上海何以對曾樸這位「文化入世者」有這麼大的吸引力呢？

20 世紀 20、30 年代的上海，吸引、凝聚了全國的文氣。上海，作爲「海派文人」的大本營，「海派文學」的活躍自不必說。從 1928 年前後開始，20 年代文學格局的解體，也將原來身處於北京、廣州、東北、四川等地的很多作家們聚集到了「華洋雜處」、「絢爛多姿」的上海灘。此時的上海，就像一塊文化的大磁石，吸附了全國的文化精英、文學「粉絲」和留學歐美、日本歸國的青年學生們。「這一段時間，是中國新書業的黃金時代；上海的新書店開得特別多，而一般愛文學，寫稿子的人，也會聚在上海的租界上。本來是商業中心的這一角海港，居然變成了中國新文化的中心地。」〔註4〕魯迅、沈從文、「新月」諸先生、「創造社」諸公、東北「流亡作家群」、「新感覺派」文人等等，或是隻身前來，或是群體遷移，紛紛投身到上海文化的大流中，或易地繼續經營自己的文化事業；或另起爐灶，重新組織書店、社團，創辦雜誌，寄住在租界亭子間裏，「嘯聚」在茶館、咖啡店裏；或編輯圖書，或以著譯賣文爲生。他們因其各自文化理想和審美趣味的不同形成了以不同刊物、雜誌或著名文化人爲核心的文藝團體，相互間或口誅筆伐、或筆墨馳援，搖著各色的文學旗幟，或「爲人生」，或「爲藝術」，有時看似壁壘森嚴，有時又打破文學上「主義」的間隔，交相往還。他們在時代的變遷中不停地上演著文藝戰線上的分分合合、聚聚散散。而此時，中國文學現代化的一個重要步驟和助推力——文學的商業化〔註5〕——也已經初步完成，「新文學與商

〔註 4〕郁達夫：《爐邊獨語》，大眾文藝出版社，2001 年版，第 60 頁。

〔註 5〕文學的商業化主要是指由現代版稅稿費制度催生的作家職業化（和職業化背後「爲稻粱謀」的文學生產的逐利化，導致文本拖長，小說、戲劇創作繁盛，作家名利心重等文壇弊病），由現代傳媒技術進步帶來的文學複製和傳播的便利化以及商品化，由現代教育普及帶來的讀者大眾化、文化消費化和快餐化。在「作家—作品—傳媒（商業資本）—讀者」這一個文化產品生產流通鏈條上，控制傳媒的商業資本的作用越來越大，他們通過稿費版稅制度影響、甚至控製作家的文學生產活動，通過書店、出版社、雜誌控制文學傳播的渠道、方式、質量與密集度，甚至通過資本博弈和利潤競爭「捧紅」或「封殺」作家，他們還會根據讀者的認可度決定「買」哪位作家的、什麼樣的文稿，當

業打成一片，是北伐前一年。那時節北方的作家遭受經濟壓迫，慢慢向南方移動，與上海剩餘資本結合，作品得熟於商品分派技術的人推銷，因此情形一變。」〔註6〕文學商業化的初步完成與繼續深化，不斷通過作家翻譯家職業化、出版傳媒專業化逐利化、讀者群體分類化和文學消費方式快餐化等方式，不斷推動者文學生態的繁榮和多元共生以及文學生產、流通和消費行業的結構重組和人員流變。1930 年代的中國文學因其本身商業化和資本化的日漸深化，而空前繁榮起來。「據統計，當時在上海出版的書籍不但占全中國的 90%，每月出版的刊物也有六百多份、出版的每日刊及三日刊約有百種，占全國的三分之一以上。」〔註7〕

應該說，在經歷了近代以來近百年「歐風美雨」的洗禮淘煉，尤其是在經歷了「五四」新文化運動以來近十年的文學革命運動之後，中國新文學已經在作家隊伍的養成、傳播手段和渠道的開發、讀者群體的培育上向文學的現代化大大地邁進了。西方近代以來的各種文藝文學觀念沖決了中國傳統文藝觀念的堤壩，使 19 世紀下半葉至 20 世紀 20、30 年代這個社會過渡期、變革期的中國文學在翻譯和創作兩方面都取得了相當的成就。儘管此時，內陸地區的文學消費還因爲教育不足和地區差異呈現出地域性的發展不均衡，但新文學在上海卻已佔據了文化市場較大比重的消費份額。儘管新文壇上存在

然他們也會爲了商業目的把讀者的閱讀趣味引向自己「操控」（以私人交情或稿費高低拉攏，主要是通過買斷版權或趁作家經濟危機時預付稿酬等手段）的作家的文本，從中漁利。最可怕的是，隨著文學商業化程度的不斷提高，現代傳媒集團會通過資本競爭來實現傳媒的「托拉斯化」，從而控制文學生產的整個鏈條，而一旦傳媒資本與政治勢力合謀，那麼，這條大鱷除了爲追求利潤最大化而將整個文學生產的目的最大化逐利外，還會操控文學爲政治張本，從而左右公眾視聽，導致文學的政治化、商業化，那麼文學也就「被綁架」，被搞得面目全非了。而這，也是掌握資本的文化人出資辦書店、一般文化人搞同人雜誌的目的所在，他們要還文學以本來面目，要爲文藝「鬆綁」，甚至爲了文學的獨立與自治呼籲「爲藝術而藝術」，呼喚「純文學」，追求「文藝唯美」，反對對文學進行「階級論」、「階段論」等意識形態化的色彩塗抹。可以説，「眞美善」書店、雜誌的創立、「眞美善作家群」的召集，就是曾氏父子（主要是曾樸）爲實現「鬆綁」、「解放」文學的目的而做出的「文化動作」，所以，「眞美善」的口號的提出不純粹是爲了響應法國浪漫主義的口號，而是有其現實的考量，那就是追求文學的「文學化」。

〔註 6〕沈從文：《「文藝政策」探討》，劉洪濤編：《沈從文批評文集》，珠海出版社，1998 年版，第 73 頁。

〔註 7〕陳碩文：《上海三十年代都會文藝中的巴黎情調》，臺灣政治大學，2009 年博士論文。

著這樣那樣的問題、流派的爭鬥、俗雅的爭執，以及曾氏父子所批判的「貧與弱」、「罵人的藝術」與自我封閉等缺點，但蹣跚著走向現代化的 20 世紀中國新文學還是蔚然成風了。

　　此時的上海文壇成為了中國文壇的中心，全國絕大多數的出版機構和作家文人雲集海上。而且，租界的存在為他們提供了相對寬鬆的文化環境，「為他們的生活和創作提供了自由的空間，租界的文學市場給了他們賣文為生的機遇；對於有著留學背景的歐化作家來說，十里洋場可以看作西方都市生活的模擬環境，適宜於他們借鑒、傳播或模仿、販賣在留學經歷中所獲得的西方現代文學經驗；對於熟悉傳統社會的作家來說，租界新奇的都市景象和人事狀況，無疑是一個『陌生化』的文本，能引起他們敘述的衝動。」〔註8〕對曾氏父子而言，上海是曾樸屢次經商、閒居、交遊和辦「小說林社」的地方，是曾虛白求學生活 6 年的地方。然而，他們既無海外留學背景和歐美國家生存體驗，全無「模仿、販賣在留學經歷中所獲得的西方現代文學經驗」的本錢，又全然看不上「零星小販」、「賣野人頭」〔註9〕式的、不成體系的外國文學譯介方式。此外，有著上海生活經驗的曾氏父子，對於上海也不會有多麼「新奇」的感覺，他們看中的是上海的文化氛圍和租界尤其是法租界的「都市景象」及其濃鬱的異國情調。這種異質的、陌生的「都市景象」和異國情調是他們在多年外國文學閱讀經驗中反覆體驗過和想像過的，是他們要推動中國文學現代化的一個異國文化摹本，而要推動中國文學和文化的現代化，當時國內近現代化、西化程度最高、有著活生生的西方都市生活樣板——租界——的上海，無疑是最佳的文化策源地。對於上海，他們需要的是上海的文化氛圍，是上海的「文人群落」和「文化磁場」———一個當時國中最成熟的「都市公共話語空間『和』公共文化交際空間」，一個他們可以「領導群倫」的「文化場域」，一個「藝術的皇都……妙史（英文 Muse 的音譯，首字母大寫指文藝女神，一般譯為繆斯，引者注）的金闕。」〔註10〕

　　租界的存在，為那些豔羨西方物質和精神生活方式的人們提供了可供近距離觀摩體驗的異域文化生態。畢竟在那個時代，出洋並不容易，對於「一般守株祖國沒有跋涉過異國山水的同胞，在上海也可以多少享受到一點異國

〔註 8〕李永東：《租界文化與 30 年代文學》，上海三聯書店，2006 年版，第 62 頁。
〔註 9〕病夫：《覆王石樵、黃序龐、願義的信》，《眞美善》，1928 年第 1 卷第 11 號。
〔註10〕東亞病夫：《病夫日記》，《宇宙風》，1935 年第 1 期。

情調的生活」〔註11〕。對於作家們，租界是一種動態的文化展覽，他們可以置身其間並獲得文學創作的靈感。那些帶有異域文化色彩和符碼的異質文化標誌物，對他們來說便是文學創作上「煙士披里純」（英文 inspiration 一詞的音譯）的來源。曾氏父子因爲深入研究歐美尤其是法國文學，對法國文學作品所展現出來的法國文化魅力充滿了嚮往與癡迷，他們置身其間的法租界爲他們提供了親炙這一異域文化的機會和鮮活的試驗場。

　　然而，素無經商經驗的曾虛白卻是經了一番周折才最終把「眞美善」書店、雜誌編輯部安置在法租界馬斯南路一一五號〔註12〕，並慢慢將其經營成

〔註11〕張若谷：《寫在卷頭》，《異國情調》，世界書局，1929 年版，第 9 頁。
〔註12〕關於曾氏父子在經營眞美善書店期間在上海的居住和編輯所、發行所地址，曾虛白曾這樣回憶：「人事安排有頭緒之後，我就趕到上海找房子。在白克路大通里租到了一座三樓三底帶過街樓的樓房，做父母親帶姨太太與我及耀仲弟兩代三房合住的住宅。又在里內另租一個過街樓做我帶著伍叟冰辦公的眞美善書店編輯部。最可笑的，我這毫無書店經驗的眞美善書店創辦人，竟在靜安寺路上找了一間房子做眞美善書店的發行所。於是，一切具備，先向同業批了一批精選的文藝書刊，就在靜安寺路上擇吉開張，廣發邀請帖，開了一次來賓近百的開幕酒會，可算是盛極一時。可是，靜下來做生意，竟遭遇到一天難得見幾位上門買主的冷落。駭快之餘，開始學到靜安寺路是住宅區沒有人會到那裏買書的，上海的書店集中在四馬路附近的棋盤街與望平街。這是我第一次上做生意課得到吃零分的教訓，趕緊補救，把發行所搬到棋盤街，由伍際雲做經理帶著兩個夥計，正正式式營業起來。」「後來眞美善事業有了基礎，……父親跟我搬到法租界馬斯南路那一座小洋房裏做眞美善的編輯部，……搬到了馬斯南路之後，有花園、有客廳，招待來訪者有了好環境自自然然的賓至如歸，門庭若市了。」見曾虛白：《曾虛白自傳》，臺灣聯經出版事業公司，1988 年版，第 85、93 頁。另據《眞美善》雜誌刊後所載書店、雜誌編輯所、發行所地址信息，大致可以窺見其變更、搬遷情況如下：據虛白在《眞美善》第 3 卷第 4 號《紅燒肉》一文文末所署「一八，二，十日，遷出馬斯南路編輯所的五日前。」可以推知「眞美善編輯所」是 1929 年 2 月 15 日由「上海法租界馬斯南路一一五號」遷至「上海白克路大通里六〇四號半眞美善雜誌編輯所」的，而「眞美善雜誌發行所」的地址從創刊號所署的「上海靜安寺路斜橋一二二號」，到第 1 卷第 9 號遷至「上海四馬路望平街一六三號」（該號出版時間爲「十七年三月一日」，即 1928 年 3 月 1 日），至第 2 卷第 1 號，又遷至「上海五馬路棋盤街五二五號」，第 4 卷第 5 號又遷至「上海四馬路望平街六號」（該號出版時間爲「十八年九月十六日」，即 1929 年 9 月 16 日）。以上編輯所、發行所地址一直到第 6 卷第 3 號都未有變化，從第 6 卷第 4 號起「眞美善書店編輯所」併入發行所，共用一個地址即：上海四馬路望平街六號，該期刊有一個併址通告：「眞美善書店編輯所現已併入發行所如有投稿及信件等請逕寄上海四馬路望平街六號眞美善書店可也」（該號出版時間爲「十九年八月十六日」，即 1930 年 8 月 16 日），至第七卷第一號編輯

上海文化界一個頗具知名度的「文藝沙龍」的。張若谷曾這樣記述位於法租界的曾宅的周邊環境：「在法租界，……特別是法國公園西面的三條路，高乃依路 Rue Corneille 莫利愛路 Rue Moliere 與馬斯南路 Rue Massenet。……這三條點綴都會藝術文化的法國式道路，恰巧又都是採取藝術家的名字做路名，眞是何等美妙風雅。……我所渴要訪候的是中國的仲馬 Alexandre Dumas 父子，曾孟樸先生與他的公子虛白先生，像他們倆兒能住在這條藝術家名的路旁，眞是人地兩宜，相得益彰。」〔註 13〕從張若谷的文字裏，我們可以讀到一種豔羨，因爲在法租界，有一種他所欽慕的「異國情調」：「我的生活的一部份，是富於異國情調的。」〔註 14〕「我承認，我是企慕異邦之香者。」「我所以崇拜異國情調的原因，大約是起於企求『新穎』與『好奇』」〔註 15〕。曾樸也曾歸納過他和張若谷聲氣相投的原因：「究竟我和若谷情調絕對的一致在那裏？老實說，都傾向著 Exotique，譯出來便是異國情調。」〔註 16〕正是這種讓曾樸和張若谷們深深陶醉的「異國情調」，讓他們最終選擇在法租界賃屋編輯出版圖書、開辦文藝沙龍，召集同志。那麼，在他們看來，什麼才是租界地的「異國情調」呢？或者說，租界裏的哪些異質文化標誌物惹起了他們如此濃厚的興致和欽慕呢？「霞飛路有『佳妃座』，有吃茶店，有酒場，有電影院，有跳舞場，有按摩室，有德法俄各式的大菜館，還有『非摩登』人們所萬萬夢想不到的秘戲窟。……『這不夜城』，這音樂世界，這異國情調，這一切，都是摩登小姐和摩登少爺乃至摩登派的詩人文士所讚賞不已的。」〔註 17〕可以說，如此的異域情調，正對了「與生俱來的浪漫主義者」曾樸和他的文藝同好們的脾氣。他們眞正在意的，是一種由「西式」的「公共文化空間」所營造出的「異域文化情調」——一種他們在西洋文學閱讀經驗世界裏經常邂逅、反覆想像卻無緣眞實體驗的異質文化氛圍。這種令他們迷戀的「公共文化空間」，便是他們筆下反覆頌贊的「咖啡座」：「小小的咖啡店充滿了玫瑰

所和發行所又分開，發行所不變，編輯所遷至「上海靜安寺路小沙渡路松壽里二衖七號」（十九年十一月十六日，即 1930 年 11 月 16 日），而到季刊第一卷第二號則又將發行所併入編輯所，署「上海靜安寺路小沙渡路松壽里七號」，增設門市部「上海四馬路中市（附設新月書店內）」。

〔註 13〕 張若谷：《初次見東亞病夫》，《異國情調》，世界書局，1929 年版，第 4～6 頁。
〔註 14〕 張若谷：《寫在卷頭》，《異國情調》，世界書局，1929 年版，第 7 頁。
〔註 15〕 張若谷：《寫在卷頭》，《異國情調》，世界書局，1929 年版，第 11 頁。
〔註 16〕 東亞病夫：《東亞病夫序》，張若谷，《異國情調》，世界書局，1929 年第 5 頁。
〔註 17〕 鄭伯奇：《深夜的霞飛路》，《申報·自由談》，1933 年 2 月 15 日，第 18 版。

之色，芬馥而濃烈的咖啡之味博達四座，這種別致的法國藝術空氣，在上海已經漸漸興起了。……咖啡座不但是近代都會生活中的一種點綴品，也不止是一個幽會聚談的好地方。它的最大效益，就是影響到近代的文學作品中。咖啡座的確是近代文學靈感的一個助長物。」〔註18〕正是借助「咖啡座」這一——異於「茶樓酒肆」、「妓館歌僚」等中國傳統公共文化空間的——帶有「異國情調」的西方式公共文化空間，曾樸可以召集文藝同好們縱情談論大家熟悉、熱愛的法國文藝作品和作家逸事，並在縱談之中商定出一些圖書出版計劃和刊物編輯思路，如蘇雪林的《鼊魚生活》和張若谷的《咖啡座談》等書的出版和《眞美善》「女作家號」的發起、徵稿等都是在這樣的談話之間敲定的。

「30年代」、「上海租界」、「出版業興盛」、「一群癡迷法國文藝的青年」、「咖啡座」等等，當這些文化關鍵詞被放置到一起時，便構成了「眞美善作家群」誕生的天時、地利與人和。曾氏父子的「眞美善」文化事業，也就在這樣的「天時、地利與人和」中隆重開場。

1927年9月1日〔註19〕，曾樸「傾其二三十年來宦囊積餘的十萬元」，在上海創辦「眞美善」書店，並說服追隨董顯光在《庸報》做記者的長子曾虛白辭職，全權負責經營管理，開始了他們「全心全力開創父子合作共享文藝生活的新路線」〔註20〕。同年11月1日，《眞美善》雜誌「創刊號」出版。曾氏父子極力維持「眞美善」書店和雜誌至1931年7月。期間，曾樸、曾虛

〔註18〕 張若谷：《代序》，《咖啡座談》，眞美善書店，1929年版，第7頁。
〔註19〕 筆者遍查《病夫日記》（《宇宙風》，1935年9月第1期、10月第2期）、虛白編《曾孟樸先生年譜》（兒子虛白未定稿）（《宇宙風》，1935年10、11、12月第2、3、4期）、《曾虛白自傳》（臺灣聯經出版事業公司，1988年版）等直接資料和時萌編《曾樸生平繫年》（見《曾樸研究》，上海古籍出版社，1982年版）、蘇雪林的《曾孟樸的〈魯男子〉及其父子的文化事業》（《暢流》，1979年1月，15～19頁）和《〈眞美善〉雜誌與曾孟樸》（《暢流》，1980年2月，16～18頁）等間接資料，均未見「眞美善書店」創辦的確切日期，相關回憶文章也只籠統地指爲1927年。此處所用「眞美善書店」創辦日期是依據李培德著、陳孟堅譯《曾孟樸的文學旅程》（臺灣傳記文學出版社，1977年8月1日版）「第四章 作家、出版家和翻譯家」中「只看他在民國十六年九月一日創辦『眞美善書店』之後不久，立刻出版他底四部譯著：如雨果底《歐那尼》、《呂伯蘭》、《呂克蘭斯鮑夏》和莫里哀底《夫人學堂》，而查這四本書的初版本，出版時間均注明爲「民國十六年九月出版」，書店地址標記爲「靜安寺路斜橋總會對面一二二號」，可知書店的創辦日期至遲當在九月初，又李培德爲撰寫此書曾兩度從美國赴臺灣專訪曾虛白，故依其說。
〔註20〕 曾虛白：《曾虛白自傳》，臺灣聯經出版事業公司，1988年版，第83頁。

白父子和「眞美善作家群」的其它作家們勤於著譯，在「眞美善」書店、雜誌出版、發表大量翻譯和創作作品。

值得注意的是，那些當年在「小說林」時代與曾樸親密合作的常熟鄉友，如徐念慈、丁初我、黃摩西們，這時要麼已經遁歸道山，要麼也已接近生命的終點〔註21〕。那麼，誰來做他們文化事業中那些「被領導的」「群倫」呢？從《眞美善》雜誌第 1 卷發表的文章和「眞美善書店」開張一年內的出版物來看，「《眞美善》半年第一卷的彙編，……一千多頁裏面，我們父子倆的作品，差不多要居十之六七，也算努力了。」〔註22〕而在「眞美善書店」第一年出版的 17 部書中，曾氏父子的有 14 部〔註23〕之多。可以說，這時的「眞美善」書店、雜誌是眞正的「父子書店」和「父子雜誌」。那麼，他們自供如此比重的稿件，是不是因爲「振臂一呼，應者寥寥」呢？

從《曾虛白自傳》和《病夫日記》來看，在「眞美善」書店、雜誌創辦之初，曾樸就有意要鍛鍊自己的兒子曾虛白，想讓他在文學著譯和經營辦事上都有長進。所以，他一開始並沒有利用他的「士階層的魁首」的身份優勢去「招兵買馬」，而是選擇了「上陣父子兵」。他採取的策略是通過辦「法國式沙龍」，甚至是「構成幾個法國式沙龍中心，蔚成一時風尚」〔註24〕，來「進修文藝」、「廣交文友」。所以，對於人脈，他採取了慢慢發展的態度，而不是那種事先聚齊人馬、厚積薄發的方式。甚至在書店的辦事人選上，因爲目的不在賺錢，他們請的是「從來沒有做過生意」的伍際雲做書店經理，順帶搭上伍氏「年二十歲，高中剛畢業」的兒子伍奐冰「做我編輯工作的佐理」〔註25〕。惟其如此，曾虛白才不得不獨當一面，在經營和編輯上得到全面的鍛鍊。當然，曾樸選擇獨資辦書店，還有可能是爲了防止他人入股會對書店的經營策略和雜誌的編輯方針掣肘，以免步了「小說林」社後期股東經營理念不一致而失敗的後塵。不過，對曾樸的這次文化創業，還是有友人施以援手：「一個是韓君萃青，扶助我發展文學的資力，使我膽大著手；一個是周君菊人，指示我近年出版界的狀況，輔助我營業上的規劃。」〔註26〕

〔註21〕徐念慈 1908 年去世，黃人 1913 年去世，丁初我 1930 年去世。
〔註22〕東亞病夫：《病夫日記》，《宇宙風‧曾公孟樸紀念特輯》，1935 年第 2 期。
〔註23〕具體書目可以參看「附錄一：眞美善書店出版圖書目錄（1927～1931）」。
〔註24〕曾虛白：《曾虛白自傳》，臺灣聯經出版事業公司，1988 年版，第 83 頁。
〔註25〕曾虛白：《曾虛白自傳》，臺灣聯經出版事業公司，1988 年版，第 84 頁。
〔註26〕病夫：《編者的一點小意見》，《眞美善》，1927 年第 1 卷第 1 號。

在書店出版物方面，據筆者依據「眞美善書店」新書出版廣告和所見實物所作的統計，「眞美善書店」先後出版文藝和政論類書籍83種，預告未出版圖書約6種〔註27〕，其中包括曾樸、曾虛白、崔萬秋、顧仲彝、張若谷、杜衡、葉秋原等12位翻譯家〔註28〕翻譯的英法美日俄等6國〔註29〕5種文字〔註30〕19位作家〔註31〕的譯作28部，曾樸、曾虛白、陸魯一、孫席珍、徐蔚南、谷劍塵、崔萬秋、蘇雪林等31位作家〔註32〕創作的戲劇、長篇小說、短篇小說集、散文、詩歌、文論等作品集49部。此外，還有曾虛白原編、蒲梢修訂的《漢譯東西洋文學作品編目（第一回）》及其它如合訂本和專號等6種。

雜誌方面，《眞美善》雜誌歷經半月刊、月刊和季刊3種刊物形態。其中，第1卷，爲半月刊，每月1日、16日按期出版，共12期；自第2卷第1號（1928年5月16日）至第7卷第3號（1931年1月16日）爲月刊，每卷6期，共33期，除第4卷第2號推遲3日，即1929年6月19日出版外，其餘均按期於每月16日出版，其中第6卷第3號（1930年7月16日出版）爲「法國浪漫運動百年紀念號」，另於1929年2月2日出版「一週年紀念號外——女作家專號」一種；1931年4月改爲季刊出版第1卷1號，於同年7月出完第2號後，黯然停刊，共出刊48期。雜誌刊登了大量的翻譯、創作和文藝批評及

〔註27〕 具體書目及出版信息參見「附錄一：眞美善書店出版圖書目錄（1927～1931）」。

〔註28〕 他們是病夫譯10種，虛白譯9種，崔萬秋譯3種，顧仲彝譯2種，張若谷、馬仲殊、劉麟生、杜衡、姜蘊剛、葉秋原等各譯1種，李史翼、陳湜合譯1種。（二人合譯者，每人計算1次，如虛白、病夫合譯者，兩人均計算1次，故此處累加數據大於正文統計數據）。

〔註29〕 法國14種，英國3種，美國3種，日本4種，俄國1種，捷克1種，歐美合集1種。

〔註30〕 分別是法語、英語、日語、俄語、捷克語。

〔註31〕 這些作者是法國的囂俄、佐拉、梅麗曼、萬爾孟、莫郎、穆里哀、邊勒魯意和法郎士，美國的佛雷特里克、德蘭散和皮藹爾，英國的哈代、王爾德和巴翁茲，日本的武者小路實篤、夏目漱石和高橋清吾，捷克的史萬德孩女士，俄國的薄力哈諾夫。

〔註32〕 這些譯者是曾樸（東亞病夫、病夫）8種，虛白5種，陸魯一3種，孫席珍3種，陳學昭2種，張若谷2種，徐蔚南2種，李慈銘、谷劍塵、曼陀羅、葉鼎洛、盧夢殊、黃歸雲、俞長源、馬仲殊、陳明中、周開慶、陳翔冰、鄭吐飛、崔萬秋、王墳、王佐才、程碧冰、蘇雪林、董顯光、王家棫、荷拂、陳宀竹、朱慶疆、于在春、莊江秋等均爲1種。

文學史傳文章,並對國外文藝動態作了較爲及時的報導。在翻譯方面,《眞美善》雜誌共刊登了由 51 位譯者翻譯的 17 國 14 種語言 103 位作家 186 篇次不同文體的作品;在創作方面,吸引了來自不同文學流派作家的大量稿件,文類齊全,風格各異,值得注意的是,有很多文藝新人是在《眞美善》雜誌上首次露面進而登上文壇的。

雜誌第 1 卷只開設「述」、「作」和「讀者論壇」(不固定)三個欄目,自第 2 卷第 1 號起,取消「述」、「作」欄,直接順序發排稿件,每篇文稿單獨編排頁碼,並陸續增設「編者小言」、「讀者的貢獻」、「書報映象」、「讀物雜碎」、「文藝的郵船」、「文藝零訊」、「思想的花園」、「詩」、「文學家林」、「文壇近迅」和「名著一臠」等十餘個欄目。從這些欄目的設置上,我們可以體察到編者編輯思路的變化。從第 6 卷第 1 號(特大號)起,曾氏父子對雜誌的欄目設置進行了全面改革,設「社會政治論叢」,述、譯並列,並依文體設置「長篇小說」、「短篇小說」、「隨筆」、「詩」、「名著拔萃」、「文學家林」和「文藝的郵船」等欄目,全刊統一編排頁碼,透露出較明顯的變革意圖。值得玩味的是,曾樸在《眞美善》創刊號《編者的一點小意見》一文中就詳細地提出了全面認同西方文學文體分類的方法,卻直到兩年半後才全面據此設置欄目。

雜誌另設「編者小言」、「卷頭語」(不固定)來闡發編者的文藝主張和編輯思路,設「讀者論壇」和「文藝的郵船」兩個欄目刊發曾氏父子與作者和讀者的書信往還,討論創作、翻譯理論與方法及辦刊編輯方針,宣傳其文藝主張並號召同志,同聲和氣,進修文藝。而其「眞美善俱樂部」欄目更是現代文壇上一種頗爲新鮮的刊物推介方式,通過它,曾氏父子,主要是曾虛白,設計了一系列的編讀互動活動,如鼓勵讀者參與對作品的命名,通過「名作推選」投票推選優秀著譯作品,組織「小說演習大會」,讓讀者參與「創作接龍」,並在刊物上連載,以一種新鮮活潑的形式吸引了文壇和讀者的關注,並努力在讀者中培養和選拔文藝新人。

從「眞美善」書店 1927 年 9 月到 1928 年 8 月一年間的出版物和 1927 年 11 月到 1928 年 4 月間的《眞美善》(半月刊)第 1 卷總 12 期登載的著譯文章來看,「眞美善」初期是眞正的「父子書店」。在「眞美善」書店創辦第一年間出版的 17 部書籍中,曾氏父子著譯的有 14 部,其中曾樸 9 部,曾虛白 4 部,父子合著 1 部,外稿僅有 2 部,另有《眞美善第一卷合訂本》1 部。同

樣，在《眞美善》雜誌第 1 卷 12 期上所發表的 143 篇作品裏，曾氏父子的著譯文章就有 114 篇，其中曾樸 56 篇，曾虛白 58 篇，此外才是其它 16 位作家的 29 篇作品。曾氏父子發表的作品篇幅占到雜誌版面的 4/5。表面看來，雖然曾樸和曾虛白的作品在篇目數量上相當，但在篇幅上卻相差懸殊，曾樸有兩部長篇小說《孽海花》（第二十一回至第三十五回）和《魯男子》以及長篇文論《論法蘭西悲劇源流》在《眞美善》雜誌上同時連載；而曾虛白的文章雖然在數量上比曾樸的還多 2 篇，但其中有很多是短小的補白文字或短篇著譯。當然，曾虛白此時也已開始翻譯、連載葛爾孟的《色》與梅黎曼的《煉獄魂》等法國小說，並開始譯介包括法、美、英、德、西班牙和愛爾蘭等 8 個國別 14 位作家的作品〔註33〕，充分表現出其在外國文學翻譯方面多語言譯介的優勢和能力。

在「眞美善」事業的初期，曾氏父子在書店經營和雜誌編輯上，有較爲明顯的分工：曾虛白「全權經營管理」書店，帶著伍奐冰負責編輯所的日常事務；在雜誌編輯方針的制定和「文學招牌」的「打製」上，曾樸是「掌舵人」。從第 1 卷上曾樸親自撰寫《編者的一點小意見》和近 10 篇《編者小言》以及親自回覆「讀者來信」等方面〔註34〕，就可以看出曾樸對於在「眞美善」書店、雜誌創刊之初就要闡明其文學理念的重要性有充分的認識。據筆者推測，曾樸如此分工的目的有兩個：其一，利用《眞美善》雜誌第 1 卷對虛白進行編輯和創作上「手把手」的「傳幫帶」；其二，他要親自、有效、清晰地向文壇闡釋自己的文學理想和文化建設的思路與主張。

3.2 闡釋「眞美善」：理想化的文學與藝術標準

「正像開鋪子要招牌，進衙門要附號，立國要定花徽，辦雜誌便都要帶

〔註33〕 這些作家是法國的梅黎曼、葛爾孟、薄臺萊，美國的濮愛倫、德蘭散、歐亨利，英國的威爾斯、王爾德、葛萊，西班牙的阿拉斯，匈牙利卡羅萊‧稽斯法呂提，德國的蘇特門，新猶太的阿盧，愛爾蘭的司蒂芬司。

〔註34〕 在這第 1 卷裏，曾樸撰寫的編者講話和回覆讀者的信函有：《編者的一點小意見》（第 1 卷第 1 號，簡稱 1.1，下同），《編者小言》（1.2），《卷頭語》（1.4），《編者一個忠實的答覆》（1.4），《卷頭語》（1.5），《覆戴望道》（1.8），《編者小言》（1.9），《覆陳錦遐》（1.10），《覆王石樵、黃序龐、願義的信》（1.11），《覆胡適的信》等 10 篇文稿，闡釋《眞美善》的創刊目的、編輯理念、自己的文學主張和譯介標準等。

一種色彩張一面旗幟」〔註 35〕。這面旗幟便是「書店老闆、編輯先生、大文學家等等招兵買馬的手段，引用的是同一條原理。去運用這一條原理，最好是在本店或本人經辦的刊物上宣言」〔註 36〕。創辦「眞美善」書店、雜誌時的曾樸兼備了上列「書店老闆」、「編輯先生」和「大文學家」等三種文化身份，他又懷著強烈的「廣交文友」的主觀願望和宏大的「改革文學」的文化理想，那麼，他的文學「宣言」就一定要是一面「色彩」鮮明的「旗幟」了。而他從晚清到 1930 年代不輟地譯介、著述的文化生產經歷和對國族命運的深入思考，都會對他的「文學宣言」產生深刻的影響。的確，曾樸集其 29 年（1898～1927）研習法國文學的經驗，在《眞美善》第 1 卷第 1 期上發表了《編者的一點小意見》，開宗明義地提出了「眞、美、善」的文學宣言，「我選這三個字來做我雜誌的名，是專一取做文學的標準。」這是曾樸深受法國浪漫主義文學影響的結果，但卻不是對法國浪漫主義文藝運動口號簡單的照搬與模仿，而是曾樸從其中西文學的經驗與修養出發，充分考慮到中國文化現代化建設的需要，從文學文體學、形式審美、藝術眞實、文學的目的和發展變化的文學史觀等角度提出的文學的標準。我們不妨通過文本細讀來分析曾樸這份文學宣言對於當時文壇的意義。

文章中，曾樸系統闡釋了「眞」、「美」、「善」的內涵。「那麼在文學上究竟什麼叫做眞？就是文學的體質。……作者把自己選採的事實或情緒，不問是現實的，是想像的，描寫得來恰如分際，不模仿，不矯飾，不擴大，如實地寫出來，叫讀者同化在它想像的境界裏，忘了是文字的表現，這就是眞。」〔註 37〕不難看出，曾樸所強調的「眞」就是我們所謂的「藝術眞實」——「事實」指向「情節眞實」或稱「故事眞實」，「情緒」指向「情感眞實」或稱「敘述眞實」，他強調「描寫」的「恰如分際」，反對「模仿」——低級的模仿便是抄襲，反對「矯飾」——無聊的矯飾就是濫情，反對「擴大」——失度的擴大便是失眞。我們應該注意到，曾樸沒有費力去探究文學應該是「爲人生」的還是「爲藝術」的，不去界分文學應該紀事還是抒情，也不去探討文學應該是寫實的還是想像的。因爲，他認爲文學既要「爲人生」也要「爲藝術」，

〔註35〕 邵洵美：《色彩與旗幟》，《一個人的談話：文藝閒話》，上海書店出版社，2008 年版，第 49 頁。

〔註36〕 邵洵美：《色彩與旗幟》，《一個人的談話：文藝閒話》，上海書店出版社，2008 年版，第 50 頁。

〔註37〕 病夫：《編者的一點小意見》，《眞美善》，1927 年第 1 卷第 1 號。

即文學既應該有其社會功用，也應該遵循藝術自身的發展規律，既可以紀事也可以抒情，既能寫實又要發揮作者的想像力，文學的「體質」應該是「健康」的，即「藝術眞實」的。凡是能達到「藝術眞實」的文學，就是「眞」的文學。曾樸之所以強調文學的「眞」，主要是因爲他對當時文壇上派系林立、論爭不斷的狀況感到不滿。曾虛白曾這樣描繪當時的文藝界：「踏進這小世界去看，卻居然是個世界！總共不過百十來個作者，也是五花八門的分出了數不清的派別，這一派說那一派是時代的落伍者，那一派說這一派是讀者的唾棄者：我說我是潮流的先導，你說你是民眾的呼號，一個個高興采烈地把有用的精力在攻擊，頌揚上彼此對銷掉的不知有多少。」〔註 38〕從文學建設與發展的眼光看，這樣的「內耗」實在是新文學發展的一種障礙。以「在改進文學的長途上，做個收拾垃圾的打掃夫」自期的曾樸對「藝術眞實」的強調，無疑是他對新文學現代化過程中的一些文藝歧見爭執不下的一種思考，是一種跳出「主義之爭」以「求同存異」的「中間路線」。

「那麼什麼叫做美？就是文學的組織。組織是什麼東西？就是一個作品裏全體的佈局和章法句法字法。作者把這些通盤籌計了，拿技巧的方法來排列配合得整齊緊湊，……自然地顯現出精神，興趣，色彩，和印感，能激動讀者的心，怡悅讀者的目，就丟了書本，影像上還留著醰醰餘味，這就是美。」〔註 39〕這是曾樸爲配合其「眞」——「藝術眞實」的實現，在形式上所作的「美」的規範，其目的在於強調形式的重要性，從而使「美」的形式爲「眞」的審美效果——即讀者的閱讀快感和審美愉悅——服務，並且要求這種審美愉悅一定要能「激動」、「怡悅」讀者，「影像」（即「形象」）要生動、立體，有「餘味」，也就是要能用「美」的形式去實現「眞」的「形象」和「情感」，即實現「故事眞實」和「敘述眞實」。這是強調文學應該用怎樣的「體質」（眞）和「組織」（美）去打動讀者。那麼，文學爲什麼要打動讀者？也就是說，文學的目的是什麼？

「那麼什麼叫做善？就是文學的目的。目的是什麼東西？就是一個作品的原動力，就是作品的主旨，也就是它的作用；凡作品的產生，沒有無因而至的，沒有無病而呻的，或爲傳宣學說，或爲解決問題，或爲發抒情感，或爲糾正謬誤，形形色色，萬有不同，但綜合著說，總希望作品發生作用；不

〔註 38〕盧白：《給全國新文藝作者一封公開的信》，《眞美善》，1928 年第 2 卷第 1 號。
〔註 39〕病夫：《編者的一點小意見》，《眞美善》，1927 年第 1 卷第 1 號。

論政治上，社會上，道德上，學問上，發生變動的影響，這才算達到文學作品最高的目的；所以文學作品的目的，是希望未來的，不是苟安現在的，是改進的，不是保守的，是試驗品，不是成績品，是冒險的，不是安分的；總而言之，不超越求眞理的界線，這就是善。」〔註40〕這裏，曾樸肯定了文學的目的性，並且是「多目的性」，但是文學的具體目的究竟是什麼呢？曾樸的回答是：「發生作用」、「發生變動的影響」！這樣的回答是不是空洞的呢？這是不是簡單、機械的工具論呢？曾樸的確認爲文學要有「效用」，至於這效用的對象，卻沒有作出具體而微的規定。這樣的觀念在文學的「階級論者」和「無階級論者」、在文學的「工具論者」和「反工具論者」、在「人性論者」和「反人性論者」、「藝術派」和「人生派」們看來恐怕都是「騎牆」的。其實，他的傾向是很明確的，那就是要「發生作用」。那麼，文學要如何、又針對什麼樣的對象、發生何等程度的、是積極還是消極的作用呢？答案很簡單，不管從哪個方面，只要能夠對政治、社會、道德和學問「發生變動的影響」，並且「不逾規」，即「不超越求眞理的界線」，就算是達到了「文學作品的最高目的」，也就是說，文學要能爲「求眞理」而「發生作用」。那麼，「眞理」是什麼？「眞理」是「希望未來的，改進的，是試驗品，是冒險的」！在這裏，我們看到曾樸承認了文學的時代性、進化性和創新實驗性，具有了一種發展的、進步的、探索的文學觀，這種文學觀是針對當時文壇的「喧嘩與騷動」而提出的，其目的在於「化干戈爲玉帛」，號召大家停止關於文學目的性主張及其優劣的爭執，各按自己選定的路線，向著「求眞理」前進。這是一種胸襟開闊、開放包容的文學觀，一種大文學觀。〔註41〕

〔註40〕 病夫：《編者的一點小意見》，《眞美善》，1927 年第 1 卷第 1 號。
〔註41〕 面對文壇爭執的「喧嘩」，邵洵美曾經發出過這樣的宣言：「……我們對於這個時候的文壇的不滿意，《金屋月刊》便因此產生。我們要打倒淺薄，我們要打倒頑固，我們要打倒有時代觀念的工具的文藝，我們要示人們以眞正的文藝。再談到色彩與旗幟上去，你們當能明白了，不願受時代束縛的我們，怎願被色彩與旗幟來束縛！我們的作品，可以與任何派相像，但決不屬於任何派。我們要超過任何派。我們的寫實，要比寫實派更寫實；我們的浪漫，要比浪漫派更浪漫；我們的神秘，要比神秘派更神秘；我們的……假使我們做得到。我們要用人的力的極點來表現藝術。」（見邵洵美：《色彩與旗幟》，《一個人的談話·文藝閒話》，上海書店出版社，2008 年版，第 53～54 頁。）兩相比較，我們不難發現，邵洵美的宣言恐怕也是一種「喧嘩」，一種不切實際的「喧嘩」。而反觀曾樸的文學觀念，我們就更能看出曾樸這份「小意見」的「大」氣魄來，他的文學主張是有現實依據的、務實的、可操作的，是建立

3.3 確定「文學的範圍」：形式規範與審美導向

　　爲了落實自己的文學觀，實現自己的文學理想，曾樸從兩個方面提出了「改革文學」的技術和操作層面的步驟與規範。其一，劃定文學的文體種類和範圍；其二，規定了文學改革的初步路徑——從改革語言文字入手。值得注意的是，對於這兩個方面的論證，曾樸都是以中外古今尤其是歐洲歷次文學變革的成功先例爲事實依據和藍本的。

　　曾樸聲言：「我們這部雜誌，是文學雜誌，那麼必須先將文學的範圍確定，然後雜誌應採的材料，方有標準。但文學範圍，論壇上，至今還沒有把它的領域劃清。……我現在只好憑著主觀的判斷，把那確已成了專科的不列，此外仍依文學史上原有統系，暫定我雜誌裏所含創作或譯述文學種類的範圍。」〔註42〕表面看來，這個聲明似乎並無深意，只是一個關於雜誌選登稿件的文體要求而已，但是我們只要看看《眞美善》第 1 卷至第 5 卷就會發現一個奇怪的現象，這 5 卷裏僅第 1 卷以「述」、「作」來分別代指「翻譯」和「創作」，此外便是諸如「書報映象」、「文藝的郵船」、「讀物雜碎」、「思想的花園」等一類欄目，直至第 6 卷才開始按照「長篇小說」、「短篇小說」、「詩」、「隨筆」、「散文」等文體門類來劃分欄目。那麼，曾樸爲什麼制定了一個實際上不用的體裁規範呢？而且，他還是「依著歐洲文學上邏輯的分類法，把中國體裁概略的參合」，確定了這 68 種小文類〔註43〕，並申明「這並不是編者的喜新，

　　　　在對中外文學深入的比較研究和思考的基礎之上的。所以，僅據這兩份關於文學的宣言，我們就可以駁斥那些把《眞美善》與《金屋月刊》簡單地歸爲一類的，即「唯美主義，甚至頹廢主義」的說法了。在下文的論述中，我們將會更深入地提供論據來反駁這種關於《眞美善》是「唯美主義，甚至頹廢主義」的刊物的觀點。

〔註42〕病夫：《編者的一點小意見》，《眞美善》，1927 年第 1 卷第 1 號。
〔註43〕原爲圖表，此處僅簡列以作說明。文學範圍：散文和韻文；散文：論説文（分紀錄、書翰、批評、論文、演講、敘文、弔辭、格言、辯訴等 9 種）和敘事文（分文學史、寓言、童話、諾緯爾、羅曼、小傳、遊記、筆記、日記、散文劇等 10 種）；韻文：短歌（分謎詩、銘詩、三解詩、循環詩、十四行詩、八行詩、戀歌、賀婚詩等 8 種）、學詩（分童話詩、諷詩、學詩、書翰詩、寓言詩等 5 種）、敘事詩（史詩一名愛保貝）（分俳體愛保貝、滑稽英雄愛保貝、歷史英雄詩、英雄愛保貝、調諛愛保貝等 5 種）、抒情詩〔琴歌。抒情詩又分香頌（再分滑稽香頌、香頌、武勳香頌 3 種）、歌謠、奧特分正調奧特、讚美。讚美又分遊戲短歌、英雄短歌、謝恩歌、頌歌等 4 種）、悲歌、會唱等 5 種〕、劇詩〔喜劇詩（又分彌姆、巴洛諦、喜劇奧貝拉、正格喜劇詩、舞達威爾、亞丹蘭納、索底、狂劇等 8 種）、道德劇、舞曲、諷刺特拉姆、特拉姆、通俗

也不是媚外」〔註 44〕。那麼，他爲什麼要制定這個「文學種類的範圍」呢？「只爲這雜誌是主張改革文學的，不是替舊文學操選政或傳宣的。既要改革文學，自然該儘量容納外界異性的成分，來蛻化它陳舊的體質，另外形成一個新的種族。」〔註 45〕原來，他的著眼點並不僅在《眞美善》雜誌，還在於他的「大文學觀」——從改革發展中國文學的遠期目標上，爲中國文學的現代化騰飛劃定一條文類的「跑道」，從形式上爲中國新文學借鑒他所欽慕的優質異域文學資源制定規範，有在藝術形式（即「美」）上「抛磚引玉」的深意。

　　曾樸之所以要根據歐洲文學的經驗來劃分文體類別，實在得益於陳季同關於中國文學如何趕上外國文學的一番談話：「我們現在要勉力的，第一不要局於一國的文學，囂然自足，該推擴而參加世界的文學，既要參加世界的文學，入手方法，先要去隔膜，免誤會，要去隔膜，非提倡大規模的翻譯不可，不但他們的名作要多譯進來，我們的重要作品，也須全譯出去，要免誤會，非把我們文學上相傳的習慣改革不可，不但成見要破除，連方式都要變換，以求一致，然要實現這兩種主意的總關鍵，卻全在乎讀他們的書。」〔註 46〕由此可見，曾樸制訂這個文體規範的目的是要爲譯介、傳播外國文學提供形式範例，即用西方文學的形式來譯介西方文學作品，用西洋文學的形式來改造中國文學的文體模式和審美精神，用西洋文學的形式來向外譯介中國文學名著。所以，他看重的並非僅是這細分到 68 種的文體範圍，還有這 68 種文體所代表的文學樣式的豐富性和文學審美表達的多樣性。因爲在實際創作和刊物編輯過程中，沒人會眞正用到這麼多文體。況且，他使用的很多文類名稱全是音譯過來的，又沒有具體的解釋說明，對於外國文學研究不深的人恐都不知所云，更遑論那些全無外國文學知識的讀者和作者了。所以，曾樸制訂的這個「雜燴」式的「文學範圍」的啓迪示範意義遠大於其實用價值。這樣，我們就不難理解他在刊物的實際編輯過程中爲什麼沒有依據自己制訂的「文學範圍」來設置欄目了：因爲，我們的作家群和讀者群還不適應這樣的文學範圍。當然，在看到曾樸外國文學研究學養廣博的同時，我們也要看到他的文學理想也有不切實際、「水土不服」的一面，難免曲高和寡，甚至會嚇

　　特拉姆、笑悲劇、悲喜劇、神秘劇和悲劇詩（又分悲劇奧貝拉、正格悲劇詩 2 種）等 10 種、牧歌（分不對話牧歌、對話牧歌 2 種），合計共 68 種小文體。
〔註 44〕病夫：《編者的一點小意見》，《眞美善》，1927 年第 1 卷第 1 號。
〔註 45〕病夫：《編者的一點小意見》，《眞美善》，1927 年第 1 卷第 1 號。
〔註 46〕病夫：《覆胡適的信》，《眞美善》，1928 年第 1 卷第 12 號。

退那些對外國文學不甚瞭解的人。從他對林紓小說價值的評價〔註47〕上，我們就可以看出他對外國文學文體豐富性的看重。他認爲「我們翻譯的宗旨，是要擴大我們文學的舊領域」〔註48〕，並列舉歐洲文藝變革得益於「外界異質成分」影響的文學史案例〔註49〕來證明異質文學經典的衝擊對於本國文學變革的重要意義：「世界上，無論那一國的文學，不受外國潮流的沖激，決不能發生絕大的變化的。」〔註50〕但是，外潮湧入是不是就要全盤接受呢？中國自鴉片戰爭之後，就一直在引入「西潮」，東漸的「西風」愈刮愈烈，國內知識界對於「西風」的態度也從未統一過。但是，「全盤西化」的呼聲卻一直都很響亮。那麼，中國文學的現代化是不是要「放棄自我」，是不是要「全盤西化」，是不是要「歐化」呢？我們譯介西方文學的目的到底是什麼？作爲一個對西方文學文化深有研究的知識者、作家、學者，曾樸對於漸薰的「西風」持什麼態度？曾樸的回答是理性的：「我們主張要把外潮的沟湧，來沖激自己的創造力。不願沉沒在潮流裏，自取滅頂之禍，願意唱新鄉調，不願唱雙簧；不是拿葫蘆來依樣的畫，是拿葫蘆來播種，等著生出新葫蘆來。」〔註51〕即用經過精心擇取的優質異域文化資源來激發自我的創造力，在保證民族文化主體性地位的前提下，實現文化的自我復興與創新！那麼，什麼樣的外潮才算「沟湧」，才能夠激發中國文學自身的創造力呢？很簡單，只要符合「眞」、「美」、「善」的標準的都是。也就是說，曾樸爲自己及「眞美善作家群」乃至整個中國文學翻譯界的譯介活動規定的源語作家作品擇取標準是要「眞」、「美」、「善」。那麼，在「眞」、「美」、「善」的「外潮」衝擊之下，

〔註47〕 曾樸說：「畏盧先生雖是中國的文豪，外國文是絲毫不懂的，外國文學源流，更是茫然，……如照他這樣的做下去，充其量，不過增多若干篇外國材料的模仿唐宋小說罷了，於中國文學前途，不生什麼影響；我們翻譯的宗旨，是要擴大我們文學的舊領域，不是要表現我們個人的文章。」（見病夫：《覆胡適的信》，《眞美善》，1928 年第 1 卷第 12 號。）

〔註48〕 病夫：《覆胡適的信》，《眞美善》，1928 年第 1 卷第 12 號。

〔註49〕 「試問拉培雷沒有荷蘭歐拉斯姆的《狂頌》，英國毛爾的《烏托邦》，那裏能創造《巨人傳》；沒有七星社的翻譯希羅作品，那裏會開發法蘭西的文藝復興；米爾頓不到意大利，受但丁影響，那裏會有《迷失天國》的創作；哥德不隱居法蘭西鄉間，譯了《狐史》，那裏來《孚士德》的成功；囂俄不流放英國，灌輸了莎士比亞戲劇的熱浪，那裏敢放膽造成法國的特拉姆。」見病夫：《編者的一點小意見》，《眞美善》，1927 年第 1 卷第 1 號。

〔註50〕 病夫：《編者的一點小意見》，《眞美善》，1927 年第 1 卷第 1 號。

〔註51〕 病夫：《編者的一點小意見》，《眞美善》，1927 年第 1 卷第 1 號。

我們所要努力創造的也應當是符合「眞」、「美」、「善」標準的作品，即「新鄉調」，有新的「體質」、新的「組織」、新的「目的」的有民族特色、「中國氣派」的「新文學」。

在文學譯介、創作的目標和標準確立之後，曾樸接著規定了實現目標的方式方法，即規定了文學改革的初步路徑──語言文字的革新〔註52〕。很顯然，曾樸是想把「眞美善」書店出版物和《眞美善》雜誌作爲實現其文學革新理想的「試驗田」和「樣板」推出的。他依據其研究法國文化史的經驗〔註53〕指出「凡文學的革新，最先著手的，總是語言文字。」〔註54〕那麼，該如何通過革新語言文字來革新文學呢？對此，他提出了三個實施標準和配套方案：其一，用「解放的，普及的，平民的」〔註55〕白話來創造明白易懂的「眞的平民文學，眞的群眾的文學，眞的『藝術爲人生』的文學」，「把白居易做詩的標準，來做我們文學作品的標準。」〔註56〕需要指出的是，引文中的「眞」並非僅具一般意義上的「眞正的、眞實的」之意，還應當指符合曾樸的「眞」的審美標準的文學語言風格。具體來說，又應該分別指「敘述語言的『眞』」和「故事人物語言的『眞』」，即「恰如分際，不模仿，不矯飾，不擴大」的具有藝術眞實的「語言」。從曾樸的文學語言主張及其創作文本和《眞美善》雜誌登載的文章的語言來看，都基本達到了以上要求，在其整體上實現了其建設「平民的文學」、「群眾的文學」、「『藝術爲人生』的文學」的文化理想。從總體上來說，曾氏父子及「眞美善作家群」的文學譯介與創作是關注人的生存境遇的文學，並非「唯美主義」甚或「頹廢主義」的文學。其二，因爲認識到「文學是一個種族或一個國家的背景。凡是成立一個種族或一個國家，

〔註52〕 曾樸早期的著譯作品在文言、白話的選擇上，並無明顯的傾向。《孽海花》使用了當時的文人白話，即文雅易懂的白話。連載於《小說林》1908年第11、12期的《馬哥王后佚史》使用的是白話，而連載於1912年《時報》的《九十三年》則使用了文言，連載於《小說月報》1914年第5卷1～4期的《銀瓶怨》使用白話，此後曾樸便完全使用白話進行譯介和創作了。

〔註53〕 「就拿法國來說，文藝復興時代，龍沙爾就在它的詩裏，散播了許多拉丁字，步愛羅雖然讚美它的詩，還攻擊它這一點，馬雷勃繼續興起，開始矯正整理做成眞法國的詩；浪漫派第二次的改革，衝破古典派的謹嚴，再進一步，把通俗的語言，用入詩文裏。」見病夫：《編者的一點小意見》，《眞美善》，1927年第1卷第1號。

〔註54〕 病夫：《編者的一點小意見》，《眞美善》，1927年第1卷第1號。

〔註55〕 病夫：《編者的一點小意見》，《眞美善》，1927年第1卷第1號。

〔註56〕 病夫：《編者的一點小意見》，《眞美善》，1927年第1卷第1號。

也和一個人一樣都有它的個性，文學就是一個種族或一個國家個性的表現。」
〔註57〕由此可見，曾樸充分認識到了文學對於一個民族國家的成立及其民族
性的彰顯所具有的重要意義，而這也正是曾樸在退仕之後選擇以文學作為其
人生「道」的寄託的深層原因。需要指出的是，曾樸對於文學的社會功用的
認識前後是有變化的，其變化的總體趨向是由「文學──新民──新社會」
而變為「文學──新人──新文化」，其中政治功利性訴求減退，藝術審美性
色彩增加。他認為要實現「新」文化的目標，就要「愛護尊崇希望整理」國
語，他批評「中國近來新文化的運動，……只顧癲狂似的模仿外人，不知不
覺忘了自己」〔註58〕，反對無限度、迷失自我的模仿，反對歐化文字。其三，
他主張文學語言的「調和同一致」，即「應該用文言的一致用文言，白話的一
致用白話，不可自亂了界線」〔註59〕，這反映出曾樸與新文化派在對待文言文
問題上態度的不同：新文化派的激進分子們一般主張完全「打倒」、拋棄文言
文，而曾樸則認為文言用了千餘年，是成熟的，反倒是白話還不成熟，需要「用
各省最流行的官話，做白話文普通用語。不過也要有個揀選工夫，慢慢的把粗
的淘汰了，亂的梳清了，穢的瀝淨了，叫大家都歸到一致。」〔註60〕為了實現
「這個整理國語的工作」，曾樸立了「幾條標準：（一）在對話內，絕對不許混
入文言。（二）在寫景或敘情的語句裏，不許送用文言的形容辭。（三）不模倣
日本文法，在一句裏連用許多的字。（四）不用古小說或古曲本裏已廢的俗語，
如「干鳥事」，「兀的不」等等。（五）不拿外國字摻入，做隱名的替代，如 T
城 V 鎮 E 君等。（六）歎詞必要有根據，不用已廢的。」〔註61〕曾樸是以「在
改進文學的長途上，做個收拾垃圾的打掃夫」〔註62〕自期的，他提出的這些
關於改造中國新文學的美學標準和技術路徑，是在其研究外國文學尤其是法
國文學進而認識到中外文學間的差異並仔細考察了當時新文學的狀況的基礎
上提出的，他自認其為是「整理文學形式的初步」〔註63〕。

除了發佈「文學改革宣言」之外，曾樸還親自處理讀者來信，並在《真

〔註57〕病夫：《編者的一點小意見》，《真美善》，1927 年第 1 卷第 1 號。
〔註58〕病夫：《編者的一點小意見》，《真美善》，1927 年第 1 卷第 1 號。
〔註59〕病夫：《編者的一點小意見》，《真美善》，1927 年第 1 卷第 1 號。
〔註60〕病夫：《編者的一點小意見》，《真美善》，1927 年第 1 卷第 1 號。
〔註61〕病夫：《編者的一點小意見》，《真美善》，1927 年第 1 卷第 1 號。
〔註62〕病夫：《編者的一點小意見》，《真美善》，1927 年第 1 卷第 1 號。
〔註63〕病夫：《編者的一點小意見》，《真美善》，1927 年第 1 卷第 1 號。

美善》雜誌上發表。曾樸在晚清的文壇經歷和辦「小說林」社對於文化場域話語權力量的親身體驗，加上對新文化運動文人公共交際方式的旁觀，都讓曾樸充分認識到期刊雜誌作爲公共文化話語空間所具有的強大傳播力。編者講話和編讀通信，是掌握話語權的期刊編輯們習用的一種有效的溝通和自我宣傳推介方式。那些與知名文化人、作家、學者的通信，尤其是帶有「論辯」、「爭執」、「曖昧」甚至是「相互攻訐」色彩的通信則更能快速有效地吸引讀者的眼球，擴大刊物的知名度和銷量。對此，曾樸有充分的認識，並儘量利用「通信」來闡發自己的文學理想和文藝主張，如在第 1 卷第 4 號上，他通過《編者一個忠實的答覆》一文來補充說明在《編者的一點小意見》裏提出的「調和一致」的含義，解釋《魯男子》序幕的命意，爲自己譯文的忠實自辯等；又如通過《覆戴望道》和《覆王石樵、黃序龐、願義的信》等來論述自己的翻譯主張，表達自己對復譯、翻譯用語、系統翻譯、翻譯與創作的關係等問題的看法，批評譯界的種種亂象，闡明刊物的編輯思路等等，都是他以《眞美善》雜誌作爲發聲筒，通過「通信」這一方式在向文壇傳達自己的聲音。

我們且看曾樸的《覆胡適的信》一文。文中，這位晚清小說大家以洋洋六千餘言，「有些婆婆媽媽白頭宮女談天寶似的」〔註 64〕跟胡適這個文壇後輩、這位新文化運動的主將，自述其「進修文藝」的經歷、對新文學的看法以及自己要通過譯介外國文學來改造新文學的文化主張。文中曾樸的低姿態〔註 65〕難道僅僅是他的謙遜嗎？我認爲，曾樸看重的，是胡適作爲新文化運動的領軍人物的文化身份！他覆信中的「適之先生：兩次捧讀示教，遲延了兩三個月」〔註 66〕的說辭，雖然託詞是「近來精神太不濟」〔註 67〕，但我們可以想見曾樸對於如何回覆胡適的信是費了思量的。因爲，他要把這封信發表在已經辦了半年的《眞美善》雜誌上，要通過這封信在自己苦心經營的「公共話語空間」裏向新文壇傳遞自己的聲音。那麼，這封信就應當「言之有物」、「擲地有聲」。要不然，他也不會在「精神太不濟」的情況下熬夜到「一七，

〔註 64〕病夫：《覆胡適的信》，《眞美善》，1928 年第 1 卷第 12 號。

〔註 65〕曾樸在信中使用的敬語詞如「您」、「恕」和「寬恕」等均可證實他「謙遜」的姿態，尤其是他自稱是「時代消磨了色彩的老文人」，在與「新文化運動主將」對話的語境中則更顯得自謙了。

〔註 66〕病夫：《覆胡適的信》，《眞美善》，1928 年第 1 卷第 12 號。

〔註 67〕病夫：《覆胡適的信》，《眞美善》，1928 年第 1 卷第 12 號。

三，一六，天明時」〔註68〕來寫這封信。我們不妨從曾樸體驗很深的兩件「文壇公開信」事件上來旁證我們以上的推測：其一，文壇公案——《新青年》雜誌「雙簧（信）戲」事件。當年的《新青年》諸公爲了引起視聽關注，「悍然」決定以通信討論方式設圈套誘引林紓上鈎，與之展開激烈論辯，從而使《新青年》雜誌及其新文化的主張成功地吸引了公眾關注。新文化運動的先鋒們的這段「不擇手段」的文化表演，此後似成了文壇佳話，開了以「私信」充作「公器」與「攻器」的先河。對此，曾樸是深有感觸的，並由此見識了「公共話語空間」裏「話語權」的威力，他曾對張若谷表達過他對此事的看法：「晚年他（指林紓，引者注）受新文化運動的一個重大創擊，把唯一依爲生活的北大教員飯碗打破了，好像從九霄雲裏牽到深淵底，直到逝世，沒有重複爬出頭來」〔註69〕；第二件「雙簧（信）戲」事件的「被討論者」就是他自己。他在《修改後要說的幾句話》裏回憶道：「我卻記到了《新青年雜誌》裏錢玄同和胡適之兩先生對於《孽海花》辯論的兩封信來。……被胡先生瞥眼捉住。不容你躲閃。……賺得了胡先生一個老新黨的封號。」〔註70〕對於錢、胡二人關於《孽海花》文學價值的討論，曾樸當時並未回應。筆者推測，他未作回應的原因，可能是因爲當時手裏沒有掌握雜誌，沒有輿論陣地，不敢輕易反擊，怕重蹈了林紓的覆轍。直到 1928 年 1 月，在自辦的「眞美善」書店出版《孽海花》（修改本二十回）時，曾樸才在解釋了自己創作《孽海花》的動機並比較了其與《儒林外史》在敘事結構上的差異以爲自辯後，悠悠地回贈了胡適一頂「老新黨」的帽子。由此可見，曾樸對於當時期刊雜誌上流行的「通信」的「威力」和作用是有很深的認識的，只不過，這時他的文化身份已由當年的「被討論者」變成了手握「傳媒公器」的「眞美善」書店老闆、雜誌主編了，他要做的就是好好利用胡適顯赫的文化身份，對他及其背後的新文化陣營「一吐衷曲」罷了。

此外，在《眞美善》雜誌第 1 卷上，比較重要的文論文章，還有曾虛白的《翻譯的困難》和《模仿與文學》，前者指出了創作與翻譯的差別以及翻譯的兩種「困難」，針對當時翻譯界多數譯者存在的問題，提出了翻譯訓練的方法，是技術層面的建議；後者指出了創作與模仿的關係，實際上是對曾樸關

〔註68〕病夫：《覆胡適的信》，《眞美善》，1928 年第 1 卷第 12 號。
〔註69〕張若谷：《初次見東亞病夫》，《異國情調》，世界書局，1929 年版，第 21 頁。
〔註70〕東亞病夫：《孽海花》，眞美善書店，1928 年版，第 4～5 頁。

於譯介外國文學以爲中國新文學創作榜樣的文學理念的進一步闡釋，文章指出古今中外文學進步的方法在「模仿」，即通過學習借鑒優勢文學資源來造成偉大的作家作品，是方法論層面的建議。曾虛白的這兩篇文章是《眞美善》雜誌創刊初期曾氏父子文學改革和建設理論的有機構成。

　　在《眞美善》雜誌第 1 卷上，曾樸、曾虛白父子著譯並作，他們的文學主張得到了不同文學流派、文藝團體作家的響應，這從雜誌的「文藝的郵船」等欄目的「編讀往還」和時人對曾樸及《眞美善》雜誌的評價上就可窺一斑：郁達夫讚譽曾樸是「中國新舊文學交替時代的這一道大橋梁，中國 20 世紀所產生的諸新文學家中的這一位最大的先驅者」〔註 71〕；胡適在致曾樸的信中，稱讚他譯囂俄戲劇全集爲「今日文學界的一件絕大事業」〔註 72〕，稱他是「中國新文壇的老先覺」〔註 73〕；茅盾則在《看了〈眞美善〉創刊號之後》一文中表達了對曾樸文學觀念的總體認同，並提出了對《眞美善》的熱切期望〔註 74〕。

〔註 71〕 郁達夫：《記曾孟樸先生》，《越風》（半月刊），1935 年第 1 期。
〔註 72〕 胡適：《致曾孟樸先生的信》，《眞美善》，1928 年第 1 卷第 12 號。
〔註 73〕 胡適：《追憶曾孟樸先生》，《宇宙風·曾公孟樸紀念特輯》，1935 年第 2 期。
〔註 74〕 茅盾：《看了〈眞美善〉創刊號之後》，《文學周報》，1927 年第 5 卷第 14 號。

第4章 「眞美善作家群」的形成及其文化姿態

4.1 「法國式沙龍」:「眞美善作家群」的形成聚集

　　應該說,曾樸、曾虛白父子對 1930 年代的文壇生存規則和書店、雜誌作為「公共文化話語陣地」在現代文化場域中的作用是有充分認識的。自然,所謂的文壇生存規則,就是書店老闆、雜誌主編和從事文學創作的文化人的生存規則,是「文學生產場的生成和結構」法則〔註1〕。在當時中國文學中心城市之一的上海,作為文學生產、流通活動組織者的書店老闆、刊物編輯們是影響文學生產和流通過程及其質量的一個非常重要的因素,他們以傳播者的身份和作家、作品與讀者共同構成文學生產、流通和消費的整體生態。他們的物質利潤的高低和文化聲譽的大小,主要取決於他們集結了一批什麼樣

〔註 1〕皮埃爾·布迪厄指出「文學場就是一個遵循自身的運行和變化規律的空間,內部結構就是個體或集團佔據的位置之間的客觀關係結構,這些個體或集團處於為合法性而競爭的形勢下。……這些位置的佔據者的習性的產生,也就是支配權系統,這些系統是文學場(等)內部的社會軌跡和位置的產物,在這個位置上找到一個多多少少有利於現實化的機會。」(見皮埃爾·布迪厄,劉暉譯,《藝術的法則:文學場的生成和結構》,中央編譯出版社,2001 年版,第 261 頁。)我們對於「眞美善作家群」的討論基本上是關於他們在 1930 年代上海文壇「文學場」內部活動軌跡的討論,即關於他們為尋找自己在中國文學現代化進程中的作用和價值定位的活動的討論,同時強調他們作為一個文人群體在「佔據位置」時所採取的文化姿態,以及在這個過程中所表現出的異於其它文化群體的個性化特徵和共性化特點。

的作家和文學產品的營銷隊伍（即發行渠道）。因爲，作家作品的質量和營銷隊伍的發行能力，決定了他們投入到文化出版業中的資本的升值空間和他們作爲文學生產和流通活動的組織者在文學生產場中的地位。因此，他們總是試圖用各種手段拉攏作家、藝術家，將其納入自己的陣營，利用文學場的生存法則來規約他們並從他們身上最大化地「榨取」剩餘價值。另一方面，作爲文學生產主體的作家們也分爲幾類：無名的文學青年，一般要謀定一份糊口的職業，業餘從事創作，四處投稿，結交編輯，想辦法發表文章以求文壇知名，這幾乎是每一位「窮」作家的必經之路，典型者如成名前後的沈從文；已成名的作家，憑藉一支筆著譯不輟，在其它文化機構如學校兼職，或做職業作家，投稿賣文爲生，也要搞好與書店老闆、雜誌編輯的關係〔註2〕，甚至爲賣稿要託人找關係；此外，就是已有文名、擁有一定私人資本並抱有某種文學理想和文化主張的作家們，爲了創作上和經濟上的獨立，會募集股本，辦一個同人書店或刊物，勉力支撐以求有發表作品的陣地，進而希望能通過自己的文化活動在質與量上影響中國文學現代化的進程，如「新月」、「眞美善」和「金屋」等實體書店（出版社）和雜誌的創辦都屬於第三種情況：「開書店的目的，一方面想藉此發表一些自己的作品，一方面也可藉此拉攏一些文藝界的朋友，朝夕盤桓，造成一種法國式沙龍的空氣」〔註3〕。

因此，在文人彙聚的 1930 年前後的上海，當曾樸、曾虛白父子的「眞美善」書店、雜誌開張之時，他們就獲得了在「眾聲喧嘩」的公共話語空間——文壇上——發出自己聲音的話語權。並且，因爲擁有了書店老闆和雜誌主編的文化身份，他們還獲得了通過代爲出版圖書、編發文章授予他人話語權的權力。這種「權力」正是可以「號召同好」的資本——一種依託金錢資本的話語資本。書店、出版社的資本越雄厚、出版發行能力越強、依託於書店的雜誌的版面容量越大、出版周期越短，書店老闆和刊物編輯們就能獲得越大的話語權和號召力，他們也就獲得了組建以自己爲核心的作家群的「物質」

〔註2〕如郭沫若在憶及當年創造社依附泰東書局辦刊時的情境曾説：「我們之爲泰東服務，其實又何嘗不是想利用泰東。……創造社的人要表現自我，要本著内在的衝動以從事創作；創作了，表現了，不能不要發表的地方，所以在他們的那種迷夢正酣的時候，泰東書局無論怎樣苛刻他們，對於他們是有效用的。」（郭沫若：《創造十年》，《沫若文集》（第七卷），人民文學出版社，1957年版，第 72 頁，）由此可窺書店老闆與編刊文人、作者關係不平等之一斑。

〔註3〕虛白：《曾孟樸先生年譜》（下），《宇宙風》，1935 年第 4 期。

基礎。

　　然而,「文化生產場」是有自己的存在和運轉法則的。一個作家群的誕生,實際上要受到種種外在和內在條件的規約。在獲得了一個相對穩定的、允許他們存活的外部政治、經濟和意識形態環境之後,他們還內在地需要一個或數個在創作和批評理論建設上均有號召力的領袖人物,一種目標接近、路徑一致的趨同的文化理想,一種以文學宣言的形式對外公佈、對內形成規約的群體性文學信念,一群審美氣質接近或有地域文化因緣的作者,一個或數個可以發表作品的定期出版物,以及一種群體成員一致接受的內部私密的和外部公共的文化交際方式,即一種共同的在私密領域和公共文學空間中適用的文學生活方式。

　　上海作爲當時中國現代化和開放度最高的金融中心和租界城市,爲作家文人們提供了一個政治上寬鬆、生活上舒適的外部環境。曾樸以一個久享文名的文壇前輩身份,加上他對法國文學的深入研究與譯介成績,以及「眞美善」書店老闆、雜誌主編的名頭,無疑具備了擔當「眞美善作家群」領袖人物的文化資本;曾氏父子在《眞美善》雜誌上發表的關於通過譯介外國文學來改革中國文學的主張,是這個作家群的文化宣言;「眞美善」書店和《眞美善》雜誌是他們用以吸引拉攏同人的「公共文化話語空間」和發表作品及文學言論的輿論陣地。可以說,曾氏父子及其「眞美善」文化事業具備了上列構建作家群的六項條件中的四項。爲切實實現其建構作家群的目標,他們還需要拉攏、培養一批與自己文學理想和審美氣質接近的作家,找到一種內部私密和外部公共的文化交際方式,以團結同好,共享「文學生活」,並相對一致地對外宣揚自己的文學理想,實踐其文化主張。

　　因爲曾氏父子「開書店的目的決不想賺錢,只想開創社會提高文藝價值與愛好文藝興趣的風氣」〔註4〕。他們既不想做「逐利」的文化商人,也不願當僅爲「追名」的腐儒文人。他們有爲中國新文學現代化謀出路的遠大理想,有要「領導群倫」的家學體統和文化價值觀傳承,他們想做的就是要爲振興中國文學造一種「風氣」,把「愛好文藝熱心研究文藝的同好」〔註5〕召集起來,組建起一個以自己爲核心、有趨同的文學理想、有相近的文學藝術審美價值觀念的文化生態群落,即一個審美氣質相對和諧一致的作家群和對應的

〔註4〕曾虛白:《曾虛白自傳》,臺灣聯經出版事業公司,1988年版,第83頁。
〔註5〕曾虛白:《曾虛白自傳》,臺灣聯經出版事業公司,1988年版,第83頁。

讀者群。

如果說曾樸的《編者的一點小意見》是一面宣示自己在文學上的「主義」的旗幟的話，那麼下列言論，無疑是他們父子招募文學改革「義勇軍」的「招兵告示」了：

> 本雜誌歡迎投稿不論文言白話凡與同人等宗旨相同有文學價值之作品皆當儘量採錄〔註6〕

> 我們這只獨木舟並不是專預備給自己坐的，不時的溜着眼光向兩岸的人羣裏尋找那同舟的伙伴。深望站在那裏看熱鬧的諸君個個跳上船頭來，做一次文藝界金羊毛的遠征吧。〔註7〕

> 我們知道委託給自己的使命未免過分重大，決不是少數人的力量所能夠收圓滿功效的，所以希望同志協助的心比什麼多急切。你說的「實際上的表現」就是我們創辦這份刊物的宗旨。我們知道主義的成功全靠着試驗的努力。……文學也是這種的，我們就想貢獻這分雜誌給我們的同志大家來充分表現一下子。〔註8〕

> 本店創辦的宗旨在《眞美善雜誌》裏邊已經說得狠詳細的了。我們希望愛好文藝的讀者，不光拿空嘴說白話的讚美來鼓勵我們，卻願大家給我們實質的協助，來加入我們這個奮鬥的團體。所以我們正伸長着脖子在這兒盼望諸君的佳作的哩。

> 如有長篇創作或是譯述可以刊成單行本的送來，更是我們所渴望的。既是一個旗幟底下的奮鬥者，待遇如何當然再用不著多多饒舌的了。凡是取費或抽版稅均可當面或通信妥議的。〔註9〕

這些「啓事」既要徵稿，強調文稿要「與同人宗旨相同有文學價值」，又要「征人」，呼籲「愛好文藝的讀者」，都「來加入我們這個奮鬥的團體」，「充分表現一下子」。在這些宣言、徵稿啓事中，曾氏父子以「眞美善」作爲文藝的標準，號召其文藝同好和書店、雜誌作者們通過譯介世界文學經典來改造中國文學。當然，他們也知道這「使命未免過分重大，絕不是少數人的力量所能夠收圓滿功效的」，進而提出了要召集起那些「一個旗幟底下的奮鬥者」

〔註6〕眞美善雜誌編輯所：《徵求文稿》，《眞美善》，1927年第1卷第1號。
〔註7〕虛白：《編者小言》，《眞美善》，1927年第1卷第3號。
〔註8〕虛白：《讀者論壇·一服興奮劑》，《眞美善》，1927年第1卷第3號。
〔註9〕眞美善雜誌編輯所：《徵求文稿》，《眞美善》，1927年第1卷第3號。

來成立一個「奮鬥的團體」。除聲明「宗旨」要「相同」外，還許以「待遇」不錯的物質「誘惑」，聲明「凡是取費或抽版稅均可當面或通信妥議的。」這是曾氏父子通過《眞美善》雜誌爲「組建」「眞美善作家群」在作者團隊召集方面所作的宣傳努力。通過這種方式，他們收到了一些自由投稿。「眞美善」書店和《眞美善》雜誌的很多撰稿人都是當時文壇並不知名的作者，都是他們通過這種方式召集起來的。這些作者中有很多都是很有潛力的青年作家，曾氏父子對他們獎掖扶持有加，其中如蘇雪林、陳錦遐、俞牖雲、崔萬秋（時爲留日學生）、葉鼎洛、小瑟、行澤、穆羅茶、徐蔚南、盧夢殊、陳明中、王佐才、孫席珍、王墳（時爲東南大學學生）等人都成了《眞美善》雜誌的固定撰稿人，有些更是在「眞美善」書店出版了他們的作品集或著作〔註 10〕單行本，從而登上文壇的。

　　然而，在書店、雜誌林立的上海文化大市場上參與文學和商業的競爭，僅僅爭取自由投稿是不夠的。雖然曾氏父子志不在賺錢，但是要維持刊物的運營，並實現其文學理想，就必須主動出擊去爭取那些合乎自己文學標準的作家和優質稿源。他們首先想到的是他們設在法租界的「眞美善」書店、雜誌的近鄰——邵洵美的「金屋」書店、雜誌和那些出入其間、與自己有著較近的文學追求的作家們。

　　1936 年 2 月 15 日，在上海的《六藝》雜誌創刊號上，刊登了一幅署名「魯少飛」並題爲《文壇茶話會》的漫畫，描繪了 1930 年代文壇知名作家的眾生相，涉及到的當時聚集在上海的知名作家有如魯迅、茅盾、郁達夫、沈從文、林語堂、老舍、穆時英、田漢等共 27 位，而坐在主人位置上的，就是當時聞名海上的文壇孟嘗君——邵洵美。當然，在現代文學史上並不存在這樣一次「文壇茶話會」，但是這幅漫畫卻以形象的方式給我們虛構性地、形象地再現了一個被長久遮蔽的文學史人物邵洵美的當年風采。在 1930 年代文壇上，邵洵美是一位被稱爲「小孟嘗」的出版家，一位兼有書店老闆、詩人、翻譯家和期刊編輯等文化身份的文化「聞人」。他交遊廣泛，各家各派的文人他都相與交好；出身官宦家庭，家資雄厚，愛好文藝，又具有濃厚的文藝氣息和浪漫氣質，並不惜資財參與和贊助文化出版事業。他先後辦有「金屋書店」、「時代圖書出版公司」等出版機構，是《獅吼》（復活後）、《金屋》、《時代畫報》、《論語》和《人言》等 11 家刊物的老闆。或許正因爲如此，當他被「虛構」

〔註 10〕具體書目可以參見「附錄一：眞美善書店出版圖書目錄（1927～1931）」。

性地放置到「文壇茶話會」主人的位置時，也就多少有了些歷史的眞實感。同時，由於邵洵美「廣交遊」的範圍主要是文藝界人士，其個人精神氣質浪漫多感，又不拘形跡，再加上他家底雄厚、樂善多施，尤其是他素來主張要爲繁榮文藝事業而組織「文化的護法」和「文化的班底」。他曾發表《文化的護法》一文，提出可以通過「文化會社」和「交際社會」（「小規模的交際社會，便是『文藝客廳』了」）兩種方式來組織和培養文藝的「護法群」〔註11〕；也曾發表《文化的班底》一文，指出「我所謂的『文化的班底』，便是一切文化工作撐場面的人物，是一種基本捧場者。……原來一切文化運動，一定少不了『班底』。」〔註12〕他的這兩種觀點都是在 1935 年提出的，但很有可能是在與曾樸的交往中相互激發明確了這種想法。從邵洵美的主張看，他有很明顯的「文化群落」意識，意識到了建立這種「文化群落」的重要性，並提出了具體的建構方法。所以，他的金屋書店和家中客廳就成了滬上各派文人聚談的一個重要場所。

　　據郁達夫回憶：「我們空下來，要想找幾個人談談天，只須上洵美的書齋去就對，因爲他那裏是座上客常滿，樽中酒不空的。在洵美他們的座上，我方才認識了圍繞在老曾先生左右的一群少壯文學者，像傅彥長，張若谷諸先生。」〔註13〕從郁氏的這段回憶，我們可以得到如下信息：其一，1930 年代的文壇各作家群體間並非壁壘森嚴，他們在上海的文化群落裏頻相往還，並且是網絡交叉、「相互滲透」的，文學史爲作家黏貼的流派／派系標籤恰恰也是遮蔽作家本身文化追求多樣化和文化生態豐富性的障礙物；其二，圍繞著曾樸的作者們也圍繞著邵洵美，那麼曾、邵有共同點嗎？這共同點是什麼呢？從《眞美善》雜誌刊登的文章來看，邵洵美也是希羅古典主義和法國浪漫主義的崇拜者，與曾樸有著共同的審美氣質。況且，他是「金屋書店」的主人，有自己的「唯美主義」的文化班底。邵洵美的文學活動在文化場域和人員上，爲曾氏父子在其「眞美善」事業起步階段的「文化社交活動」提供了一個便利的平臺，而他本人也無疑是以曾氏父子爲核心的「眞美善作家群」的重要成員。雖然曾、邵二人的文化理想未必一致（他們也不求一致），但他們對於組織「群體性文學生活」方式的意見卻很相洽。曾樸在 1928 年的日記中記載

〔註11〕 邵洵美：《文化的護法》，《時代》，1935 年第 8 卷第 11 期。
〔註12〕 邵洵美：《文化的班底》，《人言周刊》，1935 年第 2 卷第 20 期。
〔註13〕 郁達夫：《記曾孟樸先生》，《越風》（半月刊），1935 年第 1 期。

下了他們這樣的談話：「（五月二十三日）……傅彥長同了金屋書店主人，邵洵美來了。……開首講了些出版界的事情。後來講到文藝界太沒有聯合的組織，何不仿法國的客廳或咖啡館，大家鼓些興會起來。」〔註14〕因爲曾樸對法國風文藝沙龍式文學生活方式的熱切嚮往，他希望自己的文藝沙龍能夠有「地道」的法國味，所以迫切「希望能產生一位法國式的沙龍中心女主人」〔註15〕。他們還興致勃勃地討論了請王映霞和陸小曼來做這女主人的可能。從他們的言談中，我們可以見出將他們聯繫到一起的一個重要文化紐帶——法國文化氣質裏的「浪漫情懷」、「異域情調」以及這種文化情調帶給他們的對於異域文化的現代性想像和關於國族文化自強的熱切期望。他們所以要住在法租界，除了其自身經濟富裕的因素之外，又何嘗不是因爲法租界可以給他們提供體驗「異國情調」和異域文化風采的生態場呢？他們看準了法國風文化沙龍對於像自己一樣的異域文化愛好者所具有的吸引力，因此，就不遺餘力地學習模仿起來。

　　儘管如此，我們還是需要指出，曾家客廳和邵氏書齋的文化氛圍還是有較大差異的。曾樸明確提出了要把「眞美善」書店辦成法國式文藝沙龍，其客廳文藝沙龍帶有濃重的法式貴族氣。當然，這種氛圍的獲得，主要是嘯聚其間的沙龍人物們在曾樸的引導下通過對法國沙龍文化生活的文本閱讀和跨文化想像與模仿實現的；邵氏書齋的文化交際方式，可能更偏向於傳統的、中國貴族式的酒肉場上的雅集，或者是中西合璧式的。我們僅看郁達夫對兩家客廳的描述便能分出軒輊，關於曾家客廳，郁達夫的描述是：「我們有時躺著，有時坐起，一面談，一面也抽煙，吃水果，喝釅茶」〔註16〕；關於邵氏書齋，郁達夫的描述是：「座上客常滿，樽中酒不空」〔註17〕。僅從這「茶」與「酒」的差異，我們就可以想見在曾家客廳裏一群圍繞在文壇老將曾樸身邊的文藝青年們的活躍（潑）中的相對安靜，一種法式的安靜；也能想像當年邵氏書齋中一群同齡文藝青年的喧鬧自在，一種竹林放浪式的喧鬧。曾虛白曾回憶說：「這些人，來者自來，去者自去，踏進門不一定要跟這位談風正健的主人打招呼，要想走，也都那麼默默無聲的溜了。我父親就喜歡這種自

〔註14〕 東亞病夫：《病夫日記》，《宇宙風》，1935 年第 2 期。
〔註15〕 東亞病夫：《病夫日記》，《宇宙風》，1935 年第 2 期。
〔註16〕 郁達夫：《記曾孟樸先生》，《越風》（半月刊），1935 年第 1 期。
〔註17〕 郁達夫：《記曾孟樸先生》，《越風》（半月刊），1935 年第 1 期。

由自在的氣氛，感到這才有些像法國的沙龍。」〔註18〕

邵洵美除了在自家書齋裏會見文友外，還不時擺宴召集文藝界朋友、作家們雅集。時爲《眞美善》雜誌作者之一的趙景深曾收到他的這樣一封招宴請柬：「陰曆九月二十二日星期六，下午六時，謹備薄酌作文友小集。同席爲東亞病夫父子、若谷、彥長、達夫等，尚乞駕臨」〔註19〕。《金屋談話》中還曾以「新雅酒樓」爲題記錄下另一次聚會：「（1928 年）十月二十八日新雅酒樓的一個集合。並不一定都是預先約定的，到有曾孟樸父子、傅彥長、鄭振鐸、張若谷等十餘人。……他們談到國術考試，談到元曲的孤本，談到邵洵美家藏的舊書，談到包羅多的小說。吃完了飯，便到鄭振鐸家裏，於是又談到《海外繽紛錄》，談到《孽海花》。」〔註20〕他們不僅往還宴集，還把這樣的集會作爲文壇消息發表在自己編輯的刊物上。據筆者推測，邵洵美們刊登此類文壇消息的目的，可能是要向文壇和讀者界展示其「文化班底」的實力，展示其文化交際的狀貌，滿足一般讀者的好奇和「追星」心理。但同時，也爲我們留下了關於當時文藝界作家相互交往的生態圖景和文學史史料。

曾氏父子是在開始其「眞美善」文學實踐活動時，出於要聚集拉攏文藝同好目的，慢慢接近並加入到上海的文學生態群落中，參與他們的「文學生活」的。他們是邵洵美的這個小文藝團體的「後來者」。對此，張若谷曾回憶說：「你（指朱應鵬，筆者注）與傅彥長，邵洵美，徐蔚南，葉秋原，周大融，黃震遐，諸位兄長都是有資格的咖啡座上客。最近又新得到東亞病夫父子兩人，參加我們的團體。」〔註21〕

正是通過這些集會，通過這些私人場合的文化交際活動，邵洵美的「文化班底」慢慢部分地也成爲了曾氏父子「眞美善」書店、雜誌的「文化班底」，成爲曾家客廳文化沙龍的常客和《眞美善》雜誌上常見的名字。與此同時，曾樸也竭力營造出了一種「法國式沙龍」的氣氛來吸引文藝青年。曾虛白曾這樣回憶曾家客廳裏文藝聚會的盛況：「來訪者都是透過眞美善雜誌的關係的一些文藝愛好者，其中尤以愛好法國文藝者受我父親最誠摯的歡迎。現在回憶，走的最勤的該算是邵洵美帶頭的張若谷、傅彥長、徐蔚南、梁得所與盧

〔註18〕曾虛白：《曾虛白自傳》，臺灣聯經出版事業公司，1988 年版，第 95 頁。
〔註19〕孔海珠：《文氣相投的朋友圈子——從邵洵美的一封邀宴信說起》，《浮沉之間——上海文壇舊事二編》，漢語大辭典出版社，2006 年版，第 103 頁。
〔註20〕佚名：《金屋談話》，《獅吼》（復活號），1928 年第 10 期，第 32 頁。
〔註21〕張若谷：《咖啡座談》，眞美善書店，1929 年版，第 6 頁。

夢殊等。因爲邵洵美自己也開一家書店名『金屋書店』，這些人經常在他那裏
聚首，不約而同地再向我們家裏來轉轉。此外來我家的文人，我現在能想得
起的有郁達夫、李青崖、趙景深、鄭君平、顧仲彝、葉聖陶、陳望道、朱應
鵬、江小鶼、錢崇威、俞劍華等，當然現在想不起的要比這些人數多過好幾
十倍。」〔註 22〕這個人群的構成比較複雜，人員流動性也很大，很多人的來
去都是泛泛的一般性文壇交際。而且，他們中的很多人和曾樸、曾虛白父子
在文化氣質、審美訴求和文學理想等方面都有較大差異，在文學上的「道」
不同，多沒有眞正對「眞美善」書店、雜誌的發展做出實質性的貢獻或幫助。
因此，我們僅將其中在「眞美善」書店出過書或在《眞美善》雜誌上發表過
文章的那些作家稱爲「眞美善作家群」的「曾家客廳沙龍人物」。

　　《眞美善》第 3 卷第 5 號《編者小言》裏曾出現過一個「長期作稿」人
員名單：「撰稿方面除本刊病夫虛白外，已約定邵洵美，徐蔚南，綠漪，傅彥
長，張若谷，趙景深，葉鼎洛，孫席珍，崔萬秋，顧仲彝，馬仲殊，謝康等
諸位先生長期作稿，尚有許多同情我們和贊同我們的作家也已經供給我許多
珠玉般的文字預備逐期給讀者相見的。」〔註 23〕而在第 3 卷第 6 號封底頁也
曾經登載過一個「長期執筆」人員名單：「病夫 傅彥長 邵洵美 趙景深 張若
谷 孫席珍 顧仲彝 葉鼎洛 馬仲殊 王墳 虛白等長期執筆」〔註 24〕我們可以
把這兩個名單上的人物稱之爲「《眞美善》雜誌特約撰稿人隊伍」。此外，還
有長期爲《眞美善》雜誌的某一欄目供稿但在以上兩個名單裏都沒有提到的
人物，如鶴君、周章等長期爲「思想的花園」欄目供稿，師鳩長期爲「讀物
雜碎」和「文藝零訊」欄目供稿，毛一波長期爲「書報映象」欄目供稿，陳
雪清獨力爲「文學家林」欄目供稿等，我們可以稱這些作者爲「《眞美善》雜
誌專欄撰稿人隊伍」；還有一群在《眞美善》雜誌上長期登載稿件或在「眞美
善」書店出版作品集或單行本的作者，如王佐才、邵宗漢、傅紅蓼、陳學昭、
季蕭、味眞、王家棫、朱慶疆、孫佳訊、成孟雪、朱雲影、穆羅茶、周承慧、
俞長源和荷拂等，他們構成了一個較爲穩定的「『眞美善』書店、雜誌固定投
稿人隊伍」。以上四組人物共同構成了以曾樸、曾虛白父子爲核心，有著趨同
的文化氣質和審美追求、以文學交誼相互呼應、有一定層次感的「眞美善作

〔註 22〕曾虛白：《曾虛白自傳》，臺灣聯經出版事業公司，1988 年版，第 93 頁。
〔註 23〕佚名：《編者小言》，《眞美善》，1929 年第 3 卷第 5 號。
〔註 24〕眞美善編輯部：《封底》，《眞美善》，1929 年第 3 卷第 6 號。

家群」。他們基本認同曾氏父子「真」、「美」、「善」的文學理想和文學改革主張，並以積極著譯投稿、參與刊物的編輯和撰寫書評、文論文章等方式，在《真美善》雜誌或其友好刊物上同聲和氣、交相呼應，在 20 世紀 20、30 年代的中國文壇上蔚成了一道「真美善」的文學風景線。

「真美善作家群」的作家們同出於對異質文化的熱愛，出於對文學藝術美的尊崇，努力追求文學的自在和多樣性發展。他們集合在曾氏父子「真」、「美」、「善」的文學旗幟下，構成了一個被稱為「20 至 30 年代初純文學期刊的散兵遊勇」的「真美善作家群」，他們「以獨立和堅韌的精神，呈現出那個時期相當一批作家對藝術的執著、對美的純樸追求。它們的存在，是中國文學現代性追求多樣性和豐富性的表徵」〔註 25〕。他們具備了構成一個作家群最重要的三個文化要素：其一，他們有鮮明的文學理想和文化主張，有綱領性的文學宣言〔註 26〕，有明顯的群體意識〔註 27〕；其二，他們有核心的組織者，如曾樸、曾虛白父子和邵洵美等，有組織地進行經常性的文藝聚談和組稿活動，並籌劃出版專號等；其三，他們有定期的出版物、實體出版機構（即書店，兼具編輯和出版功能）和發行所，有相對穩定的撰稿人隊伍，這就保證了他們有穩固的言論陣地和暢通的傳播渠道。此外，還有一點非常重要，那就是他們有可以互為呼應的兄弟刊物，如《金屋》、《獅吼》（復活後）、《申報・藝術界》、《咖啡座》、《雅典》、《白華》、《新月》和《當代詩文》等，這些同人刊物的編者和作者們有很多都是曾氏父子客廳文藝沙龍的常客或「真美善」書店、雜誌的作者。

4.2 客廳與書店：作家群體內部的文化交往

儘管在表面看來，因為時局多變和個人因素，民國時期作家群的聚合方式大多較為鬆散，但一旦某個作家群體聚合形成，便會在群體內部生成一種組群文化和自我認同的精神規約。這種精神規約，就是後來者需要邁過的「門檻」。

〔註 25〕 楊聯芬等：《20 世紀中國文學期刊與思潮：1897～1949》，百花洲文藝出版社，2006 年版，第 180 頁。

〔註 26〕 曾樸的《編者的一點小意見》一文是曾樸文學理想的集中體現。見病夫：《編者的一點小意見》，《真美善》，1927 年第 1 卷第 1 號。

〔註 27〕 曾樸曾號召說：「願大家給我們實質的協助，來加入這個奮鬥的團體。」見真美善編輯部：《徵求文稿》，《真美善》，1928 年第 1 卷第 3 號。

文學生產場中的核心人物，尤其是那些有文化抱負、通過資本介入獲得了文學場全部或部分話語權的領導者和「已在場」的人物，即組群成員們，在其意識深層（儘管他自己意識不到或不願承認），都有掌控群體的話語權力和資本（如金錢或資歷）走向的欲望。埃爾·布迪厄在論及文學場的「法則和界線的問題」時說：「這些行業（指報紙、電視、電臺等傳媒，筆者注）的功用在於把它們的佔據者放在『環境』的中心，在這環境中傳播構成作家和藝術家的特定競爭的信息，建立關係並獲得有利於出版的保護，有時取得特殊權利的位置——出版者、雜誌、文集或全集的主編身份，通過出版、讚助和建議等從新來者那裏獲得承認和尊崇，這就有利於特定資本的增加。」〔註28〕為了獲取「特定資本」，為了不斷強化其核心人物的核心文學主張對群體內部其它成員的影響力，或者說為了不斷強化一個群體、尤其是有思想的作家群內部的人際和諧與理論素養與實踐能力的提高，文學場中各種參與話語／「資本」權力角逐的力量——在本書中具體為「眞美善作家群」——就不能忽視其內部「文學生活」的頻次和質量，並保證對不同層次的人員使用不同的交際手段和拉攏方式，來實現本族群在文學場中的持續「在場」並保持持續、良好的文壇聲譽。

每個社群組織的成員個體與其核心人物關係的疏密度都不一樣，這就是社會性群體組織的內部層級性。「眞美善作家群」因其成員各自生存地域、藝術追求和個人氣質等方面的差異，與其核心人物曾樸、曾虛白父子關係的疏密程度、交往頻次也各各不同，所以，我們可以用有層次感或層級性來形容他們整個作家群內部成員間的關係。同時，作為文學生產場上諸種競爭力量的一支，他們需要不斷與外界其它文藝團體和規約因素發生關係，從而適時加強或調整其文化姿態和內部人員部署，以求適應環境，並使群體的「特定資本」——文壇聲譽和現實利益——持續或增加。那麼，對於「眞美善作家群」，尤其是對曾氏父子而言，他們就需要處理好內部和外部兩種關係，在個人化的聚會場合展開內部私密性交往，在公共文化空間展開外部公共性交際。同時，因為其內部的層級性結構及其與外部其它群體的層級性關係，他們需要展開側重點和方式不同的對內、對外兩個層面的層級性文化交際和文化公關活動。

「眞美善作家群」基本上由四個主要層級構成的：「曾家客廳沙龍人物」，「《眞美善》雜誌特約撰稿人隊伍」，「《眞美善》雜誌專欄撰稿人隊伍」和「『眞

〔註28〕皮埃爾·布迪厄，劉暉譯：《藝術的法則：文學場的生成和結構》，中央編譯出版社，2001 年版，第 274 頁。

美善』書店、雜誌固定投稿人隊伍」。儘管這幾組人物名單多有交疊，在「特約撰稿人」名單裏的人物基本上都是「曾家客廳沙龍」裏的常客，但是很多「曾家客廳沙龍人物」卻又從未在「眞美善」書店、雜誌出版、發表過作品，如曾虛白所列的郁達夫、陳望道、葉聖陶、梁得所、錢崇威、鄭君平（鄭伯奇）等名字，均未在《眞美善》雜誌上出現過。由此可見，他們與曾氏父子間的交往，對於「眞美善作家群」而言，屬於外圍的「禮節性」交往。雖然因爲聲氣相投，常相往來，但未必認可曾氏父子的文學主張。當然，這種往來豐富了1930年代文壇作家們的文化交際活動，爲不同文學群落間互通聲氣提供了一個私人管道。正是通過這個管道，曾樸成功地向當時的新文學界部分地傳遞了自己的文學主張，並獲得了某種程度上的認可。郁達夫在記述他出入曾家客廳的文章中，給我們描繪了曾樸的當年風采：「孟樸先生的風度，實在清麗得可愛」，「先生的那一種常熟口音的普通話，那一種似流水的語調，那種對於無論哪一件事情的豐富的知識與判斷，眞教人聽了一輩子也不會厭」，「先生所特有的一種愛嬌，是當人在他面前談起他自己的譯著的時候那一臉歡笑。……感受到一種說不出的像春風似的慰撫」〔註29〕。應該說，郁達夫身上的浪漫氣質、「偏神經質」式的名士作派，與曾樸的浪漫、熱情洋溢最相宜，他們的相互吸引，是個人精神氣質的相互吸引和對彼此文學成就的相互欣賞悅服。試想假如沒有在曾家客廳沙龍裏的竟夕長談，郁達夫又怎能把曾樸贈閱的譯著《肉與死》「一晚不睡，直讀到了早晨的八點」〔註30〕，從而進一步從日夕縱談中深入瞭解並同情他的文學理想呢？

那些既是「曾家客廳沙龍人物」，又名列《眞美善》雜誌特約撰稿人隊伍」的作家們〔註31〕，是曾氏父子通過個人化的客廳文化沙龍活動結交並相互認可的「文藝同好」，是這個作家群的核心圈子。他們不僅在客廳沙龍裏聚談社會人生和文學理想，而且還在交談之中爲曾氏父子的「眞美善」文化事業出謀劃策，爲書店出版計劃的制定建言，爲雜誌撰寫文章，展開「集團作戰」，集體對外張揚本群的文學主張，如集體爲「女作家號」和「法國浪

〔註29〕郁達夫：《記曾孟樸先生》，《越風》（半月刊），1935年第1期。
〔註30〕郁達夫：《記曾孟樸先生》，《越風》（半月刊），1935年第1期。
〔註31〕其中王墳、馬仲殊、孫席珍、崔萬秋不在客廳沙龍名單中，因爲他們的生活地域不在上海，如王墳在蘇州念書、崔萬秋在日本留學，但是他們的確都是「眞美善」書店、雜誌上的活躍分子，又在「特約撰稿人」名單中，因此，也當劃入「眞美善作家群」的核心圈子。

漫運動百年紀念號」提供編輯思路，並幫助曾氏父子組織、拉攏稿件，或親為撰稿等等。這種「眞美善作家群」的「文學集體操」，讓我們看到了這一作家群的文學理想和文化姿態。其中，作為作家群的核心人物，曾樸很主動地參加各類文化聚會，他不僅經常出席邵洵美組織的文藝活動和宴飲聚餐，有時還「主動出擊」，「聽說虹口北四川路有家廣東茶館是文藝作家們在下午三四點鐘經常聚會的地方。他老先生竟興致高得要我陪著他好幾次闖得去做不速之客。當然，他一到在座者歡聲雷動，一談又是一兩個小時。」〔註32〕此外，曾樸還著意把自己的文藝沙龍辦得在精神、氛圍和形式上都具有「法國風」〔註33〕。因為，法國式文化沙龍不僅是曾樸所私淑的文化生活方式，更是他藉以聚攏其「眞美善作家群」的一個「文化磁場」。因此，曾樸在法租界的住宅就為他放置其「法國風沙龍」提供了一個理想的外在文化場域。在曾家的客廳文化沙龍裏，「先生於著述之餘總喜歡邀集一班愛好文藝的同志，做一種不拘行跡的談話會。那時候他的寓所中，常常是高朋滿座，一大半都是比他小二十歲三十歲的青年，可是先生樂此不疲，自覺只對著青年人談話反可以精神百倍，所以一般友好，都取笑他是一個老少年。」〔註34〕徐蔚南曾這樣當面評價曾樸：「您不僅能瞭解比您年紀小一半的青年的心情，而且要和青年人做伴侶，加入於青年隊中。因為您有著這樣『白頭少年』的精神，所以您會忘卻您自己在近代文壇上的權威，而毅然決然再躍入新的文壇裏了。」〔註35〕應該說，曾樸對文學的熱情及其熱烈易感的性格特點，加上他從不以知名文人自恃，所以能夠苦心經營起一個文學青年們喜愛的法國風文化沙龍，這是一個半私人化的文化生活空間，曾樸在此間既與文壇友人聚談，展開小範圍對外交流與宣傳，又邀約其「眞美善作家群」內部成員交流對文

〔註32〕 曾虛白：《曾虛白自傳》，臺灣聯經出版事業公司，1988 年版，第 95 頁。

〔註33〕 曾樸在談到與張若谷的相識時曾說：「我們一相遇，就娓娓不倦的講法國的沙龍文學：路易十四朝的閨幃文會 les precise des Ruelles；邸館文會 Une nouvelle preciossites de salon；梅納公夫人的印庭 La Coeur de sceaux de la Duchesse du Maine；朗佩爾夫人的客廳 Le Salon de Mme Lambert；蘭史碧娜斯姑娘的客廳……等。尤其喜歡談羅曼派諾句 Charles Nodier 的亞爾那的 Salon d』Aeseale 第一次客廳，囂俄的王家場 Palace royale 住宅；金百合房的 La Chamoleon Lis d』or 第二次客廳」。見東亞病夫：《東亞病夫序》，張若谷：《異國情調》，世界書局，1929 年版，第 7 頁。

〔註34〕 虛白：《曾孟樸先生年譜》（下），《宇宙風》，1935 年第 4 期。

〔註35〕 徐蔚南：《代序》，《都市的男女》，眞美善書店，1929 年版，第 11 頁。

藝的看法，商量策劃書店出版和刊物編輯計劃，並通過出版圖書和發表文章向外界展示群體的文學成就。需要特別指出的是，我們所以要強調曾家客廳文學沙龍的半私人性，是因爲，若從出入其間的文學人物的構成來看，它還有著對外營造一種「文化群落」的魅力和吸引力的作用。那些慕名而來的作家如郁達夫、鄭君平、葉聖陶們的名頭本身，對曾氏父子及其「眞美善作家群」就是一種激勵和名人效應式的廣告。因此可以說，曾家客廳文藝沙龍是一個半私人化半公共化的文化空間。

　　從《眞美善》雜誌的「專欄撰稿人隊伍」和「固定投稿人隊伍」聚合到曾氏父子周圍、在書店出書或在《眞美善》雜誌發表文章的時間來看，他們基本上都是通過向《眞美善》雜誌投寄稿件，受曾氏父子賞識、約請，而固定爲某一欄目提供稿件，如毛一波、師鳩等。從某種意義上甚至可以說，他們是刊物的「編外編輯」、「專欄作家」或者「專欄編輯兼撰稿人」；此外，還有因文才卓越被曾氏父子欣賞〔註36〕而直接在「眞美善」書店出版單行本圖書（《蠹魚生活》）的文壇新人，如蘇梅（雪林）、王墳等。而蘇雪林則對曾樸的知遇賞識之恩念念不忘，晚年還曾連作兩文頌揚曾樸的「眞美善」文學事業〔註37〕；還有因在其它同人刊物上發表文章而引起曾氏父子注意而受約撰稿的作家，如陳雪清、朱慶疆等；更有在讀學生、留學生等與曾樸、曾虛白父子通信成爲文友而經常撰稿並在「眞美善」書店出版圖書的，如王墳、崔萬秋和朱雲影等，曾氏父子通過書信與這些在空間上距離較遠的作家保持著經常性的聯繫。從刊發在《眞美善》雜誌上的一些信件來看，曾氏父子非常關心這些無名青年作家的寫作和生活，鼓勵他們致力著譯，有些勸誡堪稱苦口婆心。如在《悲哀的號哭》〔註38〕一文中，虛白極力勸慰《現代作家》手稿被火災燒毀的王墳不要灰心，

〔註36〕曾樸在「女作家專號」上作詩稱讚蘇雪林是「女中青蓮、閨中大蘇」。原詩是兩首七絕，茲錄如下：「此才非鬼亦非仙，俊逸清新氣萬千，若向詩壇論王霸，一生低首女青蓮。亦吐風雷亦散珠，青山畫集悔當塗，全身脫盡鉛華氣，始信閨中有大蘇。」見病夫：《題蘇梅女士詩集》，《眞美善‧女作家專號》，1929年2月2日。

〔註37〕兩文標題爲《眞美善雜誌與曾孟樸》和《曾孟樸的〈魯男子〉及其父子的文化事業》，筆者未見原刊，轉錄自朱傳譽：《曾孟樸生平概述》，天一出版社，1982年版，第81～85頁。該書爲相關文章的原刊影印彙裝本，只見目錄頁兩文後簡單標注爲「暢流 69.2 臺北」和「暢流 68.1. 臺北」，兩文原刊頁碼分別爲16～18和15～19，《暢流》爲半月刊，僅根據所標月份無法判斷卷次和期次。

〔註38〕見《眞美善》第4卷第3號「文藝的郵船」欄目。

甚至主動提出要代爲抄稿，其情殷殷，感人至深〔註39〕。反過來，這些「通訊作者」們也都很關心提攜、獎掖他們的曾氏父子的「眞美善」書店、雜誌的文化事業〔註40〕，並以踊躍供稿等方式來提供支持。需要注意的是，從《眞美善》雜誌的版面來看，與這些作家直接溝通的工作基本上都是由曾虛白承擔的，究其原因，其一，可能是因爲曾樸身體多病，又忙著實現其宏大的著譯抱負，所以就卸擔子給曾虛白了；其二，曾樸應該也有要讓兒子與這些作家密切聯繫以培養其「領導群倫」的能力和人脈的考量吧。

曾氏父子正是通過其針對「眞美善作家群」成員在生活地域、審美氣質、個人文學聲譽和性格等方面的差異，在群體內部展開了層級性、多管道、個人化和私密性文化交際活動。其中，主要是通過半公開半私人化客廳文化沙龍和信函交流〔註41〕來「聚合」並「溝通」著他們的「眞美善」文學事業的人脈資源。

4.3 「領導群倫」：「眞美善作家群」的文化姿態

從「眞美善作家群」從事文學活動的力度和範圍看，他們大多是 20 世紀

〔註39〕 「朱雯（即王墳，引者注）先生：……我當時聽見了蔚文排字房失火，就爲你著急。（因爲我急於給你出版，叫他們把這本稿子，提前排印，我知道它一定在排字房中）所以匆匆自己趕到火場去查問，嚇！果眞，他們說《現代作家》竟遭劫了……的確，你是我最近發現的寶玉，雖不敢過份恭維你是怎樣『色澤晶瑩無正配』，可是蘊藏在你內在的，倘能儘量地發展開來，準可以吐出光明的異彩，我確信你將來的造就，所以我要堅持著請你繼續的努力，並且無論如何這部《現代作家》我是要給你出版的。……倘有原稿，也許你心情惡劣不能下筆，那就請你撿齊了掛號寄下，我來設法給你抄寫，以贖我處理失當的罪衍，你道如何？」見王墳，虛白：《悲哀的號哭》，《眞美善》，1929年第 3 卷第 3 號。

〔註40〕 崔萬秋曾談到他在東京時關注眞美善書店雜誌出版物在日本的銷量情況：「……販賣部可以說是上海出版界的縮圖。近年上海小書店勃興，販賣部代賣的，差不多都是小書店的書籍。因爲我和眞美善書店的關係深些，便首先注意到眞美善出版的書。我譯的《母與子》和《草枕》，此處都有代賣。病夫虛白父子合譯的《肉與死》，也已經來到了，其它如張若谷的《咖啡座談》虛白的《潛熾的心》也都有賣。我很想問一問《眞美善》銷路，但找了半天，不見司事的人，終於沒有問得成。」見崔萬秋：《到東京來》，《眞美善》，1929年第 4 卷第 5 號。

〔註41〕 若不發表，則屬私密信件，若公開發表，則屬公開信，此指前者，下文還會專節討論後者。

20、30 年代上海文壇的活躍分子，是著譯成績頗豐的作家、翻譯家，其代表性人物，如曾樸、曾虛白父子和邵洵美等，都是掌握一定出版資本的出版家。同時，他們又多兼有媒體人、刊物編輯、大學教授或（留）學生等身份，有較爲深厚的國學修養和外國文學知識，以及能夠使用一兩種外語進行翻譯的跨語言文化交際能力。此外，他們的籍貫和生活的地理區域多較接近，基本都是江浙一帶有家學淵源且聚居上海或在附近區域謀職、求學者，他們在彼此的刊物上發表作品或相互批評，同聲和氣。可以說，他們是中國文學現代化變革與探索的積極參與者，具有較清醒的文化建設和文學改革意識，較充分地認識到了外來文化資源在現代文化文學建設中的借鑒價值，基本認同並踐行了其核心人物曾樸提出的「真」、「美」、「善」的文學創作、翻譯和批評標準，並依此有選擇地迻譯外國文學作品以期啓發同人、創造新作。從《真美善》雜誌刊載的相關文藝理論主張和評論文章來看，其發起成立的一個很重要的原因，是曾樸、曾虛白父子對新文學第一個十年的創作、翻譯成績不滿，又因其有著通過文學變革來革新中國文化的抱負，因而試圖通過開書店、辦雜誌糾合同志，通過翻譯著述來參與到中國新文學發展變革的洪流中。可以說，他們是中國文學現代化建設的自覺參與者，以文學出版活動爲安身立命的事業，對自己的文學身份和文學理想充滿自信心和自豪感。

爲此，曾樸、曾虛白父子明確表達出了想要「領導群倫」通過譯介外國文學，來改革中國文學，以建設開放、包容的「群眾的文學」的文學普及者的文化姿態。同時，作爲「真美善作家群」主要成員的邵洵美、張若谷和王墳等人，也通過自己對中國新舊文學之爭的觀察，基於既不排斥舊文藝、又不滿意新文學的文化心理，提出了他們的文學主張及革新思路。邵洵美從發現「新作品永沒有機會可以使舊作者領略；舊作品便也缺乏人爲他們做新價值的估定；雙方的發展都有一種停頓的可能。這中間缺少一座橋梁，所以，我常說：『我們沒有一個文學的過渡時代』」的角度出發〔註42〕，指出「新文學的出路是一方面深入民間去發現活辭句及新字彙；一方面又得去研究舊文學以欣賞他們的技巧、神趣及工具。我們要補足新文學運動者所跳越過的一段工作：我們要造一個『文學的過渡時代』。」〔註43〕他的這種文化理想，不同於曾樸要「在改進文學的長途上，做個收拾垃圾的打掃夫」的低姿態，明

〔註42〕 邵洵美：《文學的過渡時代》，《人言周刊》，1936 年第 3 卷第 3 號。
〔註43〕 邵洵美：《文學的過渡時代》，《人言周刊》，1936 年第 3 卷第 3 號。

確放言要造一個「文學的過渡時代」。當然，儘管他們的姿態高低不同，但是對於新文學既有成績的不滿卻是一致的，甚至他們關於改進文學的方式方法都有方向上的一致性：曾樸要做「群眾的文學」，強調語言的民族性，要「整理國語」：「用各省流行的官話，做白話文普通用語」〔註44〕；邵洵美要「深入民間去發現活辭句和新字彙」，兩人都強調要追求文學語言的民族性、民間性。如果說，因為以上所引是邵洵美在 1936 年的言論，還不能充分凸顯他作為「眞美善作家群」的一員大將的文化姿態的話，我們再看他在 1929 年《金屋月刊》發刊詞《色彩與旗幟》一文中所抱持的話語姿態：「這個時候在文藝上是一個動搖期」〔註45〕，「我們對於這個時候的文壇不滿意，《金屋月刊》便因此產生。我們要打倒淺薄，我們要打倒頑固，我們要打倒有時代觀念的工具的文藝，我們要示人們以眞正的文藝。」〔註46〕與曾樸提出的「改進」、「改革」文學的口號不同，邵洵美使用了時髦的「打倒」一詞；與曾樸提出的具體而微的文學改革、文化建設的方針、策略、路徑（即系統翻譯西方文學，「要把外潮的洶湧，來沖激自己的創造力」〔註47〕）不同，邵洵美既提出了較為籠統的口號：「我們要超越任何派」〔註48〕，也提出了較為具體而別致的通過「辦畫報」〔註49〕來組織「文化的班底」〔註50〕的文學普及策略。

〔註44〕病夫：《編者的一點小意見》，《眞美善》，1927 年第 1 卷第 1 號。

〔註45〕邵洵美：《色彩與旗幟》，《一個人的談話：文藝閒話》，上海書店出版社，2008年版，第 51 頁。

〔註46〕邵洵美：《色彩與旗幟》，《一個人的談話：文藝閒話》，上海書店出版社，2008年版，第 53 頁。

〔註47〕病夫：《編者的一點小意見》，《眞美善》，1927 年第 1 卷第 1 號。

〔註48〕原文為：「我們的作品，可以與任何派相像，但決不屬於任何派。我們要超過任何派。我們的寫實，要比寫實派更寫實；我們的浪漫，要比浪漫派更浪漫；我們的神秘，要比神秘派更神秘；我們的⋯⋯假使我們做得到。我們要用人的力的極點來表現藝術。」見邵洵美：《色彩與旗幟》，《一個人的談話：文藝閒話》，上海書店出版社，2008 年版，第 53～54 頁。

〔註49〕請參看：「新文學運動到現在已多少年了，但是除了一部分的學生以外，他曾打進了何種地域？以群眾為對象的普羅文學，它所得到的主顧，恐怕比貴族文學更少數。但是畫報是走到了他們所走不到的地方了：所以普羅文學刊物的銷數一千；非普羅文學刊物的銷數有一萬；而畫報如《時代》《大眾》及《良友》之類便到過六七萬。人家也許要誤會我用銷數來定價值；其實我是用群眾歡迎的程度來證明它存在的理由。」見邵洵美：《畫報在文化界的地位》，《一個人的談話：文藝閒話》，上海書店出版社，2008 年版，第 74～75 頁。

〔註50〕可參見：「七年前（該文《文化的班底》刊於 1935 年《人言周刊》第 2 卷第20 期，「七年前（應在 1928 年，引者注）⋯⋯就想到了要去組織這個『文化

　　張若谷與曾樸、曾虛白父子有著趨同的文學愛好，同樣喜歡閱讀外國文學作品，在創作上同樣受外國文學尤其是法國文學的影響〔註51〕等。並且，他對於國內新文學的創作成績也不滿意：「那時我正熱中於讀國內新出版的西方文學作品，——直到如今，我只還喜歡讀翻譯品而不大喜歡看創作物，或許這是我的偏見拗病，但是實際上歷年內文學創作出版物方面可以使人滿意的作品也實在太少了。」〔註52〕正是出於對現代文壇的不滿，張若谷向曾氏父子提出了編輯出版《眞美善》「女作家專號」的建議，以向文藝界展示並推動中國女性文學的發展，在面對當時文藝界某些質疑「女作家專號」的聲音時，他引述曾虛白的「徵文啓事」來回應和表明編輯專號的目的：「中國荒涼紊亂的文壇上，幾年以內卻已有好多位天才的女作家向著我們發出異常可羨的光輝；然而，感覺不十分靈敏的群眾對於這種現象卻淡漠得很；這也是我們老大民族的老脾氣，沒有人大聲叫嚷，他們的耳朵永遠是聾的，眼睛永遠是瞎的！因此，我們想趁著《眞美善雜誌》週年的機會發行一本『女作家專號』做一個搖旗吶喊的先鋒，讓聾盲的群眾認識她們（指女作家）全體整個的偉大。」〔註53〕由此可見，他部分地認同曾氏父子的「普及文學」的觀念，但也在一定程度上表現出對於「啓蒙」立場的認同。此外，在文學上作出明確姿態的，還有王墳。他有感於「蘇州雖離滬不遠，而文壇卻出人意外的冷寂」〔註54〕，發起成立了「白華文藝研究社」，出版《白華》文藝旬刊，想「要

的班底』。一個人的能力有限，當然不能顧全各方面；自己又是喜歡寫文章的，所以便從出版方面進行。第一便是要設法去養成一般人的讀書習慣：要引起他們的興趣，於是從通俗刊物著手，辦畫報，辦幽默刊物，辦一般問題的雜誌：五年來總算合計起來已有近十萬的讀者。這近十萬的讀者，無疑地是一個極大的『文化的班底』了。我希望他們把看雜誌當作娛樂以外，再能進一步去探求更深的修養，那麼我初步的計劃便成功了。」（見邵洵美：《文化的班底》，《一個人的談話：文藝閒話》，上海書店出版社，2008年版，第100～101頁）在此，邵洵美表達的是一個有氣魄的出版家為培育理想的讀者群體從而提高整個民族的文學、文化修養的美好願望，他的七年發行「十萬」冊畫報以養成「文化的班底」的說法是與其在1930年代的上海的出版史實相符的。由此可見，他是一個新文學的實實在在的參與者和文學活動家。

〔註51〕張若谷曾在《十五年寫作經驗》一書中自陳其學習法國文學的經歷時說：「在我這十五年來的寫作方面，我承認我是多少受到幾個法國作家的影響」。見張若谷：《十五年寫作經驗》，谷峰出版社，1930年版，第58頁。

〔註52〕張若谷：《咖啡座談》，眞美善書店，1929年版，第6頁。

〔註53〕張若谷：《關於女作家專號》，《眞美善》，1929年第4卷第1期。

〔註54〕王墳：《致虛白的信》，《眞美善》，1929年第5卷第1號。

在沉寂的蘇州，激出一些文藝的呼聲；而仗這悠悠的海水，鼓起一股小小的浪花。」〔註55〕這是他受曾氏父子的影響，在文學創作和文學組織上的文化作爲。

　　此外，「眞美善作家群」在參與文學變革活動過程中所表現出的歷史和美學等典型性特徵，也顯現在他們借鑒外來文化資源的過程及其選擇的較爲獨特的路徑之中。他們出於對法國文化和文學的崇愛，選擇了法國風沙龍式的文學生活方式和文化交遊方式，並試圖以此來影響和團結文人、凝聚文氣。通過系統譯介以法國浪漫派作品爲代表的外國文學名著，他們獲得了創作的靈感源泉和「眞」、「美」、「善」的文學理想。他們希望以外來文學資源刺激本國文藝創作，並以之爲鏡鑒來檢討本國文學傳統與資源，進而溝通中西方文學的優勢資源，將這種文學理想本土化，從而在創作實踐上實現中國文學文藝審美現代化的歷史性蛻變。正是懷抱著這樣的文學理想，他們更進一步，把涵蓋面更爲廣泛的其它國別的異質性異域文化資源也在刊物上整合、介紹，通過編輯專號和主題相對集中的單期雜誌，來凸顯他們的編輯思想和文化建設理路。在譯介外來文化資源方面，他們有意識地追求系統性和經典性，強調有統系地譯介一流外國文藝作品，接受並使用新文化運動「文學革命」的成果，以語體文、白話文忠實迻譯，力避歐化，反對全盤西化。他們通過對著作界、翻譯界不良現狀的批判與討論來引起整個國內文壇的注意，並進行譯品調查統計，編輯出版《漢譯東西洋文學作品編目》，在雜誌上刊發《中國翻譯歐美作品的成績》和《俄國文學漢譯編目》，在刊物上發表逐字逐句地討論譯品價值評判的文章，努力按照曾樸、曾虛白父子提出的理論路線去實現他們設定的翻譯目標。曾虛白在《翻譯的困難》一文中提出了具體而微的翻譯人員培養的「訓練法」。針對具體文體如詩歌的翻譯，曾樸則提出了譯詩的「五個任務」。可以看出，他們不是簡單地喜歡、推崇進而譯介外國文學的，他們是在深入瞭解、認眞思考的基礎上，有意識地爲如何實現中國文學的現代化提出了既有遠期規劃，又有具體操作規程的建議和計劃的，他們對於如何「別求新聲於異邦」有著自己獨立的文化的、審美的和歷史的美好願想和技術路徑設計。

〔註55〕王墦：《致虛白的信》，《眞美善》，1929年第5卷第1號。

第 5 章　凝聚交際：藝術的宣揚與商業化推銷

　　在 20 世紀 20、30 年代的上海文壇上，曾樸、曾虛白父子在積極建設其「眞美善作家群」內部交流溝通管道的同時，也在積極而頗爲智慧地利用其掌控的《眞美善》雜誌展開對外文學交際活動。他們通過「編者小言」（編者弁言）說明刊物的編輯思路，推介作家作品；通過發表「公開信」，以及開設「讀者論壇」和「文藝的郵船」等欄目，發表「編者—讀者」或「編者—作者」間的通信，借機闡發他們的文藝主張和文學理想，討論翻譯和創作問題；通過製造並渲染「劉舞心事件」、特約張若谷編輯「女作家號」、創辦「眞美善俱樂部」欄目等，來吸引文壇和讀者界的關注，並以製造文壇轟動效應的方式進行文藝的商業化推銷；通過「書報映象」欄目，對新出版圖書，尤其是「眞美善」書店出版的同人圖書展開批評和捧贊；並在本刊上登載與自身審美傾向接近的文藝刊物的期刊目錄，以及本店出版的圖書目錄和廣告。通過以上諸種方式，曾氏父子及其「眞美善作家群」有意識地開展了多方位、層級性、立體化的對外文化交際活動，有時甚至會採取群體性的、近乎「文化表演」的方式，來吸引文藝界及讀者對其出版物和文藝主張的關注。

5.1 編輯通信與趣味互動：文藝觀念及其主張的彰顯堅持

　　《眞美善》雜誌的「編者小言」、「編者弁言」、「卷頭語」、「末一頁」、「編

者報告」、「編者講話」等，實際上是曾樸、曾虛白父子的專屬「話語傳聲筒」。他們利用自己作為刊物編輯的身份便利，通過此類欄目對讀者、作者和文藝界其它人群「喊話」，以闡明他們的文藝主張、文學理想和編輯思路，利用這個話語陣地推介屬於自己陣營的作家作品，並參與文藝論爭。這是曾氏父子佔據公共話語場一角，向文壇傳達自我及「眞美善作家群」審美訴求的一種話語方式和發聲渠道。

　　曾氏父子在「編者小言」欄目裏的講話，在內部起到了號召、團結其作家群成員的作用，對外則通過宣傳其辦刊思路和文學主張號召了更多的作者和讀者。他們始終抱持著開放包容的「眞」、「美」、「善」的文學理想，使《眞美善》雜誌在版面上呈現出百家並列、異彩紛呈的繁榮景象。「編者小言」對讀者的引導，恰恰體現了曾氏父子以文藝為「領導群倫」的方式的文學抱負。

　　除「編者小言」外，他們還通過回覆讀者，用「借力打力」的方式來闡明自己的文學理想和編輯思路。書信本是一種非常隱秘的私人化交流方式，但近代以來，隨著西方書信體文學文本被譯介傳入中國並被作家們學習採用，它便成了一種頗受作家、讀者們歡迎的文體樣式。書信體大受歡迎的主要原因，是其讓作家們在以第一人稱或類第一人稱視角書寫時，感到了抒情和敘事的便利〔註1〕，而且在展示書寫者或抒情／敘事主體的內心私密世界的意識活動時，也能增加其親切感和可信度。書信體在近現代中國文學史上作為一種嶄新的文體形態，獲得了作家們，尤其是女性作家們的喜愛，甚至在新文學之初頗有些男性作家喜歡以女性化的筆名和女性的口吻進行文學書寫，其目的在於利用其第一人稱或類第一人稱抒情／敘事視角來展現第一人稱傾訴者細密的思維活動和私密的情感波動。這種文體的流行對於長期閱讀全能敘事文本的中國讀者來說，頗有陌生化的閱讀體驗帶來的審美快感，也部分地滿足了他們長久以來被「外聚焦」敘事視角不能深入人物內心深處、不夠細膩的心理描寫所壓抑的「窺私心理」。近現代文學文本中除了書信體作品的大量湧現外，還出現了一個頗有意思的現象，那就是作家家信、情書和作家間相互通信的公開發表。其實，這些「私信」之所以被「創作」出來，其目的就是為了公開發表，這是一種私人書寫的公開化，是私人話語的公共

〔註 1〕可參看「書信終究是文學中一可愛的體裁。它可以完備一切別種文學門類的條件，而不受別種文學門類的束縛。……好文章可以從這裏面產生出來。」見邵洵美：《書信的藝術》，《十日談》，1934 年版，第 16 頁。

化，其目的是要借助私信「傾訴」的便利來進行情感表白，如名人、文人情書等；或借書信形式進行文藝觀念的辯駁，如現代文壇諸多的文藝論爭多是以通信形式發表的，這是一種私人對話在現代公共話語空間的公開化。現代傳媒的發達爲這種知識者間的「話語交際」在空間上提供了媒介便利，在時間上提供了迅捷和時效性，並且提供了「看客」——讀者，這是一種頗具現代意味的「文化表演」。作家文人們通過公開的辯論或友好的探討引導讀者／公眾對文學事件進行思考，並形成對於對話者觀點、論據和結論的是與否、對與錯的價值評斷。這是一種不同於傳統文人「捧喝」或「棒喝」式文人對話模式的文化交際新方式，它的著眼點在於通過公開發表的通信來「炒作」一個文學事件、一個新的文學現象、一個作家流派或一部作品。這種文學「炒作」的目的當然是爲了吸引公眾的視聽，但其目的細分有二：其一，爲自家「主義」的通行和普遍爲人瞭解接受計，「廣告」一人、一派的文學主張；其二，爲商業利益計，「廣告」一種文化/文學消費品（如書、刊、報、電影等）的進入流通領域，以招徠顧客；前者在新文學的初期，廣爲新文學的作家、編輯們使用，甚至成爲時髦的「炒作」手段；後者在文學商業化、資本化氣息漸濃的 1930 年代文壇上廣爲使用，其目的是爲了書店、文學期刊在商業競爭中的存活和發展壯大。在曾氏父子通過《眞美善》雜誌宣揚其文學理想與展開對外文學交際的渠道中，書信佔了非常重要的地位〔註2〕，我們不妨通過

〔註 2〕從《眞美善》雜誌版面來看，曾樸、曾虛白父子發表了如下通信，現依發表時序錄列如下：《編輯的商榷‧覆田菊濟》（虛白）、《一服興奮劑‧復李伯龍》（虛白，「讀者論壇」，《眞美善》第 1 卷第 3 號，下文簡略爲 1.3，餘類同），《編者一個忠實的答覆‧覆彭思》（病夫，1.4），《覆戴望道》（病夫，「讀者論壇」，1.8），《覆陳錦遐》（病夫，「讀者論壇」，1.9），《覆王石樵、黃序龐、顧義的信》（病夫，「讀者論壇」，1.11），《覆胡適的信》（病夫，「讀者論壇」，1.12），《給全國新文藝作者一封公開的信》（虛白，2.1），《覆黎錦明君的信》（虛白，「讀者論壇」，2.1），《論本刊抽去〈孽海花〉的理由‧覆馬仲殊》（虛白，「讀者論壇」，2.4），《覆劉舞心女士書》（病夫，2.5），《從辦雜誌說到辦日報‧覆林樵民》（虛白，「讀者論壇」，2.5），《一個盜竊問題‧覆周承慧》（編者，「讀者論壇」，2.6），《覆劉舞心女士的第二封信》（病夫，「文藝的郵船」，3.2），《創作的討論》（虛白、潘醒儂，「文藝的郵船」，3.2），《致〈新月〉的陳淑先生》（虛白，「文藝的郵船」，3.3），《日本來的談話》（虛白、崔萬秋，「文藝的郵船」，3.4），《南洋來的談話》（虛白、醒儂，「文藝的郵船」，3.5），《致陳淑先生最後的幾句話》（虛白，「文藝的郵船」，3.5），《悲哀的號哭》（王墳、虛白，「文藝的郵船」，4.3），《從本刊說到麵包問題》（林墨農、虛白，「文藝的郵船」，4.6），《蘇州文藝的曙光》（虛白、王墳，「文藝的郵船」，5.1），《論戴望舒批

分析幾個典型文本來領略一下曾樸、曾虛白父子的文化交際手段。

儘管曾樸在《眞美善》雜誌創刊號上《編者的一點小意見》一文裏已經明確闡述了自己的文學主張和著、譯、編標準，但爲了引起讀者、作者廣泛的注意和認同，回答讀者的質疑和批評，他和曾虛白又不斷通過《眞美善》雜誌的「讀者論壇」和「文藝的郵船」等欄目的通信來繼續宣揚、闡釋和強化自己的文學主張，使之更加完善。可以說，曾氏父子始終抱持的都是其「眞」、「美」、「善」的文學「高標」，他們時時不忘對於這種文學理念的強調。如曾虛白在《一服興奮劑・覆李伯龍》一文中，就回應了這位普通讀者所提出的反對歐化要「防備走入右傾的歧途」的建議，並把曾樸在《編者的一點小意見》裏改革文學的「眞」、「美」、「善」三字方針概括爲：「我們所定的目標一是做群眾的文學，二是維持種族的個性，三是在調和一致裏顯現美的印象。」〔註3〕使他們所倡導的文學主張更爲簡明、精確，並使之呈現出明顯的「本土化」色彩，這是一種爲避免文藝界誤認他們「眞美善」的文藝主張爲法國浪漫主義文學口號在中國的「翻版」所作的努力。但實際上，還是有些研究者和文學史家把《眞美善》雜誌簡單地定位爲傾向「唯美主義」的文藝刊物。又如，在《編者一個忠實的答覆・覆彭思》中，曾樸詳細闡述了自己對於文學語言「文俗一致」、「調和同一致」的主張，並進一步補充道：「我是主張民眾文學的，要求普遍的瞭解，是唯一的目標，白話裏糅入文言，就是普及的障礙，當然不能贊同。但我也不是絕對的，因此純白話，只限於對話，倘然參用文言，經過一番藝術的洗煉，叫人不覺到不自然，我也不固執成見。」〔註4〕在此，曾樸補充了自己關於文學語言「調和同一致」的主張，在堅持原則的前提下表現出合理的靈活性。他還解釋了《魯男子》序幕的含義和全書的命意：「《魯男子》是全部人生慘痛的呼號聲；不是一個人的慘痛，是一般人同受的慘痛；不是一時代的慘痛，是無始以來不斷的慘痛；凡是人生造成善和惡的行爲，不是自己意志裏的產物，是環境裏壓榨出來的粉團兒。」

評徐譯〈女優泰倚思〉》（虛白、王聲，「文藝的郵船」，5.4），《文學的討論》（虛白、禾仲，「文藝的郵船」，5.6），《關於三稜的題名》（禾仲、虛白，「文藝的郵船」，6.1），共有曾氏父子與 22 位作家、讀者的 25 篇通信發表在「讀者論壇」和「文藝的郵船」兩個欄目，虛白的《給全國新文藝作者一封公開的信》和病夫的《編者一個忠實的答覆》和《覆劉舞心女士書》發表在雜誌開篇的位置，以示重要。

〔註3〕虛白：《一服興奮劑・覆李伯龍》，《眞美善》，1927 年第 1 卷第 3 號。

〔註4〕病夫：《編者一個忠實的答覆・覆彭思》，《眞美善》，1927 年第 1 卷第 4 號。

〔註 5〕，並進而提出「環境有兩種，一種是外現環境，一種是內在環境」〔註 6〕，指出了文學作品對人的描寫要從「外現環境」和「內在環境」這兩個角度展開。表面看來，這只是曾樸在理論上對敘事文學作品中的外部環境描寫和內在心理描寫的「新認識」。但實際上，曾樸的這種認識對其小說創作所產生的影響還不止於此，它還極大地影響到了他的小說在敘事結構和敘事視角上的轉變，從而使曾樸成爲中國現代小說敘事模式轉變過程中的一個過渡性、標誌性作家。此外，曾樸還大唱文學的頌歌，闡明自己的文學觀，認爲「文學沒有新舊」，「眞正的文學，是超時間的」〔註 7〕。

　　雖然曾樸、曾虛白父子對新文學界多有批評，但是他們非常重視新文學界對他們的看法，也很注意與新文學界的互動。其中，胡適和曾樸的通信就是一例。曾樸向胡適寄贈自己的譯作《呂伯蘭》、《夫人學堂》和《歐那尼》三書，胡適在《致曾孟樸先生的信》中表達了對曾樸重視翻譯的認同，並表達了自己對譯界譯品的看法，表明「入他法眼」的「近年以名手譯名著，止有伍先生的《克蘭弗》，與徐志摩譯的《贛第德》兩種」〔註 8〕。而對於曾樸的譯作，胡適認爲：「已讀三種之中，我覺得《呂伯蘭》前半部的譯文最可讀」〔註 9〕。可以說，胡適對曾樸譯作的認可度並不高，僅是一個「半部……可讀」，他僅表達了對曾樸精神的嘉許：「先生獨發弘大誓願，要翻譯囂俄的戲劇全集，此眞是今日文學界的一件絕大事業，且不論成績如何，即此弘大誓願已足令我們一般少年人慚愧汗下。」〔註 10〕再結合當年胡適在《新青年》上對曾樸成名作《孽海花》的「酷評」，我們不難體會此刻滿懷文學抱負的曾樸對於胡適對自己文學成績不是十分認可的苦惱和無奈。這樣，我們也就不難理

〔註 5〕病夫：《編者一個忠實的答覆・覆彭思》，《眞美善》，1927 年第 1 卷第 4 號。

〔註 6〕病夫：《編者一個忠實的答覆・覆彭思》，《眞美善》，1927 年第 1 卷第 4 號。

〔註 7〕原文如下：「一年去了一年來，年代是有來去；文學是常住的，只有盛衰，沒有來去。昨日之日舊，今日之日新，日月有新舊；文學是不變的，只有工拙，沒有新舊。演臺動人的雄辯，報館感事的論文，未嘗不轟動一時，但一瞥眼，就變了明日黃花。樸古的帝語王謨，應試的房書行卷，未何不燦爛一時，但一刹那，便束之高閣，凡含有時間性的寫物，都不是文學：眞正的文學，是超時間的。趁著這一年開幕，我來替文學之神獻個頌歌：時間的神猛如虎，磨牙吮血醤我膚，只羨你妙史的朱顏，照耀萬萬古。」見病夫：《卷頭語》，《眞美善》，1928 年第 1 卷第 5 期。

〔註 8〕胡適：《致曾孟樸先生的信》，《眞美善》，1928 年第 1 卷第 12 號。

〔註 9〕胡適：《致曾孟樸先生的信》，《眞美善》，1928 年第 1 卷第 12 號。

〔註 10〕胡適：《致曾孟樸先生的信》，《眞美善》，1928 年第 1 卷第 12 號。

解曾樸何以要用洋洋六千餘言來回覆胡適的短信了。因此，可以說，《復胡適的信》是曾樸試圖通過胡適這一新文化運動的主將向新文學界的一次文藝「喊話」，他在信中詳細介紹了自己系統研習法國文學、創辦小說林的文學經歷和自己通過翻譯外國文學經典來「沖激」、改革中國文學的文化主張，並提出了具體而龐大的翻譯計劃。

同時，文學批評的方式、方法也是曾樸、曾虛白父子在與讀者作者通信中討論較多的一個話題。在《覆陳錦遐》一文中，曾樸表達了對於文學批評的意見：「當著這文學混亂的時代，第一需要的是批評；不過所謂批評，不是只憑著純主觀的愛憎或純客觀的硬定了繩尺，來胡謅瞎講就算數的；總要博覽，明辨，愼思，下一番修養的工夫，確定了適應的主張，然後再行公表；就是因此惹起論戰來，也不是無主意的戰爭。」〔註 11〕可見，曾樸主張「博覽，明辨，愼思」和有「適應的主張」，即審愼的、公允的文學批評，反對主觀批評和「純客觀」的機械論的批評，論戰非不可有，但要持之有度、有據，這無疑是針對當時文壇「混亂」的論爭局面提出的中肯的建議。曾虛白在《給全國新文藝作者一封公開的信》裏對文壇「五花八門的分出了數不清的派別」〔註 12〕的批評正是對曾樸此說的一個呼應。這封「公開信」的起因，是曾虛白受北京《中國青年政治雜誌》之託要「把中國翻譯界的歷史和成績介紹給外國人看看」〔註 13〕而進行相關調查時，發現中國「新文藝成績總和的映象只有兩個字：『貧』和『弱』」〔註 14〕。針對當時的文壇著譯成績——「自從新文化運動開始以至今日十多年來努力的結果，稱得起有文藝性的作品，只有二百多種譯本，一百多種創作」〔註 15〕，他分析了「貧」的原因是發行者和著作者的「貧」，而「弱」的表現就是出版物銷數的低少，即讀者群的不成熟，而由「弱」的原因又推導出新文學的先驅們過於「曲高和寡」地強調啓蒙、而沒有注重培育新文學的群眾基礎的結論，並對新文學界內部分門別派、論戰不斷的狀況提出了批評。曾虛白最後呼籲：「請你們收起了一切『罵人的藝術』，藏起了響遏行雲的高嗓子，大家埋下頭來做一番切實的工夫吧。」〔註 16〕此外，

〔註 11〕 病夫：《覆陳錦遐》，《眞美善》，1928 年第 1 卷第 9 號。
〔註 12〕 虛白：《給全國新文藝作者一封公開的信》，《眞美善》，1928 年第 2 卷第 1 號。
〔註 13〕 虛白：《給全國新文藝作者一封公開的信》，《眞美善》，1928 年第 2 卷第 1 號。
〔註 14〕 虛白：《給全國新文藝作者一封公開的信》，《眞美善》，1928 年第 2 卷第 1 號。
〔註 15〕 虛白：《給全國新文藝作者一封公開的信》，《眞美善》，1928 年第 2 卷第 1 號。
〔註 16〕 虛白：《給全國新文藝作者一封公開的信》，《眞美善》，1928 年第 2 卷第 1 號。

他還在《論本刊抽去〈孽海花〉的理由・覆馬仲殊》一文中談到文學批評的責任和宗旨：「批評家的責任，據我的意見是有兩重：第一，對讀者負一種選擇讀物的責任，第二，對作者負一種鼓勵和指正的責任。他的宗旨，是促進文化的前進，並不在攻人之短，顯己之長；所以批評作品唯一的要素是豐富的同情心，和準確而不雜感情份子的判別力。」〔註17〕這些言論是對曾樸「審慎的、公允的」文學批評觀的一個呼應。

此外，通信也是曾樸、曾虛白父子在參與文藝論爭或展開反批評時，使用過的一種公共話語方式。《新月》第 1 卷第 10 期「書報春秋」欄目登載了一篇陳淑批評曾虛白著、世界書局出版的《英國文學 ABC》〔註18〕一書，列舉了曾著「太不像樣」處24條，又從四個方面數說了曾著的「沒有新眼光」。曾虛白發表《致〈新月〉的陳淑先生》一文，對陳淑的「教訓」和「指謫」進行了反批評，他逐條反駁了陳淑的 24 條指責，並從文學史的分期等方面反駁了陳氏對其「東抄西襲，堆砌成書」、「極普通的人云亦云的老生常談」〔註19〕的批評。最後，曾虛白提出了對批評家的批評態度和批評語言的看法：「只須您肯把您那些措辭的態度，稍稍的改換下子，未嘗不能成個社會所需要的好批評家」，「據我個人的私見，批評家應該有豐富的同情，溫藹的態度，因為他的任務是指導，是鼓勵，不是仇視，不是撲滅。所以他最忌的是自炫，是諷刺，而謾罵更不必說了。教授式的批評令人可厭，而裁判式的批評卻要令人可笑。」〔註20〕在這裏，曾虛白提出了對批評「態度和任務」的建議，要「溫藹」，要「指導」和「鼓勵」，反對「仇視」、「撲滅」、「自炫」和「諷刺」。其實，如果我們結合兩人的文章和曾虛白的《英國文學 ABC・序言》來看的話，可以得出這樣的結論：虛白編著此書確是有所創意的，他對自己的某些創見也頗為自得，而陳淑的批評語言確乎也過於「鋒利」了些，因此引發了曾虛白的反批評。緊接著陳淑又發表了《致真美善的虛白先生》一文，對曾虛白「懷疑」他的「校勘工夫」的批評進行了反批評，並指責了曾虛白的《英國文學 ABC・序言》過於狂妄。最後，兩人相互誤會，批評轉而變成對彼此「靈魂的清濁和人格的

〔註17〕 虛白：《論本刊抽去〈孽海花〉的理由・覆馬仲殊》，《真美善》，1928 年第 2卷第 4 號。

〔註18〕 該書於 1928 年 8 月世界書局出版，是徐蔚南主編的「ABC 叢書」之一冊，曾虛白還著有《美國文學 ABC》，世界書局 1929 年 3 月出版。

〔註19〕 虛白：《致〈新月〉的陳淑先生》，《真美善》，1929 年第 3 卷第 3 號。

〔註20〕 虛白：《致〈新月〉的陳淑先生》，《真美善》，1929 年第 3 卷第 3 號。

高低」〔註 21〕的「筆伐」。論戰最後以曾虛白在《致陳淑先生最後的幾句話》裏對他們的論爭是「浪費筆墨」的總結而結束。我們知道，現代文學史上論爭不斷，圍繞著著作、翻譯和某種文藝觀念的批評與反批評往來不斷，有些是理性的、客觀的，但也有很多最後淪爲「文人相輕」式口誅筆伐。但總的說來，現代文學史上的文人論爭基本上都限定在文學領域，哪怕是意氣之爭，也是文人間的一種交流溝通方式，而且論爭對於參與論爭的雙方都有名利上的便利，有些民國文人甚至熱衷於搞筆爭，專罵名家以搏名利，這也是民國文壇生態中的一道獨特景觀。曾虛白在他參與的這次論爭中，「自辯」意味濃厚，其間，他也提出了反對謾罵的批評，歡迎指導的、鼓勵的、溫藹的批評。這也是曾氏父子關於文學批評的基本傾向或意見。

從以上的考察和分析來看，曾樸、曾虛白父子主要是通過回覆讀者來信的方式，借解答讀者的質疑、回覆讀者的建議與批評的機會，來進一步宣揚並闡發自己的文學主張，我們可以把他們的這種文化溝通手段及其文學互動方式形象地稱之爲文學批評過程中的「借力打力」。

與此同時，在「眞美善作家群」新生力量的培養上，曾樸、曾虛白父子也是不遺餘力的。他們通過與讀者、年輕的文藝青年通信，鼓勵他們積極創作，並熱情地「授之以漁」——跟他們交流創作經驗。在《創作的討論》一文中，曾虛白根據作者潘醒儂的投稿談到了自己創作的經驗：「我創作的經驗教給我要做好的作品是要拼命往裏鑽；我想表現一種思想或是感觸，最先找到的詞句一定是一般人所用得爛熟的，所以是浮泛的，不能動人的，那決計要不得！於是我一定要努力往裏鑽，直到找著了的確可以表現我這種思想而絕不能移易到別處的詞句，那才是眞正值得寫下來的東西。」〔註 22〕他還指出「蝴蝶派的作家」們的「失敗實在只犯了因襲陳腐，籠統而抽象的這兩個毛病。」〔註 23〕在這段議論裏，曾虛白表現出了對於文學語言陌生化效果的重視和刻意創新求變的藝術追求，他以自己的創作經驗引導向《眞美善》雜誌投稿的文藝青年在創作中求新求變，以新穎形象的文學語言和審美品質來創作新的作品。

曾虛白對待青年作者王墳的態度，就是他們父子善待、獎掖、扶持文學青年的一個佳例。王墳是《眞美善》雜誌諸多自由來稿作者中的一位，因爲

〔註 21〕 陳淑：《致眞美善的虛白先生》，《新月》，1929 年第 1 卷第 11 期。
〔註 22〕 虛白：《創作的討論》，《眞美善》，1928 年第 3 卷第 2 號。
〔註 23〕 虛白：《創作的討論》，《眞美善》，1928 年第 3 卷第 2 號。

文筆出眾而被曾氏父子欣賞，彼此結下文字因緣。由於「眞美善」書店委託出版圖書的印刷所排字房突遭火災，王壙所著《現代作家》的稿本在事故中不幸被焚毀，他在難過之餘給曾虛白寫信，發出了「悲哀的號哭」，聲稱要「改行」、「絕筆」。對此，曾虛白寫信極力勸慰，肯定他的文學才華，鼓勵他說：「你是我最近發現的寶玉，雖不敢過份恭維你是怎樣『色澤晶瑩無正配，』可是蘊藏在你內在的，倘能儘量地發展開來，準可以吐出光明的異彩，我確信你將來的造就，所以我要堅持著請你繼續的努力，並且無論如何這部《現代作家》我是要給你出版的。……倘有原稿，也許你心情惡劣不能下筆，那就請你撿齊了掛號寄下，我來設法給你抄寫，以贖我處理失當的罪衍，你道如何？」〔註 24〕從這寥寥數語之中，我們可以感受到曾虛白對於青年作者的熱誠提攜與鼓勵，以及作爲編輯、出版家的胸懷與氣度，特別是對普通作者負責任的態度和對文藝創作的尊重。他還提出要「設法」代爲抄稿，「無論如何」「要給你出版」等，都表現出與一般唯利是圖的書店老闆在文化品格和職業道德上的不同。就是這位王壙，在《眞美善》雜誌後期成長爲「眞美善作家群」的骨幹作家和雜誌主要撰稿人之一。

　　同樣，在《蘇州文藝的曙光》一文中，曾虛白不僅向讀者介紹了由部分「眞美善作家」參與組織的「白華文藝研究社」，「我們《眞美善》的許多老友王壙，邵宗漢，袁琦，陶然（亢德），等在蘇州組織了一個白華文藝研究社，並且發行《白華雜誌》……現在把我們祝賀的去信發表在這裏，就算是一種介紹吧。」而且還鼓勵這些文藝同好們以堅韌的不停「走」的「奮鬥哲學」來參與時代文學的變革。「時代是混亂極了，渦旋是湍急極了，可是我們仗著這自信心支撐的力量，決不要『喊』，也不要『哭』，更不要『哼』，只把我們自己造成一個超出這洪流的人物，——不，不獨超出，並且要運用我們魔靈般的手腕，來挽救這洪流」〔註 25〕。曾虛白不僅自己懷有「領導群倫」的志向，也以「挽救洪流」來號召「白華社」的朋友們，因爲他們都把文藝看成了自己實現人生價值、服務社會的階梯。可以說，「白華文藝研究社」是在曾氏父子的直接影響下產生的文藝社團。另外，曾虛白還在《文學的討論》中，強調了「眞美善作家群」對於「文藝」的堅守：「近日中國的文壇正鼓蕩著種種侮蔑文藝，利用文藝的惡風潮，誠如你所說的，我們卻始終抱定了『文藝

〔註 24〕虛白：《悲哀的號哭》，《眞美善》，1929 年第 4 卷第 3 號。
〔註 25〕虛白：《蘇州文藝的曙光》，《眞美善》，1929 年第 5 卷第 1 號。

至上主義』和『文藝公開主義』在風狂浪急的潮流中，盡我們綿薄的力量掙扎著爲文藝奮鬥至今。」〔註26〕

　　從曾樸、曾虛白父子的這些言說方式及行爲中，可以看出，他們其實是有把「私人的通信」看作文學「作品」的「編輯職業病」的。自然，那些有幸被編入「讀者論壇」和「文藝的郵船」欄目的「私人的通信」，其實是入了他們法眼的「作品」，或是滿足了他們就某一個問題對讀者講話的需要，而被連覆信一起公開發表的，其目的就在於利用《眞美善》雜誌版面這一「公共文化空間」向文壇喊話、與作者對話、向讀者講話，以使自己的編輯思路、文學理想和文化建設理路獲得最大範圍的傳播和接受。

　　不僅如此，作爲「眞美善」書店、雜誌的主編，曾樸、曾虛白父子還要及時向讀者、作者闡明自己的編輯思路和革新舉措，其目的除了有利於號召稿件，讓作者及時瞭解編輯思路、選題和用稿標準之外，還可以有效彰顯自己的文學理想和創作實績，更是努力消解「眞美善」書店出版物和文學接受之間的游離與隔膜的一種必要動作。

　　首先，曾氏父子極力要向讀者和作者表明的，是自己辦刊的目的和自負的文化使命。在《編輯的商榷‧覆田菊濟》一文中，曾虛白針對讀者田菊濟提出的關於刊物編輯的五個建議〔註27〕一一作出回應，並強調了「我們的使命，一方面是鼓起國人對於文學的興會，一方面卻是，盡我們的力量，給社會群眾對於世界上的文學一個眞切的認識。」〔註28〕並申明要把《眞美善》辦成「讀書先生書桌上的參考書」而不是「茶餘酒後的消遣品」〔註29〕。由此可見，曾氏父子在「眞美善」書店、雜誌上寄託了沉甸甸的文學、文化理想。而在《覆戴望道》中，曾樸就戴望道提出的封面與插圖的問題、譯文源語國別的單一化問題、譯文的用文言還是白話問題一一作答，並對戴氏發出了撰稿邀請：「我們才力有限，你能加入戰隊，幫助我們些材料，只要宗旨相同，是極歡迎的。」〔註30〕這裏，曾樸對「宗旨相同」的堅持，正是他對其

〔註26〕 虛白：《文學的討論》，《眞美善》，1930年第5卷第6號。

〔註27〕 這五個建議是：「（一）插圖太少。（二）取直稍昂。（三）多登短篇小說。（四）少刊考證文字。（五）添闢雜俎欄。」見田菊濟，虛白：《編輯的商榷‧覆田菊濟》，《眞美善》，1927年第1卷第3號。

〔註28〕 田菊濟，虛白：《編輯的商榷‧覆田菊濟》，《眞美善》，1927年第1卷第3號。

〔註29〕 田菊濟，虛白：《編輯的商榷‧覆田菊濟》，《眞美善》，1927年第1卷第3號。

〔註30〕 病夫：《覆戴望道》，《眞美善》，1928年第1卷第4號。

「眞」、「美」、「善」文學主張的堅持。

　　其次，通過「編者小言」欄目，曾氏父子向讀者、作者表明了自己在審稿、發稿上採取的態度：「我們想表白一下我們的態度。近來常聽人說：『眞美善是注意浪漫文學的。』或者說：『眞美善是注意法國文學的。』實在這都不是我們眞實的態度。在編者方面說，愛好法國文學和浪漫文學確乎是事實，然而我們絕不因自己的愛好而抹殺了一切。我們以爲文學是一個廣大的園地，每個作家有他特殊的種子，開出他特殊的花卉，拿死板板的地圖來固定價值固然是可笑，就是拿人爲的派別來決定取捨也是呆人。」〔註31〕這種兼收並蓄、開放包容的用稿、編輯制度，是曾氏父子和「眞美善」書店、雜誌能夠網羅眾多風格迥異、色彩鮮明的作家作品的主要原因，也是「眞美善作家群」得以成立的一個重要基礎；這種編輯態度不久又得到了進一步的重申：「我們取公開的態度，不壟斷，不擯斥，沒有老先生上講堂的眉眼，這是可以問心無愧的。我們以爲文學不是課堂上可以造就的；一壁修養，一壁創造是文藝家成功的唯一途徑；在這一點上，這一份小小的刊物，對於作者讀者雙方或者都有一點兒幫助。」〔註32〕從這一段編者自白上，我們可以窺見曾氏父子辦書店雜誌的目的不僅在於要自己「進修文藝」，還懷有要幫助讀者、作者「進修文藝」、以期改造中國文學創作風氣和閱讀習慣的目的。並且，他們總試圖向作者、讀者們解釋他們「眞」、「美」、「善」的文學主張的開放包容性，並形象地自辯了《眞美善》雜誌與其它刊物的區別：「這份刊物與人家不同的地方，就在它的活動性。若以水爲比仿，普通的刊物，多少總有些像一方水池，那裏面的份子免不了是固定的，而我們這份刊物卻是無所不容的江河，一切心靈上的潮汐，該讓我們感應最靈。」〔註33〕這一點足可證明曾氏父子並沒有把《眞美善》雜誌辦成「法國浪漫主義文學」或「唯美主義文學」的宣傳機關的主觀想法。而且，他們對其「眞」、「美」、「善」的文學「高標」的抱持也是堅決而驕傲的〔註34〕。

　　此外，曾氏父子在向作者解釋說明刊物的改革思路和定位時，還聲明「我

〔註31〕 佚名：《編者小言》，《眞美善》，1929 年第 3 卷第 5 號。

〔註32〕 佚名：《編者小言》，《眞美善》，1929 年第 4 卷第 4 號。

〔註33〕 佚名：《編者小言》，《眞美善》，1929 年第 5 卷第 1 號。

〔註34〕 「我們這小小園地中竟平添了這許多可驚的努力者，這叫我們又驚又喜，說不出的興奮，覺得可以十分地自傲。」見佚名：《編者小言》，《眞美善》，1929 年第 5 卷第 1 號。

們的希望是願把這份刊物貢獻給最大多數的讀者，把一切潮流所需要的思想貢獻給一切讀者，俾成爲一種全民眾的讀物。我們的計劃分減低售價與改組內容兩種」〔註35〕，這個口號的提出是曾氏父子爲擺脫一般讀者關於「眞美善是注意浪漫文學的」和「眞美善是注意法國文學的」〔註36〕印象而做出的努力，也表明他們對於自己「眞美善」的文學理想的堅持，他們還進一步解釋了改組的辦法，並強調要把《眞美善》辦成「有趣味的讀物」〔註37〕。不過，值得注意的是，他們也同時聲明要增加「政治論叢」欄目，雖然後來這個欄目只在《眞美善》雜誌上存在了不長時間，但是也透露出曾虛白懷著「文藝……也是做一個新聞記者必須具備的基本修養」〔註38〕的目的所作出的改革動作，並開始他「文人論政」的嘗試了〔註39〕。

曾氏父子還通過書信表達了辦刊時在經營和商業上受到的擠壓。曾虛白在《從辦雜誌說到辦日報‧覆林樵民》一文中，陳說了文人辦刊在商業資本和政治夾縫裏掙扎奮鬥的諸般「苦衷」與無奈：其一，相關業者如印刷商、紙張商對辦刊文人進行狡獪的經濟壓榨，從而導致辦刊成本增加，刊物定價隨之抬高，「於是而刊物的銷數微小，於是而灰心，於是而停刊」〔註40〕；其二，讀者購買讀物時片面追求「名人效應」，導致刊物編輯們不願刊發無名作者的文稿，或使無名作家們所創辦的文藝刊物因銷數低而無法維持；其三，受到以上兩種情況擠壓的辦刊文人，在無奈之下，只好被迫放棄文藝追求，沾染政治，「他們純潔的文藝的白袍上就開始染上了污濁的政治的色彩。於是而攻擊，而

〔註35〕佚名：《編者小言》，《眞美善》，1929年第3卷第6號。

〔註36〕佚名：《編者小言》，《眞美善》，1929年第3卷第5號。

〔註37〕原文如下：「改組內容的辦法我們想仔細的說一說。我們不願搹著文藝的招牌唱高調，是想把它做成一切人共同的享受，我們不願分什麼界限，存什麼成見，願把這一份刊物化成老幼男女大家都覺得有趣味的讀物。因爲我們認定所謂雜誌，原只是一種高深學問的導線，學問本體不論怎樣嚴正，這導線卻非以趣味爲中心不可的。我們希望一切人有欣賞文藝的願望，先得要養成他們愛好文藝的本能。這是我們此後的方針，至於取手段如何現在也說不盡許多。」見佚名：《編者小言》，《眞美善》，1929年第3卷第6號。

〔註38〕曾虛白：《曾虛白自傳》，臺灣聯經出版事業公司，1988年版，第83頁。

〔註39〕「從這期起我們擴大範圍，特劃出一部份園地，討論研究政治經濟問題。可是我們得鄭重聲明，我們的目的只是討論研究，我等的態度是學者的態度，絕對沒有任何的色彩。在這方面，我們所持的態度，正和文學一樣，是絕對公開，決不存什麼主觀的主張。」見佚名：《編者小言》，《眞美善》，1930年第6卷第1號。

〔註40〕虛白：《從辦雜誌說到辦日報‧覆林樵民》，《眞美善》，1928年第2卷第5號。

漫罵，引起了對方的惡感；初而壓迫，繼而封禁。」〔註41〕在感慨「眞美善」
書店、雜誌在營業、著作和銷數等方面「還不算壞」的「業績」之餘，曾虛白
也對當時文藝生產的「貧」與「弱」的原因，提出了自己的見解。

　　同時，曾樸、曾虛白父子除了採用「編者小言」等形式與讀者、作者溝
通交流，儘量表達其「眞」、「美」、「善」的藝術趣味外，還通過「編者小言」
表露其編輯意圖，促使讀者理解自己的編輯「苦心」及深意，引導讀者的閱
讀及其審美興趣。在雜誌的中後期，他們也常常著意集束性地編發主題相近
的作品，對外推擴《眞美善》雜誌和「眞美善作家群」的影響力。如第 3 卷
第 6 號以「輕靈曼妙」爲主題集中刊發了「眞美善作家們」如徐蔚南的《靜
夜思》、邵洵美的《三十歲的婦人》、孫席珍的《失卻的丈夫》、王墜的《遁逃》、
崔萬秋的《他的新年》、穆羅茶的《十字架》、阿茅的《玩偶少年》、邵宗漢的
《歸鄉錄》、襄的《漫筆》、鶴君的《感觸》、趙景深譯英吉利戀歌《相思》和
病夫的新詩《你是我》等作品，這是他們作爲一個作家群集體亮相的一次「文
藝匯演」。這些作品較爲具體、鮮明地表現出了他們趨近的審美偏好和藝術趣
味。當然，這也是作爲雜誌編輯的曾氏父子有意爲之的結果；第 4 卷第 1 號
的「編者小言」集中推薦了病夫的《魯男子》、邵洵美的《巴黎的春天》、傅
彥長的《南京人萬歲》和崔萬秋的《五月》、蕭牧的《病囈》、華漢的《閒話
斷片》、張若谷的《關於「女作家號」》、蘩蕗的《殘夢》、鞭影的《最後的勝
利》、佳玲的《感傷》、葉秋原的《復活》和阿茅的《母愛》等作品，和《日
本近代兩大女作家》、《雪萊的初戀》、《小泉八雲》和《介紹新俄無產階級兩
大作家》等四篇介紹外國文學作家和流派的文章，此外還有曾虛白分析審醜
書寫的論文《美與醜》。從這一期裏，我們可以看出曾氏父子在組織、編發稿
件時向「內容改組」方面的努力，並表現出創作多文體化、譯介多國別化的
傾向，增加了文論的分量，以引導讀者的閱讀取向；第 4 第 3 號介紹「與讀
者不常見面的作家」〔註42〕，本期邵宗漢的《最難熬的今宵》、薌楠女士的《結
婚之夜》、李贊華的《柳二嫂子》、朱雲影的《愛的宗教》、拂的《影子》和虛
白的《松影》等作品是主題相近的描寫靈與肉的掙扎和不同人群的性苦悶的，
這一期《眞美善》的稿件編選表現出曾氏父子在編輯上的又一種努力，即儘
量使同期的稿件主題相近，以揭示某一個或某一類問題，其目的不在解決問

〔註41〕盧白：《從辦雜誌說到辦日報・覆林樵民》，《眞美善》，1928 年第 2 卷第 5 號。
〔註42〕佚名：《編者小言》，《眞美善》，1929 年第 4 卷第 3 號。

題，而在通過藝術的、審美的手段展現人性的不同側面。這也表現了「眞美善作家們」在創作路數上與「問題小說」和「革命加戀愛」小說作家們的不同。

5.2 「名作推選」與商業炒作：文藝市場的瞭解及運作

《眞美善》雜誌從第 4 卷第 2 期開始設立「眞美善俱樂部」欄目，一直延續到第 7 卷第 3 號，除僅第 6 卷第 3 號「法國浪漫運動百年紀念號」未開此欄目外，共出現 19 期次。該欄目設置的目的是爲了用輕快、幽默、滑稽的方式來吸引讀者，是現代文學期刊中少見卻難得的一個「讀者俱樂部」欄目，這也是曾樸、曾虛白父子設計的一個頗有創新意味的文學期刊對外推介、擴大讀者群、并與讀者有效互動的欄目。在欄目開設之初，就明確提出了關於俱樂部的一些要求〔註43〕，強調該欄目是爲了「趣味」而設的。首期提出的幾個問題主要是關於讀者文學趣味的調查，如「（三）外國文學作家在中國最著名的是那一個？（四）新文化創作的，你最喜歡讀的散文是那一本？小說那一本？詩那一本？戲曲那一本？隨筆那一本？……（七）你喜歡讀的作品，是談戀愛的，還是講社會的？是充滿頹廢鬱悶的，還是充滿了熱情奮鬥的？是心理描寫的，還是外形描寫的？是同情的，還是諷刺的？」〔註44〕這三個問題涉及到了讀者對外國文學和中國新文學作品的態度與閱讀偏好。如問題（四）是從形式層面針對不同文體作品的調查，問題（七）是從創作方法、文本表現的內容和創作主體的情感投射等層面針對不同風格、流派作家作品的調查。這其中，已含有對讀者進行關於作家作品的價值與受歡迎程度的調查、評比和排名的意味。此外，還有針對書籍編輯、裝幀方式的調查，如「（五）你喜歡不裁邊的書，還是裁邊的？（六）你喜歡直排的書，還是橫排的？」〔註45〕這是從書店老闆和編輯的角度對讀者關於圖書外在形態的調查；當然，也有從「趣

〔註43〕「我們在這裏闢一角跟讀者談笑的俱樂部。這種談笑，我們想用一種問答體的方法：也許我們出一個問題請讀者來答，也許讀者出一個問題讓別一個讀者來答。不過有一層要聲明的，這是一個俱樂部的性質，過份嚴重的討論要攪得我們頭昏腦漲，是絕對不歡迎的；我們所要求的是滑稽的，閒談式的，聊聊幾個字，大家感到趣味的問答。」見編者：《眞美善俱樂部》，《眞美善》，1929 年第 4 卷第 2 號。

〔註44〕編者：《眞美善俱樂部》，《眞美善》，1929 年第 4 卷第 2 號。

〔註45〕編者：《眞美善俱樂部》，《眞美善》，1929 年第 4 卷第 2 號。

味」角度出發的問題，如「（十）蕭伯納願意做割下來可以延命的狗頭，（見
《文藝零訊》）你以為怎樣？」以上這些都體現了編者試圖通過這個欄目，以
「娛樂」和「文字遊戲」等輕鬆活潑的形式來擴大讀者群，培育讀者的閱讀
趣味，調查並瞭解讀者的閱讀心理需求和期待，以便及時調整刊物編輯思路。

　　此後每期的「真美善俱樂部」都會公佈上一期問題的「舊答案」，這些答
案五花八門，有些答案頗為幽默風趣。欄目活動參與者的身份也不一而足，「真
美善作家群」的作家們也頗有執筆捧場者，如徐蔚南、湯增敭、師鳩和邵洵
美等，外來的投稿也很多。此外，該欄目每期也會提出「新問題」，這些問題
基本上都圍繞著跟文學有關的話題展開，有解字謎遊戲，如第 4 卷第 6 號的
「問題」為《真美善》雜誌作者綠漪《棘心》裏的一段話的打亂重排序。第 5
卷第 1 號公佈「舊答案」時披露的參與人數，讓我們可以對該欄目受歡迎的
程度窺豹一斑：「在我們最後發稿截止期前（十一月五日）來函射覆的竟有八
百五十七封之多。」而獲獎者竟有「一百四十二位」，獎品也很豐厚，「非定
戶贈月刊全年，定戶贈書券二元。」〔註 46〕按照當時《真美善》雜誌「全年
二元二角」的「定報價目」來比照計算，這個獎品的價值對一般讀者來說是
充滿誘惑力的。「重賞」之下，這個俱樂部的「生意」果然不錯，關鍵是它能
不斷帶動《真美善》雜誌讀者群規模的增加。

　　這個欄目設置的目的意在進行文學的互動和文學的推銷，如第 5 卷第 1
號的「新問題」規定了讀者從曾樸譯的《鐘樓怪人》和《呂克蘭斯鮑夏》的
某折某幕裏找句子填字格，其間暗含的促銷本店出版物的意圖再明顯不過
了。又如第 5 卷第 5 號的「新問題」，是為虛白的新長篇小說（暫定名《三稜》）
徵集篇名的，編者介紹了整個小說的情節構思和命意，並懸賞「現金十元」
來征名。而讀者要為之恰當地命名，需要先仔細閱讀小說原文。可是，活動
發起時，該小說才從第 5 卷第 6 期剛剛開始連載，那麼，這「現金十元」賞
格要催逼著、誘惑著多少文學青年和熱心讀者仔細閱讀這篇連載小說啊？然
而，實際上，也只有既是書店老闆、又是雜誌編輯和作者的曾虛白，才能做
到在自己掌握的雜誌上做這種懸賞遊戲以吸引讀者。果然，應者雲集，連張
若谷和邵洵美也來投書捧場。到第 6 卷第 1 號，徵名即過百，接下來又發起
請讀者在這投寄的 100 個題名裏投選一個出來，而到了第 6 卷第 2 期，曾虛
白卻來了個懸而不決，仍用暫定名《三稜》。

〔註 46〕編者：《真美善俱樂部》，《真美善》，1929 年第 5 卷第 1 號。

最能體現曾樸、曾虛白父子利用「眞美善俱樂部」來進行對外的文學交際活動的，當屬從第 5 卷第 6 號開始發起的「名作推選會」。這個活動要求「部友們大家本著良心把平素最愛好的作品分類填好，（翻譯作品除外）……推選的作品不論時代，不論主張，惟以新文化作品爲限，而本刊主編者的作品也在除外之列。」〔註 47〕推選的選票上設有長篇小說、短篇小說、散文、戲曲和詩歌 5 種文體，並要求推選者寫明所要推薦的作家、篇名和理由。這個設計用「本刊主編者的作品也在除外之列」一語堵住了那些想要說曾氏父子藉此「自抬身價」的悠悠之口，同時又對他們瞭解現代文壇新文學作家作品的接受情況和受眾群分佈情況有很大的助益。實際上，作爲書店老闆，這個調查結果一方面可以幫助他們在制定出版計劃和選題時有所依憑；另一方面，也有利於他們確定《眞美善》雜誌的欄目設置、調整與徵稿、發稿的文體和主題選向等。最重要的是，通過這個活動，他們就掌握了一種類似於「作家排行榜」、「圖書排行榜」或「暢銷作家排行榜」的 1930 年代文壇「作家作品排行榜」的「排行榜話語權」，而這也是公共文化話語空間裏的一個重要的話語權模式。不難想見，隨著推選結果的漸次揭曉，那些屢被推選的作家，自然高興，而那些榜上無名的作家們，則未免失落。因爲，這畢竟是由普通讀者推選出來的榜單。雖然，這個誕生於 1929 年底中國現代文壇上的「名作推選會」，還沒有達到當代文壇上「暢銷書排行榜」之類東西那種純粹商業化的程度，但卻可以說是現當代圖書著作、出版行業商業化推銷和「排行榜話語權模式」的一個「濫觴」。對曾氏父子的「眞美善」書店、雜誌和「眞美善作家群」來說，這個「名作推選會」可以有效地幫助他們與讀者深度互動，瞭解他們的閱讀興趣和審美取向，並以此爲參考，調整書店的出版計劃、雜誌的欄目設置和作家群的創作思路，並有利於他們適時適度地（如化名寫選票等）推介本店、本刊出版／發表的作品。此欄一開，應者雲集，至第 7 卷第 3 號止，共揭曉結果八期次，其間現代文壇的名家名作幾被推舉了個遍。尤其需要注意的是，「眞美善作家群」的作家作品有多人多次被推選提及，尤其是那些在「眞美善」書店出版圖書的作家，如東亞病夫、傅紅蓼、王墳、朱慶疆、陳學昭、許綺禪、陳厂竹、黃歸雲、孫席珍、陳翔冰、徐蔚南、孫佳訊、馬仲殊、邵宗漢、盧夢殊、王佐才等都屢登推選榜。

從第 6 卷第 4 號起，「眞美善俱樂部」開始「徵求部友」，並列章程，規

〔註 47〕編者：《眞美善俱樂部》，《眞美善》，1929 年第 5 卷第 6 號。

定名額、入會手續和部友權利等，這也是曾氏父子用來招徠固定讀者群的舉措。第 6 卷第 5 號「發起一個小小的小說習作玩意兒，那就是從前彷彿也有人做過的輪迴點將式的一種機關性的小說遊戲。」〔註 48〕在第 7 卷第 1 號正式取名爲「小說演習大會」開幕，徵得 15 人參與輪流創作，曾虛白作開幕詞和第一篇，該欄目在第 7 卷第 1、2、3 號維持、存在三期次，因刊物改版爲季刊而被取消。可以這樣推測，若此欄目得以長期維持，定可以幫助曾樸父子發現、團結一批有創作潛力的「無名作者」，並能有效擴大讀者群。

「眞美善俱樂部」欄目通過豐富多彩的活動，爲《眞美善》雜誌極大地調動了大量「非定戶」讀者參與到各種活動中，有效擴大了《眞美善》雜誌在期刊讀者群中的影響，也爲刊物爭取了部分讀者。此外，通過這個欄目，曾氏父子及其「眞美善作家群」進行了有效的自我推介，擴大了書店出版物在讀者中的影響和閱讀接受面。他們通過「名作推選會」、爲連載作品徵名和「輪迴點將式創作」的「小說演習大會」等作者／讀者互動活動來吸引讀者參與到創作之中，這雖趕不上當下網絡文學創作的讀者參與故事構思和商討敘事策略與情節走向的即時性創讀互動和閱讀回饋的及時迅捷，但也是一種有效地利用現代傳媒手段以廣試聽、擴大影響的傳播手段，在當時是頗爲前衛和「現代化」的。通過「名作推選」活動，他們還獲得了一定的文學「評優」話語權，儘管這個話語權的影響有限，但這畢竟是這個作家群的一次有意識的話語權「爭奪」行爲，並表露出一定的「操控」這種話語權爲我所用的意識，如上列推舉名單裏「眞美善作家群」作家的多人入選，也多少說明他們有「夾帶私貨」、「毛遂自薦」的嫌疑，他們中有些作家如許綺禪既是當選者又是投票者就是一例。

除在編輯策略上翻新花樣進行自我推銷外，「眞美善作家群」的作家們還成功地策劃了兩次自我「炒作」活動，即《眞美善》「女作家號」的出版、爭議和「劉舞心事件」，都在當時的文壇引起了較爲廣泛的關注。這兩次「炒作」活動的方式不同，但目的卻基本一致：都是要吸引讀者對「眞美善作家群」及「眞美善」書店、雜誌出版物的注意。

張若谷受曾氏父子特約編輯「一週年紀念號外：女作家號」（在當時也稱爲「女作家專號」），他曾回憶編輯該專號的「遠因卻起於某次的談話會上。那一次，是十七年七月七日我在曾孟樸先生家裏，同曾氏父子兩位談天，我恰巧

〔註 48〕編者：《眞美善俱樂部》，《眞美善》，1929 年第 6 卷第 5 號。

譯完了法國婁梅德 Lemaitre 著的《法國的女詩人與散文家》一文，因此大家就
談到中國女作家的問題上去。孟樸先生本來打算在《眞美善雜誌》上出一個《陳
季同專號》，我當時就不負責任隨便地說一句，提議出一個女作家專號。過了
兩個多月，虛白先生忽然寫信給我，要我負責替《眞美善》編一本週年紀念號
外，《女作家號》因此就受孕預備誕生了。」〔註49〕通過給《眞美善》「女作家
號」投稿而認識張若谷的蘇雪林也回憶說：「若谷慫恿曾先生辦一個《女作家
專號》。〔註50〕」可見這個《眞美善》「女作家專號」的始作俑者是張若谷。曾
氏父子在相關動議談話以後兩個月才致信張若谷委託主編之職，應該是經過一
番思量的，他們對於出版這樣一個專號應該是有擔心的，而且他們的擔心很快
就應驗了，「在《女作家號》還沒有出版之前，就有許多人在雜誌報紙上做起
文章來了。他們都並沒有看見內容，只就女作家三個字大發議論，其中毀譽參
半；在詆謗者方面，大半是雜誌刊物的編輯或寄稿者這也許是同業方面的一種
策略。」〔註51〕張若谷列舉了如《文學周報》、《新女性》和《大江》等刊物的
「詆謗」，其中言辭最利的攻擊應該算是《新女性》上的「不謙」：「一張該雜
誌（指《眞美善》月刊，引者注）《女作家號》的徵文啟事突然躍入我的眼簾
來。我約略的讀了幾行」〔註52〕，可見此時該文作者看見的只是一個「徵文啟
事」〔註53〕而已，依據這個「徵稿啟事」，他就展開了議論，最後文末總結道：
「惟有從把女性爲最燦爛的鮮花，和渴盼著的慰情天使的出發點來出女作家專
號是女性的仇敵，和斗方名士捧坤伶逛窯子有什麼區別！就這一件事情上，我
們戳穿了他們的假面具，證明他們完全沒有瞭解所謂的文藝，和蔑視了女子的
人格；一方面也暴露了他們色情狂的變態性欲的醜態。」〔註54〕應該說，這種
連該專號的文本都沒有見到就展開的批評是有失公允的，尤其是當作者的批評

〔註49〕 張若谷：《關於女作家號》，《眞美善》，1929 年第 4 卷第 1 號。
〔註50〕 蘇雪林：《蘇雪林自傳》，江蘇文藝出版社，1996 年版，第 72 頁。
〔註51〕 張若谷：《關於女作家號》，《眞美善》，1929 年第 4 卷第 1 號。
〔註52〕 不謙：《發洩變態性欲的女作家專號》，《新女性》，1929 年第 4 卷第 1 期，第
　　　　74 頁。
〔註53〕 該徵文啟事僅在《眞美善》第 2 卷第 6 號登載一期，第 3 卷第 1 號換成「女
　　　　作家專號編輯簡例」。此外，便是第 3 卷第 4 號「女作家號現已出版」的廣告，
　　　　《發洩變態性欲的女作家專號》的作者的批評所依據、所針對的都是一個刊
　　　　載在《眞美善》第 2 卷第 6 號上的「徵文啟事」，並大加韃伐之詞，實在不能
　　　　算是客觀的批評。
〔註54〕 不謙：《發洩變態性欲的女作家專號》，《新女性》，1929 年第 4 卷第 1 期，第
　　　　75～76 頁。

語言又是「上綱上線」的人身攻擊時，就更顯得沒有批評道德。此後，張若谷又詳細列舉了 31 篇評論文章，來說明「女作家號」受到的關注，並詳細徵引了一些他認爲「正面」或「客觀」的批評觀點。這些我們姑且不看，我們且看他列的表裏的前三篇《告智慧的男女》（少飛，《上海漫畫》四十期）、《冰心盧隱與張若谷》（編者，《獅吼》十一期）、《對不住張若谷》（編者，《獅吼》十二期），這兩份刊物三篇文章是最早公開「捧」《眞美善》「女作家號」的，而且他們「捧」的方式是借「捧」其主編張若谷來「捧」專號。我們知道，這兩份刊物的後臺老闆邵洵美與張若谷都是曾家客廳中的常客，交契不淺。那麼，他們的「捧」，就是一種對外的「自我炒作」：「女作家號是時代上的產生品。……我對於若谷先生近編眞美善雜誌女作家號，認爲有極相當的同情。雖然我們沒有先看見這部書的內容，但是在這裏一定可以找出一部分的時代認識，我可以決定地說不會使你失望！如果就此發揮未來的光明我想這也是意料中事吧！」〔註55〕如果我們把這段文字看做一般的招徠顧客的廣告文字的話，那「捧」得更甚的還有，「眞美善雜誌自請張若谷編輯女作家專號的新聞，發揚開來後，輿論譁然。當代二三流的女作家莫不人人自危，單怕不中選，似乎攸關名譽。張若谷卻應酬周到，遠的寫信去討，近的親自去求。已得到的女作家傑作有十餘萬字，關於女作家的文字有二三萬字。聽說冰心盧隱兩女士則因公忙不克作文，已寫信來道歉了。」〔註56〕這一段文字「吹捧」的意味很明顯，而且關於徵文字數的詳確卻又實在難脫「自我炒作」的嫌疑。而在緊接著的《獅吼》第 12 期裏，弔讀者胃口的把戲又來了：「上期本欄曾說張若谷編眞美善雜誌女作家專號，冰心盧隱因公忙不克寫文；那知後來又打聽到盧隱已有最近之得意傑作寄來，冰心也有，但沒有知道詳細。張君編輯女作家專號極爲認眞，一切稿件在出版以前，即親信亦不得先嘗一臠。」〔註57〕這段引文既誇讚了張若谷編輯態度的嚴謹認眞，又打著冰心、盧隱這些當時知名女作家的招牌弔足了讀者的胃口，怎能說不是「眞美善作家們」有意的對外推介把戲呢？

其實，曾虛白在《眞美善女作家號徵文啓事》中已經把編輯這個專號的目的講得很明確了〔註58〕，即要爲女性作家們出一個專號，展示他們的創作

〔註55〕 少飛：《告智慧的男女們》，《上海漫畫》，1929 年第 40 期，第 7 頁。

〔註56〕 編者：《冰心盧隱與張若谷》，《獅吼》，1929 年第 11 期，第 33 頁。

〔註57〕 編者：《對不住張若谷》，《獅吼》，1929 年期 12 期，第 25 頁。

〔註58〕 「中國荒涼素亂的文壇上，幾年以內卻已有好多位天才的女作家向著我們發出異常可羨的光輝，這是我們簡短的新文化歷史上最可自傲的一點；然而，

實力，以引起文壇的注意。面對文壇熱烈的褒貶，張若谷曾說出了自己的心裏話：「《女作家號》的出版，能夠引起讀書界方面的注意是一件很難得的事了，雖則一般的批評並不完全是同情的或好意的，但是，我們對於鼓吹女子文學運動的吶喊的這一個小小的使命在可能範圍之內總可以算是已經略盡過一點責任了。」〔註59〕從《女作家號》實際吸引的稿件數量（張若谷說有 30 餘萬字〔註60〕，蘇雪林回憶有四五十萬字〔註61〕）和引起的批評規模〔註62〕來看，他們的這次專號從征稿、編輯到推介的策劃都是很成功的，至少讓「眞美善」書店、雜誌的名字廣被文壇關注。從目前筆者所見的《眞美善女作家號》的版權頁來看，該書在「實價八角」的高價之下的銷數也是相當可觀的：「1929，2，2，初版 1～3000；1929，3，26，再版 3001～10000；1931，5，1，三版 10001～13000」〔註63〕。應該說，他們這個專號的「選題」是對路的，加之他們通過「自捧」和「被批評」成功地吸引了文壇和讀者的廣泛關注，所以能夠在一個月之內售完 3000 冊，再版、三版又印 10000 冊，這些都可以說明他們的這次對外自我推介是成功的，「讀者以此爲創舉，同時也想看看女作家的作品究竟如何，那初版的專號居然賣完了，病夫先生怕再版無人買，不敢再舉，若谷便將此書版權頂了去，再版，居然賣得不錯。」〔註64〕毫無疑問，曾氏父子是這次專號策劃、推介活動的最大贏家，「眞美善」書店、雜誌在文壇的知名度得到大大提升自不必說，僅從對照《眞美善》雜誌此後的

感覺不十分靈敏的群眾對於這種現象卻淡漠得很；這也是我們老大民族的老脾氣，沒有人大聲叫嚷，他們的耳朵永遠是聾的，眼睛永遠是瞎的！因此，我們想趁著本店週年的機會發行一本《女作家專號》，給中國文藝界的鮮花，讀書界的天使做一個搖旗吶喊的先鋒，讓聾盲的群眾認識她們全體整個的偉大。」見上海眞美善編輯所：《眞美善女作家號徵文啓事》，《眞美善》，1928 年第 2 卷第 6 期。

〔註59〕 張若谷：《關於女作家號》，《眞美善》，1929 年第 4 卷第 1 號。
〔註60〕 「我們與印刷所訂的合同，本來是以二十萬字計算現在有三十多萬字，……我們不得已只好抽去了十萬多字，移在將來《眞美善》雜誌上發表。」見張若谷：《編者講話》，《眞美善・女作家專號》，眞美善書店，1929 年版，第 6 頁。
〔註61〕 「若谷居然拉到了許多人彙集爲四五十萬字的一冊。」見蘇雪林：《蘇雪林自傳》，江蘇文藝出版社，1996 年版，第 72 頁。
〔註62〕 張若谷搜集批評文稿 31 篇，實際不止這個數字，筆者據所見文稿資料估計在 40 篇左右。
〔註63〕 張若谷：《眞美善・女作家專號》，眞美善書店，1931 年第 3 版，版權頁。
〔註64〕 蘇雪林：《蘇雪林自傳》，江蘇文藝出版社，1996 年版，第 72 頁。

版面文章目錄和張若谷在專號《編者講話》裏承諾「移在將來《眞美善》雜誌上發表」〔註 65〕的文章目錄來看，張若谷這次的徵稿給《眞美善》雜誌積纍了 10 萬多字的優質後備稿源和女性作者群儲備，而這一點，對曾氏父子的「眞美善」文化事業的發展壯大是尤爲可貴的。

　　總體而言，這次的《眞美善》「女作家號」運作也體現了「眞美善作家群」文學生活方式的另外一個特點，即私人文化空間與公共話語空間文化生活的交互轉換，把內部文學生活所得——文藝沙龍「閒談」中偶得的創意——付諸實踐——轉變爲對外的徵稿、編輯、宣傳和「名利雙收」，從而爲「眞美善」書店〔註66〕、雜誌贏得外部生存空間和在作者、讀者中的知名度。

　　除此之外，當時由邵洵美等設計、「導演」並被「炒作」而轟動一時的所謂「劉舞心事件」〔註 67〕，或許更能夠幫助我們深入體會到曾樸、曾虛白父子有意通過娛樂化及商業炒作，來拓展其「眞美善」文學事業及其社會影響力，並切實體驗其「法國風文藝沙龍」的審美趣味及浪漫情懷等目的。

　　曾樸想把「眞美善」書店辦成一個「法國風文藝沙龍」，「他開書店在女性方面另外還有一個期待，那就是希望能產生一位法國式的沙龍中心女主人。這個女主人並不一定自己是文藝家，可是有欣賞文藝的能力與興趣，因此，她就由文藝家大家共同的愛人轉變而成文藝活動的中心人物。」〔註 68〕可是，就在曾樸同邵洵美、傅彥長們這些曾家客廳沙龍人物討論、考察了王映霞、陸小曼、蘇梅（雪林）等人覺得都不合理想而「心灰意懶絕端失望之後」〔註 69〕，曾樸突然收到了一封署名「劉舞心」的來信，自稱是一個「家庭很自由」、「一天天只是讀些新出版的文學作品」、「還能讀些外國作品」、「十九歲」的女中學畢業生，她告訴曾樸：「中國的作家中我最崇拜的是三個人：一個是曹雪芹，一個是關漢卿，一個便是你」〔註 70〕，贊許《孽海花》不是「舊小說」。信中，她還提到曾樸要譯邊勒魯意的 Aphrodite 一事，談了自己的閱讀感受。最讓人浮想的，是她在信的結尾請曾樸爲自己正在構思的一篇

〔註65〕張若谷：《編者講話》，《眞美善·女作家專號》，眞美善書店，1931 年第 3 版。

〔註66〕「陳學昭女士寄來一篇小說《南風的夢》，凡十餘萬言，因篇幅太長，已另付印單行本。」見張若谷：《編者講話》，《眞美善·女作家專號》，眞美善書店，1931 年第 3 版。《南風的夢》在眞美善書店 1929 年 3 月出版。

〔註67〕邵洵美：《我和曾樸先生的秘密》，《人言周刊》，1935 年第 2 卷第 17 期。

〔註68〕曾虛白：《曾虛白自傳》，臺灣聯經出版事業公司，1988 年版，第 99 頁。

〔註69〕曾虛白：《曾虛白自傳》，臺灣聯經出版事業公司，1988 年版，第 99 頁。

〔註70〕劉舞心：《致孟樸先生的信》，《眞美善》，1928 年第 2 第 5 號。

小說「取個題目」：「我現在在寫一篇小說：情節大概是一個女子讀了一篇小說而愛了這小說的作家。她並不認識這個作家，她也不想認識這個作家。因爲她想，一個好作家並不必是一個好情人。但她又極想那作家知道她在愛他。於是她寫了封信細訴衷曲。那知道這位作家收到後竟把來發表在報紙上了。因了那女子寫的是眞名字，竟使她的親戚朋友都藐視她而取笑她的人格。她沒法便入了尼庵。」〔註71〕曾樸收到此信，「第一個直覺反應是歡喜若狂，中國竟還有這樣符合他理想要求的女孩子，」〔註72〕雖經仔細琢磨也覺得蹊蹺，但曾樸還是寫了一封很長的覆信，發表在《眞美善》第2卷第5號首篇位置，「成爲轟動一時的文壇佳話」〔註73〕。在喜歡捕風捉影的讀者和有名士風的文人們看來，劉舞心所謂小說的情節構思和劉舞心對曾樸的誇讚，構成了一種頗有點「曖昧」的「示愛」意味的佳人慕才子式的古典情愛故事，難免不會被看成是「文壇佳話」。

那麼，這種所謂「文壇佳話」是不是曾樸想要的呢？我們不妨從曾樸的覆信來尋繹他當時的心態。曾樸在開篇簡短寒暄、表達遇到文藝知己的快樂〔註74〕後，幾乎傾其餘下全部11頁（約3400字）的篇幅來談論法國作家邊勒魯意的《阿弗洛狄德》〔註75〕一書在情節結撰和審美精神上的超拔之處，解釋了尼采關於希臘藝術「兩大精神：一是阿普龍 Apollon 精神，一是頰尼騷 Dionysos 精神」的發明對於邊勒魯意創作此書的影響，並說明了自己對這部書的閱讀感受和所以要譯介它的原因：「我讀了之後，沒有別的感覺，只覺得一章，一節，都是夢的漂渺的美，一字一句，都是醉的怡恍的美；我便常醉它醉的美，夢它夢的美，機械地想迻譯出來和有心人共欣賞了。」〔註76〕曾樸雖然當時「對筆跡，已疑心這是洵美弄的玄虛」，「可是父親不管這件事是眞是假，他寧願確認其爲眞來保持這故事的美與幻。」〔註77〕並煞有介事地

〔註71〕劉舞心：《致孟樸先生的信》，《眞美善》，1928年第2第5號。

〔註72〕曾虚白：《曾虚白自傳》，臺灣聯經出版事業公司，1988年版，第99頁。

〔註73〕曾虚白：《曾虚白自傳》，臺灣聯經出版事業公司，1988年版，第100頁。

〔註74〕「您若不是徹底研究過全書的意義，嘗味了作者想像的內在，怎麼能說出這幾句話？這眞使我不自禁地手舞足蹈的歡喜。」見病夫：《覆劉舞心女士書》，《眞美善》，1928年第2卷第5號。

〔註75〕在《覆劉舞心女士書》一文中，曾樸始終使用「阿弗洛狄德」字樣，該書正式出版時則題名爲「《肉與死》」。

〔註76〕病夫：《覆劉舞心女士書》，《眞美善》，1928年第2卷第5號。

〔註77〕曾虚白：《曾虚白自傳》，臺灣聯經出版事業公司，1988年版，第100頁。

寫長信來回覆並發表在《眞美善》雜誌上，他這樣做的目的，我們推測一方面是出於對「遊戲」發起者的尊重，另一方面，他恐怕主要是想藉此機會來申明自己所以要譯介這部被道德君子斥爲「淫書」的名著的原因，並說明此書的審美價值〔註78〕，這也是一則頗爲聰明的推介新書的「軟廣告」。

　　然而，此信之後，劉舞心竟然到「眞美善」書店棋盤街的發行所去親訪東亞病夫，未見即留字條而去，說是要去蘇州訪親戚。曾樸即委託因辦事路過蘇州的書店經理伍際雲順道往訪劉舞心，恰逢劉舞心因事出門未能得見。直到三個月之後，神秘消失的劉舞心突然又致信曾樸，說明自己消失的原因是在蘇州養病。曾樸在回信中則主要敘述了「劉舞心事件」在文壇和「眞美善作家群」內部引起的波瀾，「自從接你的信後，一部分文壇上，都詫爲奇跡；我們的小小客廳裏，卻變成了一件疑案，朋友們都做了嫌疑犯；我偵探你，你考察我，弄得一塌糊塗。」〔註79〕爲申辯計，張若谷在《申報・藝術界》、邵洵美在《獅吼》上都作文自辯，這無疑是「眞美善作家群」的作家們想把聲勢搞大，藉以提高其文壇知名度的一種文化表演〔註80〕，而曾樸在信末提到要把劉舞心的小說《安慰》編入「女作家號」這無疑又會大大增加讀者對「女作家號」的閱讀期待。

　　通過對讀劉舞心致曾樸的兩封信和曾樸的兩封覆信，我們可以發現，曾

〔註78〕 在《肉與死》的後記裏曾樸還提出過一個更爲具體化的對該書的閱讀感受和譯介動機：「那裏面活現著的變態性欲，賣淫雜交，狂亂，蠱惑，殺害，盜竊，仇恨，愚妄，哪一件不是人類最醜惡的事材！然而在他思想的園地裏，細膩地，綺麗地，漸漸蛻化成了一朵朵珍奇璀璨的鮮花。我們只覺得拍浮在紙面上的只是不可言說的美。我們譯這部醜惡美化的作品來證明我們藝術惟美的信仰，不使冒牌的醜惡，侵襲了藝術之宮。」（見邊勒魯意著，病夫，盧白合譯：《肉與死》，眞美善書店，1929 年版，「後記」和第 6、7 頁。）這段話足以說明曾氏父子的文學審美與審醜能力和態度，要比當時文藝界一般的見識要高尚和嚴肅，他們不以紙面上文字裏的「醜」爲醜，而是以其表現出的審美精神和意蘊爲「美」，看得到作品深層次的美感。

〔註79〕 病夫：《覆劉舞心女士的第二封信》，《眞美善》，1928 年第 3 卷第 2 號。

〔註80〕 曾樸在信中交代了邊勒魯意的《阿弗洛狄德》（「(即《肉與死》)」）一書在中國的讀者、研究者，有爲其文藝沙龍中的作家群自塑群像的意味：「邊勒魯意的作品，在中國文壇上，不大提及，尤其是《阿弗洛狄德》。最先提出的就是我，張若谷和徐蔚南兩君都是醉心法國文學的人，各買了一本，邵洵美買了一本英譯本的限制本，花去了三十多元的巨價，其餘讀書最多最勤的趙景深君，一定是讀過的，大約欣賞而起哄的不過是我們幾個最熟悉的朋友。」見病夫：《覆劉舞心女士的第二封信》，《眞美善》，1928 年第 3 卷第 2 號。

樸在兩封覆信中都把自己要傳遞的信息量最大化了。第一封信既造成了一個與自己有關的「文壇佳話」，又很智慧地「夾帶」著申明了自己譯書的目的和書的藝術與審美價值，不啻爲一篇文字漂亮而又感性豐滿、學理充盈的書評文章；第二封信，把讀者的注意力引向了「劉舞心疑案」，引導視聽關注「眞美善作家群」的文藝客廳及其「文學生活」、關注與《眞美善》雜誌同聲和氣的《申報・藝術界》和《獅吼》，並最終把讀者的注意力導向其精心籌備的「女作家號」。

可以說，「眞美善作家群」的沙龍人物們集體參與了這次「文化表演」。我們之所以認定這是一次「文化表演」，是因爲劉舞心「確無其人」。邵洵美在曾樸去世後曾在《人言周刊》（1935 年 7 月 6 日，第 2 卷第 17 期）上發表了《我和孟樸先生的秘密》一文，承認此事是他一手導演的，並說明了整個事件的細節。而在曾氏父子方面，雖猜到是邵洵美開的玩笑〔註 81〕，卻也沒有揭破，而是「因勢利導」並將此事推波助瀾，造成一椿「文壇佳話」和「文壇疑案」。這是曾樸和邵洵美「兩人遊戲人間製造出來的傑作」〔註 82〕，是他們這個作家群把其客廳文學生活外延化的一種頗具「浪漫色彩」的文化努力，是他們在自己掌握的雜誌這一公共文化空間裏、以唯美的、藝術的形式進行的一次成功的「文化表演」、一次成功的自我推介。

5.3 圖書廣告與「書報映象」：文藝界的「容納」及閱讀「指導」

在 1930 年代期刊林立的上海文化市場上，書店（出版社）和期刊雜誌既是文化生產和傳播機構，又是需要時時考慮經濟效益的營業性經濟實體，他們除發賣圖書報刊以營利外，還要通過刊登廣告來增加收入。刊物的版面廣

〔註 81〕 曾虛白在憶及此事時曾坦言：「實際，父親早就猜到這是洵美在後面做導演，可是眞要搠破了，讓這美麗的故事無疾而終才是令人掃興只有傻子才會幹的事。正眞瞭解父親的邵洵美是在幫助父親在他的幻想裏製造一個他求之不得最適合他理想要求的女孩子。父親會無情無理的毀了她嗎！他故意寫兩篇覆信先後發表在眞美善雜誌上，來表示他深信這故事的眞實，藉以永遠保持這故事在他幻想裏像《肉與死》一樣的有『夢的漂渺之美，醉的惝怳之美』。這眞是他們兩人遊戲人間製造出來的傑作，也是父親廣交文友最後的結晶。」見曾虛白：《曾虛白自傳》，臺灣聯經出版事業公司，1988 年版，第 101 頁。
〔註 82〕 曾虛白：《曾虛白自傳》，臺灣聯經出版事業公司，1988 年版，第 101 頁。

告價位和總收入額與刊物的發行量是成正比的，刊物發行量越大，受眾面越廣，廣告客戶便越多，單位版面的廣告價位也就越高，廣告總收入額也會相應增加；反過來，一個刊物登載廣告數量的多寡，也基本可以反映該刊物的受眾情況和發行量的大小。當然，也很難排除當時的期刊之間相互交換版面登載廣告，以互壯聲勢的情況。因為我們現在很難找到相關期刊的廣告收入賬目資料，所以只能依據刊物登載廣告數量的多寡來大概推斷其受眾範圍的大小。

　　從《眞美善》雜誌全刊 48 期〔註83〕的版面來看，共登載各類廣告 171 條〔註84〕，其中包括 43 種文藝期刊 158 條次的期刊目錄或徵訂、版權廣告（其餘 13 條為雜類廣告）〔註85〕。筆者通過查閱這 43 種文藝期刊的同時期刊物版面，僅發現《小說月報》上有對應的《眞美善》雜誌期刊目錄廣告，也就是說，《眞美善》雜誌基本沒有和這些期刊進行廣告版面交換登載自家期刊目錄，那麼，還有兩種可能：《眞美善》雜誌自願免費為他們登載廣告和收費廣告。《眞美善》雜誌登載的上列期刊目錄廣告多為「正文中或後面」的半個頁面廣告，價位是「十元」，算是價位適中的了〔註86〕。所以，連沈從文、胡也頻們辦的《紅黑》等小刊物也登得起。但是，我們還是要分開說，與《眞美善》雜誌審美藝術氣質相同的刊物或由「眞美善作家群」的作家們擔任編輯的刊物，如《金屋》、《雅典》、《獅吼》、《白華》等的期刊目錄廣告，應屬免費的「友情」廣告，而像《人文月刊》、《新月》、《草野》、《秋野》、《春潮》、《新女性》、《貢獻》等登載次數較多且與他們關係一般又沒有版面交換的，應屬收費廣告。但是，不管屬於哪種類型，《眞美善》雜誌能夠先後為 43 家文藝期刊登載 158 期次的期刊目錄廣告，這兩組數字本身就說明曾氏父子及

〔註83〕 第 1 卷為半月刊 12 期，從第 2 卷第 1 號至第 7 卷第 3 號為月刊（每卷 6 號），共 33 期，季刊第一卷 2 號，「女作家號」1 期，共計 48 期。

〔註84〕 不含「眞美善書店」本店出版圖書廣告和《眞美善》本刊期刊目錄廣告，「附錄一：眞美善書店出版圖書目錄（1927～1931）」中所列圖書均有廣告在《眞美善》連續登載，故在本目中略去。

〔註85〕 詳見「附錄四：《眞美善》雜誌登載各類廣告目錄」。

〔註86〕 《眞美善》雜誌廣告價目，分甲、乙、丙三種：「甲種 底封面之外面 全面 四十元 半面三十元；乙種 封面之內面及對面或正文首篇對面及底頁之內面 全面 三十二元 半面二十元 四分之一 十元；丙種 正文中或後面 全面 二十元 半面 十元 四分之一 八元」，見編者：《廣告價目》，《眞美善》，1927～1931 年各期，封三。

其「眞美善作家群」的文壇「人緣」不錯、交遊廣泛。同時，這些大量次的期刊廣告也間接告訴我們，《眞美善》雜誌獲得了不錯的發行業績和較大的讀者受眾群。他們通過登載這些刊物的期刊目錄可以瞭解同時期文藝界創作的風向，從而爲其書店、雜誌的組約、遴選稿件提供選題參考，並有助於他們適時適度地調整自己的著譯方向和刊物的編輯方針。

此外，這些期刊目錄廣告還是曾氏父子最簡單直接、最和氣的對外交往方式，是拉近與其它刊物距離最好的交際手段，並可以在當時的讀者和作家中，引起一種「從眾／圍觀效應」，即由其它刊物在《眞美善》雜誌上登載期刊目錄廣告，推知這些刊物的編輯、讀者們是喜歡、認可《眞美善》雜誌的，那麼，「我」——讀者和作家們也會「從眾」而認可《眞美善》雜誌，並由此抱著「圍觀」的心態去購買並閱讀《眞美善》雜誌。而且，曾氏父子在其《眞美善》版面上還張好了另一張「羅網」，等著讀者們自覺來「投」，那就是《眞美善》雜誌上的眞美善書店出版圖書廣告，共含出版圖書 83 種，其中譯作 28 種，著作 49 種，其它 6 種；預告未出版 7 種〔註87〕。這些圖書全部都是「眞美善」書店出版的，每種都有頗具煽動性的廣告語，介紹該書大致的內容、作者的創作風格，有時也會使用一些「張大其詞」的廣告語，以引起讀者的閱讀和購買欲。《眞美善》雜誌越到後面的期次（至第 7 卷第 1 號），最後幾頁的圖書廣告條目越多，各條均以簡潔的表格形式集中排列，並標明著譯者、書名、價目和圖書廣告語，一目了然，不啻是對「眞美善」書店出版圖書和「眞美善作家群」著譯成績的一種公開展示，也是對曾氏父子要系統譯介外國文學以推動中國文學變革的文化姿態的一種成果層面的展覽。

尤其值得注意的是，自第 2 卷第 6 號起至第 6 卷第 2 號止，《眞美善》雜誌一直設有一個名爲「書報映象」的文藝批評欄目〔註88〕，先後共有 17 期次刊登 20 位作家、批評家〔註89〕的書評文章 45 篇次，涉及到 41 位作家〔註90〕

〔註87〕詳見「附錄一：眞美善書店出版圖書目錄（1927～1931）」．

〔註88〕這些期次是：2.6；3.2；3.3；3.4；3.6；4.1；4.2；4.3；4.4；4.5；4.6；5.1；5.2；5.3；5.4；5.6；6.2。

〔註89〕這些書評文章的作者和篇次分別是：毛一波 17 篇次，師鳩 7 篇次，王墳 2 篇次，電光 2 篇次，湯增敫 2 篇次，趙景深、何辰、浩然、李贊華、司君、鍾敬文、何如、傅潤華、明若、士馨、逸菲、病夫、王樹勳、符生、莫芷痕各 1 篇次。

〔註90〕其中有郁達夫的《日記九種》、凌叔華的《花之寺》、沈端先譯《女人的天國》、汪靜之的《北老兒》、郭沫若的《反正前後》、梁實秋的《罵人的藝術》、巴金

在光華書局、現代書局、北新書局、新月書店、前期創造社（泰東書局）〔註91〕、
開明書店和「眞美善」書店等出版社出版或在《小說月報》、《新女性》、《樂
群》、《新月》、《獅吼・復活號》和《眞美善》等雜誌上發表的著譯作品 45 篇
／部。這個欄目的設置，是由於師鳩投寄的書評文稿引起了曾氏父子的注意，
特闢此欄以登載圖書和期刊文章的批評文章，開設之初即聲明「除了有作用
的謾罵和揄揚不敢收錄外，凡正當的批評，我們當儘量容納，因爲這是讀書
界亟亟需要的一種指導。」〔註92〕從所有此欄目的文本來看，這些批評文章
基本上都能平心靜氣、較爲中肯地對作品作出評價，在體裁內容和方法上基
本可分爲閱讀觀感和理論批評兩種，基本都能對作品作審美價値或思想藝術
層面的批判，甚至還有延伸性的「指導」。當然，文藝批評本身是見仁見智的
高層次審美鑒賞活動，也是最容易引起論爭的。《眞美善》雜誌「書報映象」
欄目的整體「溫藹」色彩，使他們沒有被過多地牽涉到文學論爭之中。而這
也正是曾氏父子所批判並竭力避免的一個新文學界的「弊病」。因爲，「文論
之爭」最容易演變爲「派系之爭」，恰如浩然在《〈罵人的藝術〉——中國文
章的價値》一文中所批評的那樣〔註93〕。該文歷數新文學以來的重要文學流
派和文人團體以及文壇論戰，而蓋之以「罵人」，實在是一篇頗有意味的文章，
可以與曾氏父子論及新文學成績與缺陷的文章對讀。這一欄目的稿件以毛一
波（時爲留日學生）（17 篇）和師鳩（7 篇）爲最多，合計占到半數以上。他
們所表現出的適度使用某些文藝理論展開批評的自覺，在當時文壇也是比較
少見的。此外，他們還在批評中表現出了幽默詼諧與嚴謹中肯並存的批評文
風〔註94〕，如師鳩的《葉鼎洛的大胖女兒》一文，是典型的爲葉鼎洛的新書
《未亡人》作廣告的書評文字。葉鼎洛以新書比作新生兒，自謙其「體格虛
弱、面貌醜陋、性格乖張」，師鳩則以「我已經是她這女兒的戀人了；她激動
了我的同情心，我們已經訂了婚約，結爲終身伴侶了」來標明自己對該書的

　　　　的《滅亡》、潘漢年的《離婚》、葉靈鳳的《菊子夫人》、沈從文的《入伍後》、
　　　　馮文炳的《竹林的故事》和《桃園》、成仿吾的《流浪》、托爾斯泰的《復活》
　　　　等中外文學名著被評論，此外便以眞美善書店本店出版圖書居多，有 10 部。
〔註91〕此指泰東書局出版的前期創造社的書籍，後來創造社自辦出版部，成員書籍
　　　　基本都由其出版。
〔註92〕編者：《書報映象・編者附識》，《眞美善》，1929 年第 2 卷第 6 期。
〔註93〕浩然：《〈罵人的藝術〉——中國文章的價値》，《眞美善》，1929 年第 4 卷第 3
　　　　號。
〔註94〕師鳩：《葉鼎洛的大胖女兒》，《眞美善》，1929 年第 3 卷第 2 號。

喜歡、讚賞，並認葉鼎洛爲「丈母」，甚至以床笫之事作比，來品評「這位姑娘」的好。但師鳩也毫不客氣地也指出了該書的缺點，如「嚕蘇」、「疊床架屋複敘的毛病」、「個性的矛盾」等。整個書評極盡幽默詼諧之能事，在調侃之中對作品作了較爲中肯到位的品評。總體來說，這個欄目的這種「溫和」的批評作風，基本符合曾氏父子對於文學批評要「開放」、「溫藹」，要能有「指導」作用的要求。

事實上，由於這個欄目在開設之初就聲明「想把這幾頁完全貢獻給讀者」〔註95〕，因此，從版面來看，除了幾篇他們作家群內部成員之間的「自我批評」和嵌入廣告式的捧贊文章之外，基本都是針對當時文壇新出版的名家名著所作的及時的、跟蹤批評和介紹。儘管投稿者並非都是「眞美善」書店、雜誌同人，但因爲曾樸、曾虛白父子在編輯、選登稿件時的有意篩選和嚴格把關，加上毛一波和師鳩的主幹撰稿和王墳、趙景深、湯增敔等人的文字輔助，可以說，這個欄目比較好地貫徹了曾氏父子的「眞美善」的文學批評理念，向文壇展示了他們力避「浮躁」和「鬥閒氣」式的批評的努力。因爲這個欄目是《眞美善》雜誌及其作家群直接對當時文壇作家作品及其背後的作家群、出版機構和書報雜誌發表批評言論、臧否得失的管道，他們採取了儘量選登以「審愼」的批評態度進行「正當的批評」的稿件策略，表現出了較高的編輯智慧，並與文壇的是非、論爭保持了適當的距離，避免了陷入無謂筆戰的尷尬。他們雖然渴盼文壇關注，但卻不用攪入論爭的方式來引起注意，這是尤爲難能可貴的。

〔註95〕編者：《書報映象·編者附識》，《眞美善》，1929 年第 2 卷第 6 號。

第6章 「注重翻譯事業」：外國文學的翻譯與介紹

6.1 「外潮的洶湧」：曾氏父子及「眞美善作家群」的翻譯實績

　　據筆者根據「眞美善書店」新書出版廣告和所見實物圖書所作的統計，「眞美善書店」先後出版文藝和政論類書籍 83 種，預告但未出版圖書 7 種〔註1〕，其中有 12 位翻譯家譯 6 國〔註2〕5 種文字〔註3〕19 位作家〔註4〕作品 28 部：其中病夫譯有《歐那尼》（法國囂俄著，1927.9）、《呂克蘭斯鮑夏》（法國囂俄著，1927.9）〔註5〕、《呂伯蘭》（法國囂俄著，1927.9）〔註6〕、《夫人學堂》

〔註1〕具體書目及出版信息參見「附錄一：眞美善書店出版圖書目錄（1927～1931）」。

〔註2〕法國 14 種，英國 3 種，美國 3 種，日本 4 種，俄國 1 種，捷克 1 種，歐美合集 1 種，《世界傑作小說選》2 輯。

〔註3〕分別是法語、英語、日語、俄語、捷克語。

〔註4〕他們是法國的囂俄、佐拉、梅麗曼（梅黎曼）（前後有兩種譯法）、葛爾孟、莫郎、穆里哀、邊勒魯意和法郎士，美國的佛雷特里克、德蘭散和皮藹爾，英國的哈代、王爾德和巴翁茲，日本的武者小路實篤、夏目漱石和高橋清吾，捷克的史萬德孩女士，俄國的薄力哈諾夫。

〔註5〕最早譯爲《梟獗》，有正書局 1916 年 9 月出版，1927 年 9 月更名爲《呂克蘭斯鮑夏》在眞美善書店出版。

〔註6〕《呂伯蘭》最早連載於《學衡》第 36，37 期（1924.12，1925.1），1927 年 9 月在眞美善書店出單行本。

（法國穆里哀著，1927.9）、《南丹與奈儂夫人》（法國佐拉著，1928.5）、《法蘭西小說》（法國多人著，與虛白合譯，1928.8）、《鐘樓怪人》（法國囂俄著，1928.12）、《肉與死》（法國邊勒魯意著，與虛白合譯，1929.6）、《項日樂》（法國囂俄著，1930.5）〔註7〕、《九十三年》（法國囂俄著，1931.4）〔註8〕等 10 種，占出版譯作總數的 35.7%；虛白譯有《鬼》（英國王爾德著，1928.4）、《神秘的戀神》（法國梅麗曼著，1928.5）、《法蘭西小說》（與病夫合譯，1928.8）、《歐美小說》（虛白等譯，1928.8）、《人生小諷刺》（英國哈代著，與顧仲彝合譯，1928.11）、《色的熱情》（法國葛爾孟著，1928.11）、《肉與死》（法國邊勒魯意著，與病夫合譯，1929.6）、《目睹的蘇俄》（美國德蘭散著，1929.8）和《世界傑作小說選》（1、2 輯）（虛白編譯，1930.4）等 9 種，合譯 2 種不計，占出版譯作總數的 25%，曾氏父子二人的譯作占眞美善書店出版譯作總數的 60.7%，占 3/5，其努力程度，可見一斑；此外，崔萬秋譯有《母與子》（日本武者小路實篤著，1928.5）、《草枕》（日本夏目漱石著，1929.6）、《忠厚老實人》（日本武者小路實篤著，1930.4）等 3 種；顧仲彝譯有《人生小諷刺》（英國哈代著，與虛白合譯，1928.11）和《樂園之花》（法國法郎士著，1929.9）等 2 種；張若谷譯有《留滬外史》（法國莫郎著，1929.4）1 種，馬仲殊譯有《短篇小說做法綱要》（美國佛雷特里克教授著，1929.6）1 種，劉麟生譯有《法西斯蒂的世界觀》（英國巴茲翁著，1929.9）1 種，杜衡譯有《一吻》（捷克史萬德孩女士著，1929.9）1 種，姜蘊剛譯有《政治思想之變遷》（日本高橋清吾著，1930.6）1 種，葉秋原譯有《民族的國際鬥爭》（美國皮藹爾著，1930.6）1 種和李史翼、陳湜合譯《馬克思主義根本問題》（俄國薄力哈諾夫著，1930.4）1 種，這 10 位翻譯家的譯作占出版譯作總數的 39.3%，占 2/5。如果以文藝與非文藝書籍來分類的話，在全部 28 本譯作中，純文藝書籍有 21 本，占總數的 3/4，其中曾氏父子譯有 16 本，占純文藝書籍總數的 76.2%。如果以譯作的源語和國別來分類的話，源語爲法語的譯作有 15 種，占 53.6%，其中曾樸譯有 10 種，虛白譯有 3 種，顧仲彝譯有 1 種，張若谷譯有 1 種；源語爲英語的譯作有 6 種，占出版譯作總數的 21.4%，其中虛白譯有 3 種，馬仲

〔註7〕 最早譯爲《銀瓶怨》，連載於《小說月報》第 5 卷 1～4 號（1914.4.25～7.25），1930 年 4 月改名爲《項日樂》在眞美善書店出版。

〔註8〕 《九十三年》最早連載於《時報》1912 年 4 月 13 日～6 月 14 日間，有正書局 1913 年 10 月出版單行本。詳見附錄二注9。

殊譯有 1 種，劉麟生譯有 1 種，葉秋原譯有 1 種；源語爲日語的譯作有 3 種，均爲崔萬秋所譯；另有捷克語 1 種，杜衡譯；俄語 1 種，李史翼、陳湜合譯。另外有《歐美小說》和《世界傑作小說選》〔註 9〕爲多人合譯。

此外，還有盧白編《漢譯東西洋文學作品編目》一冊，所收翻譯圖書書目以單行本爲主（雜誌短篇一概未錄），不限文言白話均錄（但文言注明），「譯本取捨之標準，以原作之價值爲準，故如哈葛德，科南道爾，勒白朗等三四流作家之作品一概不錄；至於譯筆之忠實與否則不問」〔註 10〕，目錄中詳細注明原作者、書名、譯者、出版社，除小說外均標注體裁，多人合譯文集均細列譯者，全書以國別分門別類排列，其中日本一國作家以出生年序排列，其它國家作家以姓名首字母順序排列，共列有 26 源語國和地區〔註 11〕的譯作，凡 117 頁。

據筆者對《眞美善》雜誌全刊所有期次的完全統計，在翻譯方面，《眞美善》共刊登了由 51 位譯者〔註 12〕翻譯的 17 國〔註 13〕14 種語言 103 位作家 186 篇次不同文體的作品。在這全部 186 篇次的譯品中，曾盧白有 67 篇次（長篇連載分次計數，故稱篇次），曾樸有 28 篇次，合計 95 篇，占總篇數的 51.1%。可以說，在《眞美善》雜誌的作者中，曾氏父子是譯介最努力的，他們以父

〔註 9〕這兩部翻譯小說集所收篇目，均先在《眞美善》雜誌上單篇發表，後結集出版。

〔註 10〕盧白原編，蒲梢修訂：《漢譯東西洋文學作品編目（第一回）》，眞美善書店，1929 年版，編例。

〔註 11〕依次是：日本、印度、波斯、阿拉伯、猶太、俄羅斯、芬蘭、波蘭、瑞典、挪威、丹麥、德意志（奧大利附）、匈牙利、保加利亞、希臘、捷克、瑞士、羅馬、意大利、法蘭西、荷蘭、比利時、西班牙、英吉利、非洲、雜集。

〔註 12〕他們是病夫、盧白、崔萬孚、崔萬秋、夏萊蒂（杜衡）、行澤、沈小瑟、張若谷、古魯、杜芳女士、子京、續新女士、方於女士、張嫻、顧仲彝、林徽因、楊毓溥、競文、蓋蔬、汪惆然、懷瑾、陳毓泰、趙景深、王壎、黃龍、高建華、葉秋原、炎德、查士驥、文益重、王家棫、瀟雨、成孟雪、沈默、陸貞明、蕭牧、陳尐竹、龍朱、姜蘊剛、沈來秋、盧世延、李青崖、邵洵美、楠荅晏、徐蔚南、張璇銘、章石承、季肅、儲安平、味眞、潘修桐等 51 位翻譯家。

〔註 13〕法國、美國、英國、日本、西班牙、匈牙利、德國、新猶太、俄國（此處「新猶太」爲《眞美善》雜誌中的署法，上文「猶太」爲《漢譯東西洋文學作品編目》一書中的署法；「俄國」爲《眞美善》中的署法，「俄羅斯」爲《漢譯東西洋文學作品編目》中的署法，作者注）、暹羅、保加利亞、挪威、意大利、瑞典、愛爾蘭、印度和中國等 17 國。以上各國中英、美、愛爾蘭同爲英語，其餘各有本國語，共 14 種語言。

子二人之力，供給《眞美善》雜誌超過半數的譯介稿件。其它在《眞美善》雜誌登載譯作較多的翻譯家有：崔萬秋、張若谷、顧仲彝、趙景深、王墳、汪惆然、成孟雪、徐蔚南、盧世延、王家棫、陳宀竹、季肅和味眞等。從譯作的源語國來看，法國有 93 篇次，占發表譯文總篇數的 50%，被譯介較多的作家有囂俄（今譯雨果）、梅麗曼、葛爾孟、戈恬、顧岱林、邊勒魯意、薄臺萊、大仲馬、弗勞貝（今譯福樓拜）、李顯賓、浦萊孚斯德、莫泊桑、葛萊、巴爾扎克、婁·德曼、聖德伴物、亞甘當、法郎士、都德、保爾穆杭、佐拉、勒穆彥、拉魯、喬治桑、拉馬丁、羅薩蒂（又譯羅色蒂）、繆塞、米顯萊和維尼等；英國有 25 篇次，占譯文總篇數的 13.4%，被譯介較多的作家有威爾斯、王爾德、哈代、曼殊菲爾、飛利浦、瑪麗衛勃、蓋萊爾、喬治摩阿、吉百林、羅素和彌而恩；俄國有 17 篇次，占譯文總篇數的 9.1%，被譯介較多的作家有柴霍夫（今譯契訶夫）、陶斯屠夫斯奇（今譯陀思妥耶夫斯基）、屠格涅夫、高爾基、阿爾志跋綏夫和托爾斯泰等；美國有 16 篇次，占譯文總篇數的 8.6%，被譯介較多的作家有濮愛倫（今譯愛倫·坡）、德蘭散、奧亨利（今譯歐亨利）、約翰·里德、姜伯倫（今譯張伯倫）和懷爾特等；日本有 11 篇次，占譯文總篇數的 5.9%，被譯介較多的作家有武者小路實篤、芥川龍之介、與謝野京子夫人和米川正夫等；德國有 5 篇次，占譯文總篇數的 2.7%，被譯介的作家有蘇特門、湯麥司曼（今譯托馬斯·曼）、瓦塞門和凱西林（今譯凱瑟琳）等；意大利有 3 篇次，被譯介的作家有魏爾嘉、丹農雪烏（今譯鄧南遮）等；愛爾蘭有 3 篇次，被譯介的作家有司蒂芬司；挪威有 2 篇次，被譯介作家有安特孫、般孫；新猶太有 2 篇次，被譯介的作家有阿虛、賓斯基；西班牙有 2 篇次，被譯介的作家有阿拉斯、伊本納茲；匈牙利有 2 篇次，被譯介的作家有卡羅萊·稽斯法呂提、育珂摩耳；瑞典有 2 篇次，被譯介作家爲史特林堡；暹羅有 1 篇次，被譯介作家爲猜越特；保加利亞有 1 篇次，被譯介作家爲伊林潘林；印度有 1 篇次，被譯介作家爲安德烈；中國有一篇次法語文章被譯介，即陳季同以法語寫作的《讀物展覽館》一文，由病夫翻譯，載《眞美善》第 2 卷第 2 號。

從以上統計數據可以看出，在《眞美善》雜誌登載的各種源語譯文中，源語爲法語的譯文剛好佔了半數，這很明顯是由曾氏父子、尤其是曾樸的文學偏好所決定的，也是曾樸及「眞美善作家們」親近法國文學、試圖譯介鏡鑒法國文學的一個文本證明，這是他們這個作家群集體努力、發揮自己語言

優勢取得的一個重要的譯介成績。然而，我們也要注意到，他們也把一半的版面和譯介努力付與了其它國別語種作品的譯介，英、俄、美、日、德等國的作品譯介也受到了相當的重視。並且，從上列源語國作家的名單來看，曾樸父子及「眞美善作家們」所選擇譯介的作家作品都是頗能代表該國近現代以來文學成就的代表性、經典作家作品。應該說，他們堅持了曾樸對於翻譯的系統性、經典性、名作化的標準和要求。這種譯介成績的取得，要歸功於作爲刊物編輯的曾氏父子通過他們的翻譯理論導向文章和翻譯技術探討文章，爲整個《眞美善》雜誌譯者群體所進行的理論疏導及其譯介不輟的實踐榜樣所帶來的鼓舞力量。

這些翻譯作品在體裁上有詩歌、戲劇、小說、散文、隨筆、遊記、書簡、文論、批評、序文、傳記以及政論等多種文體，其中文學批評文字涉及到近現代西方文學的諸多方面，既有具體的作家作品批評，也有作家傳記、回憶文章和文學史、流派史類文章和理論文章，構成了一個較具現代感的立體式西方文學批評的譯介網絡，爲「眞美善作家群」的創作和批評活動提供了一定的文本借鑒摹本和理論支撐。這一點，我們從「眞美善作家們」，尤其是曾氏父子的文學批評和翻譯理論探索文章中可以找到很多線索，比如說，他們在論述自己的某一文學主張或譯介要求時，總要從西方文學史上找到一些具有典型性的文學史實和案例爲其張目，以增強論說的力度。

6.2 「容納異性」與「系統翻譯」：文學翻譯的基本立場與方法

1927 年 11 月至 1931 年 7 月間，曾氏父子及「眞美善作家們」在《眞美善》雜誌上先後發表了 12 篇討論翻譯的文章〔註14〕，此外還有一些「眞美善」

〔註14〕 其中專論翻譯的有《翻譯的困難》（盧白，1.6）、《讀張鳳〈用各體詩譯外國詩的試驗〉》（上）（病夫，1.10）、《讀張鳳〈用各體詩譯外國詩的試驗〉》（下）（病夫，1.11）、《對〈少女日記〉譯本的商榷》（耀仲，1.12）、《中國翻譯歐美作品的成績》（盧白，2.6）、《俄國文學漢譯編目》（趙景深，2.6）、《致〈新月〉的陳淑先生》（盧白，3.3）、《翻譯中的神韻與達——西瀅先生論翻譯的補充》（盧白，5.1）、《論戴望舒批評徐譯〈女優泰倚思〉》（王聲、盧白，5.4）和《胡適博士〈米格爾〉譯文的商榷》（符生，5.6）等，捎帶論及翻譯的有《編者的一點小意見》（病夫，1.1）、《編者一個忠實的答覆》（病夫，1.4）、《模仿與文學》（盧白，1.11）、《覆王石樵、黃序龐、顧義》（病夫，1.11）、《覆胡適

書店出版圖書的「譯者序」等也論及翻譯問題。這些對翻譯問題進行理論探索和技術討論的文章共同建構起了曾氏父子及其「眞美善作家群」的翻譯理論體系。從文章數量、系統性和討論的深入程度來看，其中貢獻最大的當屬曾樸、曾虛白父子。而從理論建構的層面上看，他們的這些文章主要涉及到了翻譯的目的、標準和效果評價等方面。

據樽本照雄的統計，晚清 70 年間（1840～1911 年）大約有 2545 種外國小說被譯介到國內〔註15〕，這些譯品的譯者不同，譯介目的也各有差異，譯介的方法更是千差萬別。因爲當時翻譯界並無規範可循，譯者們在這些外國文學作品中要尋找和寄託的東西也不一樣。因此，誤讀、誤譯，甚至是有意的誤讀、誤譯都在在可見。王德威在總結晚清「翻譯」時認爲，「它至少包括意譯、重寫、刪改、合譯等方式。學者如史華茲（Benjamin Schwartz）、夏志清及李歐梵曾各以嚴復（1854～1921）、梁啓超（1873～1929）及林紓（1852～1924）爲例，說明晚清譯者往往借題發揮，所譯作品的意識形態和感情指向，每與原作大相徑庭。」〔註16〕然而，在晚清關於翻譯的紛紜眾說中，對於「感時憂國」、有家國抱負的文化人影響最大的恐怕要數梁啓超的「小說新民」論了，梁啓超寄改良社會、開啓民智的希望於「政治小說」的譯介與創作，這種政治對於翻譯文學的訴求，與曾樸「看透了固步自封的不足以救國，而研究西洋文化實爲匡時治國的要圖」〔註17〕的想法是一致的。然而，此時曾樸研習西洋文化的目的卻與梁啓超不盡相同，他因爲「認定外交官是爲國宣勞的唯一捷徑」，所以「決心學習外國語言，致力於西洋文化的研討」〔註18〕，其關注點在「外國語言」和「西洋文化」，目的是要做「外交官」，尚未完全鎖定文學翻譯爲其文化擔當。只是因爲曾樸小說家的身份和他對文學的熱愛，才會讓他後來在謀外交官職而不得的時候，在陳季同的影響下，改變了對於「西洋文化」的寄託，轉而選擇以譯介外國文學爲振興中國文學的手段。

我們知道，曾樸是主張通過系統譯介外國文學來「改革」中國文學的，那麼，在通過開書店、辦雜誌獲得了可以在公共文化話語空間發聲的「資本」、

的信》（病夫，1.12）、《給全國新文藝作者一封公開的信》（虛白，2.1）。

〔註15〕樽本照雄：《清末民初的翻譯小說》，陳平原：《二十世紀中國小說史》（第一卷），北京大學出版社，1989 年版，第 28～29 頁。

〔註16〕王德威：《被壓抑的現代性》，北京大學出版社，2005 年版，第 3 頁。

〔註17〕虛白：《曾孟樸先生年譜》，《宇宙風》，1935 年第 2 期，第 109 頁。

〔註18〕虛白：《曾孟樸先生年譜》，《宇宙風》，1935 年第 2 期，第 109 頁。

在通過搞文藝沙龍成功地召集起了一個「眞美善作家群」之後，「譯介」就成了曾樸實現其文學理想和文化建設主張的關鍵步驟，因為「譯介」是他「改革」中國文學的前提，是他引「外潮的洶湧，來沖激自己的創造力」〔註19〕的一條「人工文化運河」，是他「儘量容納外界異性的成分，來蛻化它陳舊的體質，另外形成一個新的種族」〔註20〕的「文化蓄電池」。曾樸很早就認識到了「譯介」在中西文化交通時代、尤其是中國文學遠遠落後於西方文學的情況下對於中國文學變革的重要性。他的這種認識來自於陳季同關於中西文學不對等交際的一番談話：「總而言之，支那的文學是不堪的〔註21〕；……我想弄成這種現狀，實出於兩種原因，一是我們太不注意宣傳，文學的作品，譯出去的很少，譯的又未必是好的，好的或譯得不好，因此生出重重隔膜，二是我們文學注重的範圍，和他們不同，我們只守定詩古文詞幾種體格，做發抒思想情緒的正鵠，領域很狹，而他們重視的如小說戲曲，我們又鄙夷不屑，所以彼此易生誤會。我們現在要勉力的，第一不要局於一國的文學，囂然自足，該推擴而參加世界的文學，既要參加世界的文學，入手方法，先要去隔膜，免誤會，要去隔膜，非提倡大規模的翻譯不可，不但他們的名作要多譯進來，我們的重要作品，也須全譯出去，要免誤會，非把我們文學上相傳的習慣改革不可，不但成見要破除，連方式都要變換，以求一致，然要實現這兩種主意的總關鍵，卻全在乎讀他們的書。」〔註22〕可以說，陳季同的這番話對曾樸的整個文學觀、文化觀和中西文學比較觀產生了深遠的影響，但曾樸並未完全接受。陳季同在這段話裏面表露了對於中國文學與西方文學關係的認識：其一，當時一般的知識者和後來的研究者都認為，中國文學是落後於西方文學的。然而，陳季同並未表露類似的想法，他只是認為中國文學被人認為落後是因為中外文學的體系不同，相互產生了誤會，而中國文學又「囂然自足」，對外宣傳不夠，才導致外界的不瞭解；其二，在翻譯的基礎上，引入西方的文學樣式，來改造中國文學，但未論及具體實施辦法。曾樸將第二

〔註19〕 病夫：《編者的一點小意見》，《眞美善》，1927 年第 1 卷第 1 號。

〔註20〕 病夫：《編者的一點小意見》，《眞美善》，1927 年第 1 卷第 1 號。

〔註21〕 此語是陳季同給曾樸轉述的法郎士對於中國文學的評價，並非陳季同本人的觀點，此後則是曾樸向胡適轉述的陳季同的觀點。

〔註22〕 病夫：《覆胡適的信》，《眞美善》，1928 年第 1 卷第 12 號。請注意，這段話是曾樸在《覆胡適的信》中轉述給胡適的，是陳季同在與曾樸交往之初就告於曾樸的。因為這段議論在曾樸致胡適信的中，有些粗心的研究者誤以為是曾樸個人的觀點。

個意見改造使之具體化、明確化，並根據自己的理解，提出了自己的翻譯外國文學、改革中國文學的主張。我們可以看出，曾樸對於陳季同的文學觀念的繼承和改造：他接受了陳季同關於「系統譯入」外國文學的主張，放棄了其「系統譯出」中國文學的建議，可能是出於改革中國文學的策略上輕重緩急的考慮，認爲譯介對於中國文學的改革更重要吧。

　　曾樸的中國古典文學造詣及其自身的創作體驗和他對西方（不僅是法國）文學、文化的深入研究，賦予了他獨到的文學、文化比較眼光，使他注意到中外（法）文學的差異是「文學注重的範圍」不同，而這也正是中國文學保守性在文體上的一個體現。相對於西方文學的文體多樣性，中國古典文學存在著表現領域過於狹隘、過分強調「詩古文辭」等文體的正統性而鄙夷小說戲曲爲俚俗等問題，這也正是中國文學走向現代化的一個體制性障礙，而由此導致的文學創作在體裁、表現方式、傳播途徑、閱讀和評價方式等方面的差異也是巨大的。中國古典文學生產、傳播和接受方式的貴族化，必然會導致其無法實現有效的普及和大眾愉悅，並使其失去了與世界文學新潮對話的便捷與可能。新文化運動在文學方面的努力、對西方文學的大力譯介，就是爲了掃除這一障礙。曾樸呼應陳季同提出的「要免誤會，非把我們文學上相傳的習慣改革不可，不但成見要破除，連方式也要變換，以求一致」〔註 23〕，在《編者的一點小意見》裏指出了「依著歐洲文學上邏輯的分類法，把中國體裁概略的參合」的文學文體分類法的原因：「這雜誌是主張改革文學的，不是替舊文學操選政或傳宣的。既要改革文學，自然該儘量容納外界異性的成分，來蛻化他陳腐的體質，另外形成一個新種族」〔註 24〕。而這也正是曾樸創辦《小說林》和《眞美善》雜誌以爲文學變革提供舞臺、爲中西文化溝通提供媒介的方式和目的。

　　曾樸不僅對於中國古典文學傳統，即「舊文學」與外國文學的差距感到不滿，他對於中國「新文學」的不滿也是促使他號召重視翻譯文學的重要原因。在《覆胡適的信》中曾樸通過對林紓翻譯的評價，聲明「我們翻譯的主旨，是要擴大我們文學的舊領域」〔註25〕，並在肯定了「新文學」在小品文、短篇小說和新詩的創作成就之後，從總體上評價了新文學第一個十年的成

〔註23〕病夫：《覆胡適的信》，《眞美善》，1928 年第 1 卷第 12 號。

〔註24〕病夫：《編者的一點小意見》，《眞美善》，1927 年第 1 卷第 1 號。

〔註25〕病夫：《覆胡適的信》，《眞美善》，1928 年第 1 卷第 12 號。

績：「我們在這新闢的文藝之園裏巡遊了一周，敢說一句話，精緻的作品是發見了，只缺少了偉大。」〔註26〕曾樸指出造成新文學貧乏的原因有二：「一種是懶惰，一種是欲速」，而「現在要完成新文學的事業，非力防這兩樣毛病不可，欲除兩樣毛病，非注重翻譯事業不可。」〔註27〕

然而，對於新文學界的翻譯成績，曾樸也是不滿意的。他曾批評說「翻譯是創造的肥料，肥料不充分，產生的作物決不會有良果，一瞥我們譯事的園地裏，還是一片荒蕪」〔註28〕，這既批評了譯界的不作為，也委婉指出了新文學創作的不令人滿意及其原因。作為對此觀點的呼應，曾虛白在同期的《眞美善》雜誌上的《模仿與文學》一文中提出了要用翻譯來為文學創作提供模仿的樣本、以模仿促進創作的觀點：「翻開本世界文學史來看，中國仿之古，日本仿之外多不必說，就是歐洲各國，從希羅文學鼎盛數起，凡是時代的變遷，潮流的激蕩，那一次不靠著模仿來做個導線，那一次不藉重模仿來另創新紀元。」〔註29〕

曾樸對中國文化自身價值的認同與他對西方異質文化成果的艷羨並不矛盾，他認為兩種文化可以通過對話和溝通實現文化互動與增值，而翻譯的目的正在於此。但他同時也認為，中國近代翻譯的要務，是要盡可能多地迻譯西方文學名著，以刺激中國文學自身的變革，進而實現「文學為人生」的進化，並舉出數例說明「世界上，無論那一國的文學，不受外國潮流的衝擊，決不能發生絕大的變化的。不過我們主張要把外潮的洶湧，來沖激自己的創造力。不願沉沒在潮流裏，自取滅頂之禍，願意唱新鄉調，不願唱雙簧；不是拿葫蘆來依樣的畫，是拿葫蘆來播種，等著生出新葫蘆來」〔註30〕。由此可見，曾樸是主張理性的「拿來主義」的，他反對全盤西化，反對迷失自我的「歐化」，反對膚淺的表現方法和主題上的簡單模仿，而是主張在學習借鑒中實現中國文學的自我革新和浴火重生。作為對曾樸翻譯目的觀的一種呼應，邵洵美也曾著文批評過翻譯界存在的「他們太把翻譯當為是商業的或是政治的事業，而忽略了他是一種文學的工作」〔註31〕的現象。

〔註26〕病夫：《覆胡適的信》，《眞美善》，1928 年第 1 卷第 12 號。

〔註27〕病夫：《覆胡適的信》，《眞美善》，1928 年第 1 卷第 12 號。

〔註28〕病夫：《覆王石樵、黃序龐、顧義的信》，《眞美善》，1928 年第 1 卷第 11 號。

〔註29〕虛白：《模仿與文學》，《眞美善》，1928 年第 1 卷第 11 號。

〔註30〕病夫：《編者的一點小意見》，《眞美善》，1927 年第 1 卷第 1 號。

〔註31〕邵洵美：《談翻譯》，《人言周刊》，1934 年第 1 卷第 43 期。

對於完成翻譯事業的方法，曾樸在《覆王石樵、黃序龐、願義的信》中，做過深入而細緻地闡發，提出了「系統翻譯」的觀點，他說：「我對於譯事，卻抱著個狂妄的志願；不願把自己崇拜的幾個作家，看了他們的作品，隨手抓來就譯，想做一番有統系的翻譯工作。」〔註32〕這是曾樸首次對文壇公開表示反對僅就個人愛好進行無規劃、無目標的譯介，主張系統譯介外國文學，並毫不留情地批評了當時翻譯界的弊病：「只是些零星小販，否則便是賣野人頭；前一種是偷懶，後一種是眩奇。」〔註33〕前者主要是因爲沒有系統翻譯的觀念和理想，後者則是捧「小國的作家」和「冷僻的作家」，曾樸對後者的批評一方面擊中了文壇時弊，一方面也反映了他和當時文學界的隔膜。我們知道，當時文壇對於「弱小民族文學」的介紹正方興未艾，目的在「借他人酒杯，澆我胸中塊壘」，也是一種文化同情主義的觀念在起作用。而曾樸當時所抱持的則是一種翻譯上的文化正統主義，即譯介經典作品、名家名著的觀念，究其實，導致這種觀念差異的主要原因，還是因爲大家譯介目的的不同：那些熱衷於譯介「弱小民族文學」的翻譯家們希望通過譯介異域文化資源爲中國的「國民性」、「民族性」和「人性」的再造尋求精神支撐，爲國人提供國民覺醒、民族復興的異國文學形象，以喚醒大眾的民族意識和國族意識，從而實現民族國家在政治上的獨立，是實用主義譯介觀在起作用；曾樸則選擇了通過譯介外國文學經典來推動民族文藝復興這一文化改革的視角，希望以異域優質文學、文化資源來沖激喚醒中國文學的自我復甦與新生，所以，他譯介的著眼點在「名家經典」。對此差異，我們要辯證地看，一方面，曾樸是以其有統系地翻譯名家名著的翻譯理想爲參照，對新文學界譯介小國小語種作品如「被壓迫民族的文學」等表示了不理解，這無疑顯示出其「眞美善」的源語擇取標準與新文學界一般譯介標準的分歧：他是在西方文學經典中爲中國文化重建和文學再造尋求高層次借鑒性資源，他追求的是文學／文化的經典性。當然，他的批評也的確擊中了當時譯壇急功近利的時弊。

曾樸指出了導致翻譯界急功近利的社會原因，「是社會讀者對著文學的觀念太淡薄，逼得人家只好走這條路；只爲不是這樣，便成不得名，博不到利。」〔註34〕可以說，曾樸的指責是兩方面的：在讀者方面，對文學理解太單薄，「文

〔註32〕病夫：《覆王石樵、黃序龐、願義的信》，《眞美善》，1928 年第 1 卷第 11 號。
〔註33〕病夫：《覆王石樵、黃序龐、願義的信》，《眞美善》，1928 年第 1 卷第 11 號。
〔註34〕病夫：《覆王石樵、黃序龐、願義的信》，《眞美善》，1928 年第 1 卷第 11 號。

學消費需求」左右了「文學生產」；在翻譯家方面，名利心太重，被「需求」
左右，而失去了作為譯者的主體性。對此，曾樸提出了解決問題的辦法：「第
一要努力普遍的貢獻，第二要實行自己的工作。貢獻的辦法，我想從希臘羅
馬起直到如今，各時代裏，各主義下，各個作家的主要作品，凡足以表現時
代傾向和文學過程，有必須介紹價值的，我們來博考慎選，彙編一個總目，
詳載篇題，意義，並加說明，（出版處所和價目亦可附入）假定叫做『文學譯
事準繩』，定翻譯的標準，備文壇的採擇。我們就在雜誌裏面，逐期發表，想
諸君一定贊成。實行自己工作的辦法，我們就依據前定的總目裏，擇其中最
偉大最需的作品，提出一百種；換一句話說，就是選定古今一百個作家，一
百部作品，實行我們翻譯的工作；或自己擔任，或特約請譯，或自由投稿，
多不拘定，只要不出規定範圍罷了。隨時譯成，隨時出版，滿了百部，便合
成一種叢書，擬稱作《見影叢書》。這樣的翻譯，比較趁高興的亂譯，似乎稍
有統系，諸君以為如何。」〔註 35〕在此，曾樸提出了他的「系統翻譯觀」的
基本要求和和實踐手段，即要有系統地按照歷史時序整理出整個外國文學史
上各國、各時代、各風格流派有代表性、有藝術價值的備譯作品目錄，並強
調先「介」──「詳載篇題，意義，並加說明，（出版處所和價目亦可附入）
假定叫做『文學譯事準繩』，定翻譯的標準」──後「譯」──「備文壇的採
擇」──的操作方法，即先依照文學史發展歷程，列出備選源語作家作品，
並作詳細的「介紹」，以備「文壇的採譯」，這是一種翻譯之前的工作，是一
種為翻譯家提供源語作品信息的「前翻譯」工作，是對翻譯工作流程的一種
技術性細化，明確了文學翻譯過程中「譯」與「介」的職能區分，指出了在
翻譯的過程中，翻譯家瞭解自己的工作對象──源語作品及其作者和版本信
息的重要性，也規定了翻譯家的工作程序：「介」──「譯」──「介」，即
譯者獲取源語作品信息，充分理解源語作家的創作意圖和作品的文化、審美
意蘊──譯者用目的語對源語作品進行語言、文化、審美和形式層面的轉換，
並盡最大努力保留源語作品的神韻──譯者將目的語譯品呈現給目的語讀
者，並使讀者在閱讀譯品的過程中能夠參與對文本的「填空」和「對話」，獲
得對譯品的理解，這是曾樸在深刻反思林紓翻譯中存在的選材不精導致資源
浪費的弊端提出的，是中國現代翻譯文學史上僅有的一例主張在「翻譯──
介紹」的文化行為之前加上一個向翻譯家介紹源語作品信息的翻譯觀點，只

〔註 35〕病夫：《覆王石樵、黃序龐、願義的信》，《真美善》，1928 年第 1 卷第 11 號。

是長期以來，學界一直沒有注意到曾樸的這種翻譯觀念創見，並將之簡單地視爲一般意義上的「譯介」了。曾虛白在《從辦雜誌說到辦日報‧覆林樵民》一文中也批評了譯界和讀者過於注重閱讀「偶像」，導致「外國的名作家有好幾百，……我們只認定了幾個人譯」〔註36〕的怪現狀，這是對曾樸批評譯界的「急功近利態度」的一種補充和呼應。

在《覆胡適的信》中，曾樸詳細介紹了自己因經陳季同告知法郎士關於「支那的文學是不堪的」評語的刺激而發了「文學狂」的經過，並闡釋了他受陳季同的影響而萌生的「系統譯入」和「系統譯出」的文學譯介和文化交際主張。信中曾樸還進一步完善了他的「系統翻譯觀」：「我們現定的方法，想先從調查入手，把已譯成的各國作家重要作品，調查清楚，列成一表。譯得好的或不好的，詳加討論。然後再將各國，各時代，各派別裏的代表作品，有必須介紹的，另定一表，加以說明，便在雜誌上逐期公表，和大家商榷，總希望定出一個文學上翻譯的總標準。」〔註37〕，即要先進行譯品調查，對已有的譯品進行翻譯批評和討論，分析其優劣，這就有要全面盤點翻譯界的成績和缺點，以確定翻譯的標準和譯界日後努力的方向和目標的意味了，這種意見可以說是高屋建瓴式的。同時，曾樸強調了要在調查討論已有譯品之後，再向翻譯界系統介紹源語作品，即「再將各國，各時代，各派別裏的代表作品，有必須介紹的，另定一表」。由此可見，曾樸對於翻譯的思考，不是僅僅著眼於一人一作的譯介，也不是僅僅著眼於一詞一句翻譯的優劣得失，更沒有僅僅停留在對於翻譯技術的淺層次（是直譯還是意譯）考量上，而是放眼於文化大交流大溝通的大文化觀，著眼於中國文化現代化建設的大未來。至此，曾樸向新文學界乃至整個中國文學界宣告了自己要通過系統譯介西方文學名著來沖激、改革中國文學以實現文學、文化自新目的的文學主張，並說明了自己這種文學主張的文化淵源，即世界文學發展嬗變的歷史規律和具有跨語言文化研究視野的陳季同的文學交際主張。同時，曾樸也給出了實施這種文化建設主張的技術路線和實際操作規程。

曾氏父子的「系統翻譯觀」還包含了他們對「復譯」和「重譯」的看法：「我對於翻譯有一種僻見，以爲凡最好的作品，不妨大家復譯，一者可以比

〔註36〕虛白：《從辦雜誌說到辦日報‧覆林樵民》，《眞美善》，1928 年第 2 卷第 5 號。
〔註37〕病夫：《覆胡適的信》，《眞美善》，1928 年第 1 卷第 12 號。

較譯法的優劣，二者可使作者的意義，多幾個人傳述，這一個說不明白，也許那一個說得明白些，彼此互相補助。歐美各國的名作，常常有幾種譯本，就是這個道理。然這個都是對著譯得好的說。若是譯得不好的，那更有重譯的必要。」〔註 38〕在這裏，我們可以清楚地看到，曾樸因爲充分地認識到了文化差異的客觀存在以及翻譯中文化誤讀的不可避免，因此著力強調「復譯」和「重譯」的必要性。當然，這也是針對譯者水平良莠不齊的狀況提出的解決辦法，「復譯」的目的，不是爲了否定前人的勞動成果，而是爲了更好地傳遞原作的精神風格，以爲培育中國文藝創新的「肥料」。

可以說，與新文化界某些「全盤西化」的「左」的文化主張相比，曾樸、曾虛白父子的主張更具現實意義，但絕不是「資產階級改良主義」的和「保守」〔註 39〕的；而與守舊派的「文化復古」主張相比，他們的文藝主張則更顯出其求新求變的進步需求，但絕不是「文化冒進主義」。事實上，曾氏父子也確實按照他們的規劃在《眞美善》雜誌上發表了《中國翻譯歐美作品的成績》和《俄國文學漢譯編目》，並出版了《漢譯東西洋文學作品編目》（第一回），自己譯介並約請多位譯者迻譯多國文學名家名作。

6.3 源語與經典：翻譯標準的確立與技術探索

爲實現「理性」借鑒，同時也針對新文學十年翻譯工作中存在的問題，曾樸從戰略性角度提出了翻譯界合作與統一翻譯標準的問題，以避免無系統的重譯、漏譯和無標準的亂譯，這對中國現代翻譯的發展無疑具有重要而深遠的現實意義。對此，我們可以從曾樸關於源語作品擇取標準和翻譯效果評價標準兩個層面的相關言論來展開分析。

需要強調的是，曾樸的系統譯介計劃雖因其規模龐大、任務艱巨非一人一文學社團之力短時間內可以實現而未完全鋪開，但卻透露出曾樸在源語作品擇取上的幾個重要標準。爲了便於分析，我們有必要再次引用曾樸的這段「系統翻譯論」：「從希臘羅馬起直到如今，各時代裏，各主義下，各個作家的主要作品，凡足以表現時代傾向和文學過程，有必須介紹價值的，我們來博考愼選，

〔註 38〕病夫：《覆王石樵、黃序龐、顧義的信》，《眞美善》，1928 年第 1 卷第 11 號。
〔註 39〕唐沅等：《中國現代文學期刊目錄彙編》（第二卷），知識產權出版社，2010年版，第 1138 頁。

彙編一個總目，詳載篇題，意義，並加說明，（出版處所和價目亦可附入）假定叫做『文學譯事準繩』，定翻譯的標準，備文壇的採擇。」〔註40〕從這段文字裏，我們可以讀出曾樸在源語作品選擇上的以下四個標準：

（1）名作意識，即經典意識，即要充分尊重作品在文學史淘選和讀者閱讀接受史上所表現出來的價值，尊重文學的歷史譜系及其豐富性，主張選譯世界文學經典，以「經典」培育「經典」，這是曾樸明顯區別并高於近現代一般翻譯家的地方。曾樸在評價林紓的翻譯時曾說：「畏廬先生拿古文筆法來譯歐美小說的古裝新劇出幕了。……慢慢覺得他還是沒標準，即如哈葛德的作品，實在譯得太多了，並且有些毫無文學價值作家的作品，也一樣在那裏勾心鬥角的做，我很替他可惜。……畏廬先生雖是中國的文豪，外國文是絲毫不懂的，外國文學源流，更是茫然，譯品全靠別人口述，連選擇之權，也在他人手裏。」〔註41〕曾樸曾頗有針對性向林紓建言，「推銷」自己的「系統翻譯觀」，可惜林氏「事實做不到」〔註42〕，原因是林紓「自己不懂西文，無從選擇預定」〔註43〕。此外，曾虛白在《漢譯東西洋文學作品編目》（第一回）的「編例」中，曾申明其編選譯品目錄的「譯本取捨之標準，以原作之價值為準，故如哈葛德，科南道爾，勒白朗等三四流作家之作品一概不錄，至於譯筆之忠實與否則不問」〔註44〕。以上所引兩例均足以說明曾氏父子關於源語作品擇取的標準之高，其判斷譯本價值全依原作價值而定，究其實，還是對其「真」、「美」、「善」的文學標準的堅持。

（2）流派意識，即規律意識，即要充分尊重作品的時代風貌和流派（主義）風格（即所謂「足以表現時代傾向和文學過程」），充分重視作品所具有的時代性和文學史標本價值，重視從考察文學自身發展變化的規律和歷史走向上去進行學習和借鑒，以西方文學的發展規律來指導和規範中國文學的現代化追求，這是符合曾樸的「真」（藝術真實）、「美」（形式美學）、「善」（對社會「發生作用」的文藝功用性）的文學標準的，即以「真」、「美」、「善」的、能夠展現時代風貌的外國文學來促進中國產生「真」、「美」、「善」的文

〔註40〕病夫：《覆王石樵、黃序龐、顧羲的信》，《真美善》，1928年第1卷第11號。
〔註41〕病夫：《覆胡適的信》，《真美善》，1928年第1卷第12號。
〔註42〕病夫：《覆胡適的信》，《真美善》，1928年第1卷第12號。
〔註43〕病夫：《覆胡適的信》，《真美善》，1928年第1卷第12號。
〔註44〕虛白原編，蒲梢修訂：《漢譯東西洋文學作品編目（第一回）》，真美善書店，1929年版，編例。

學，他希望這種文學樣態能夠像它的異域文學樣本一樣，尊重文學自身的發展規律、展示中國社會的時代風貌。這就是曾樸對於翻譯文學的期待，是符合他的「眞」、「美」、「善」的文學高標的。

（3）版本意識，即關注作品的文本形態和版本價值，重視作家作品自在的變化發展。版本意識實際上一種文學上的正統意識，即強調忠實於文學作品在歷時性文化大潮中的文本形態變化，關注作家對文本的改易，以及這種改易所暗示的作者或時代文化／文學觀念的變遷。這也是曾樸不同於一般譯者的地方，他的所謂「有統系的翻譯」實際上也包含對作家作品版本「統系」的重視。在《肉與死・後記》裏，曾樸曾分析、比較過該書法文原版兩個版本的區別：「我們都仔細參照過，覺得二版本所增加的各章，在量的方面雖加多了篇幅，於質的方面，並未增加作品的價值反而不如初版本的一氣呵成。」在這裏，曾樸評價文學作品重「質」輕「量」的態度表露得再明顯不過了，而重「質」正是與其「眞」、「美」、「善」三字文學理想相洽的。

（4）他還提出要「定翻譯的標準」，即實現「譯有可依」，要求翻譯界制訂統一的翻譯標準，在翻譯的目的、技術手段和效果評價等方面有相對統一的翻譯理念以及細部處理的統一辦法和譯名統一等方面的規範。

我們不妨比較一下曾樸和林紓在源語作品擇取上的差異：林紓因「不審西文」而缺乏對西方文學發展的歷史和文化機制的認識，又因前後與十餘位外語程度不一的口述者合譯，因此在源語作品的擇取上很難有統一的標準，更談不上「擇各時代，各國，各派的重要名著，必須迻譯的次第譯出」〔註45〕了；曾樸則提出了「有統系的」「迻譯」各流派名著的建議，體現出明顯的經典意識。就目前學界關於林譯小說的研究成果來看，我們基本可以認可曾樸在近百年前對林譯小說的文學價值所作的評判，林紓及其合作者對原著有意無意的誤讀誤譯，使我們在談及中國文學的現代化進程時總難免有幾分遺憾。林紓的翻譯雖然「啓蒙」了「五四」一代，但其最初的動因卻是近代出版商和走出書齋「爲稻粱謀」的知識分子之間在商業利益驅動下的文化合謀。林紓在其翻譯中著力炫耀的是自己的「古文功底」，雖然他也時時激動於其譯文中人物的思想言行，但卻把譯事看做「表現個人的文章」〔註46〕和賺取高額稿費的方式，他譯書的書齋甚至被友人戲稱爲「造幣廠」。這樣看來，林紓

〔註45〕病夫：《覆胡適的信》，《眞美善》，1928 年第 1 卷第 12 號。
〔註46〕病夫：《覆胡適的信》，《眞美善》，1928 年第 1 卷第 12 號。

的翻譯就具有了趨利趨時的功利主義色彩；與此相反，曾樸則表現出了令人
欽佩的認眞勁和濃厚的文化再造的理想主義色彩，「我們翻譯的主旨，是要擴
大我們文學的舊領域」，「要把外潮的洶湧，來沖激自己的創造力。」〔註47〕

其實，對於林紓的翻譯，曾樸初讀「非常的歡喜，以爲從此吾道不孤，
中國有統系的翻譯，定可在他身上實現了。」〔註48〕但後來卻失望於林紓的
「沒標準」和文言翻譯，對此，曾樸建議林紓「是用白話，固然希望普遍的
瞭解，而且可以保存原著人的作風，叫人認識外國文學的眞面目，眞精神」
〔註49〕。對此，向來以自己的古文爲驕傲的林紓「完全反對」〔註50〕。由此
我們可以看出，曾樸和林紓對待文學翻譯態度的大不同：林紓主張用文言翻
譯，且對自己的古文譯品頗爲自得，曾樸主張用白話，以求「普遍的瞭解」。
從表面看，這只是目的語語言形式層面的差異（文、言之爭）而已，但從深
層看，林紓還停留在古文家的驕傲上，主張「中體西用」、「以中化西」，把他
欣賞的西方作家比擬爲中國古代的司馬遷，幾乎沒有認識到中西方文學在文
體層面和文化精神層面上的巨大差異，其翻譯的目的也就成了給中國古文文
學找「洋幫襯」；而曾樸則在系統研讀西方文學史和大量作品的基礎上，認識
到了西方文學的優勢及其文化、思想土壤的豐饒，其翻譯的目的是要引進西
方文學、文化及其精神內核，從文體上（即表現形式上）、主題上（即表現內
容上）來改造中國文學。的確，林紓用古文而非白話傳譯現代外語文學作品，
很是失掉了原作的一些風格精神，「意譯過甚，近於不忠」〔註51〕，而他的讀
者也大都是文化水平較高的「士人」而非普通讀者；其次，林紓的古文雖然
雅潔典奧，但卻有一個致命傷：與原作體裁不稱，以中國古典文言章回體譯
以西方現代語文寫成的表現西方現代社會、政治、思想和文化風貌的現代小
說。曾樸認爲，「他這樣做下去，充其量，不過增多若干篇外國材料的模仿唐
宋小說罷了，對於中國文學前途，不生什麼影響」〔註52〕。

對於「直譯」與「意譯」在翻譯效果上的評價，歷來譯界爭執不下，難
有定評。胡適在論及曾樸翻譯的《呂伯蘭》時曾說：「已讀三種之中，我覺得

〔註47〕病夫：《編者的一點小意見》，《眞美善》，1927年第1卷第1號。
〔註48〕病夫：《覆胡適的信》，《眞美善》，1928年第1卷第12號。
〔註49〕病夫：《覆胡適的信》，《眞美善》，1928年第1卷第12號。
〔註50〕病夫：《覆胡適的信》，《眞美善》，1928年第1卷第12號。
〔註51〕病夫：《覆胡適的信》，《眞美善》，1928年第1卷第12號。
〔註52〕病夫：《覆胡適的信》，《眞美善》，1928年第1卷第12號。

《呂伯蘭》前半部的譯文最可讀。這大概是因為十年前直譯的風氣未開，故先生譯此書尚多義譯，遂較後來所譯為更流利。近年直譯之風稍開，我們多少總受一點影響，故不知不覺地都走上謹嚴的路上來了。」〔註 53〕我們再看曾樸對這同一部《呂伯蘭》的前半部的自我評價：「第二缺點：譯書第一要忠實，最好是直譯，一字一句，像印模一樣的印出來，方不至把原文的意義，走了樣兒。我譯這部《呂伯蘭》，直譯的地方，固然也不少，但第一折裏，就不免有近於義譯的所在，尤其是第三折第二場，那是觸發我開譯這部『特拉姆』的原動力，我心腔裏的怒浪，不自禁洶湧地沖激出來，雖仍不敢遠離原文的意旨，然詞句裏頭，時有出入，這是很抱歉的一件事。」〔註 54〕對於同一譯者同一譯品的兩種截然相反的評價，正說明了持論雙方的胡適和曾樸對於意譯與直譯的效果評價標準的完全不同，這也是近現代翻譯史上一直沒有定論的爭執，不能以高下、勝負視之，這正可以說明翻譯效果評價標準的難以確定。關於翻譯效果的評價標準，曾樸認為，「第一要忠實，最好是直譯」。在《編者一個忠實的答覆・覆彭思》一文中，曾樸在回答彭思對他譯戈恬的《鴉片煙管》譯文效果的質疑——「你的譯文與林畏廬相差幾何？」〔註 55〕時，給出了否定性回答，並頗為自負地宣稱：「這篇譯文，好歹且不必講，卻一字一句都照著原文忠忠實實的迻譯，惟恐失了作者的真面目」〔註 56〕。可見，曾樸對於翻譯的最低要求是「忠實」，即「真」。

《論戴望舒批評徐譯〈女優泰倚思〉》是曾虛白與讀者王聲討論戴望舒對徐蔚南翻譯的《女優泰倚思》一書的評價的通信。在舉列評點了戴望舒對徐譯的批評後，曾虛白指出，「我們公正地說，徐譯的雖不無疵累，而戴評所謂重大的錯誤，根本上實在是翻譯標準不同的一種爭執而已。因為，徐譯有意譯的趨勢，……而戴評卻是以一字一字直譯作根據的。」〔註 57〕曾虛白點出了「意譯」和「直譯」在方法論和評價標準上的不同所帶來的閱讀效果的差異，可謂看到了問題的實質。接著，他提出了一個譯本好壞的評價標準：「一本譯本的好壞決不該在字眼上用工夫去推求，應該在它譯筆中所傳出來的風

〔註 53〕 胡適：《致曾孟樸先生的信》，《真美善》，1928 年第 1 卷第 12 號。

〔註 54〕 病夫：《呂伯蘭・譯者自敘》，真美善書店，1927 年版，第 3 頁。

〔註 55〕 彭思：《致孟樸先生的信》，《真美善》，1927 年第 1 卷第 4 號。

〔註 56〕 病夫：《編者一個忠實的答覆・覆彭思》，《真美善》，1927 年第 1 卷第 4 號。

〔註 57〕 虛白：《論戴望舒批評徐譯〈女優泰倚思〉》，《真美善》，1930 年第 5 卷第 4 號。

度和筆法上去攝取一個總和的映象，看它和原文所表達的風度和筆法能否吻合無間。」〔註58〕這是曾虛白翻譯觀的一個提升，比他在《翻譯的困難》一文所表達的翻譯觀念有了明顯的進步。當然，《翻譯的困難》一文主要是討論翻譯新手的入門訓練法的，而此處討論的卻是翻譯效果的評價標準。

《編者的一點小意見》是曾樸的文學宣言，因爲《眞美善》雜誌著譯並重，所以「眞」、「美」、「善」這三字箴言也是曾樸父子自己進行翻譯工作和擇登翻譯稿件時的標準：「眞」強調作品的藝術眞實，若論翻譯，近於「信」；「美」強調形式美，若論翻譯，近於「達」；「善」強調作品言之有物的合目的性，若論翻譯，近於「雅」。這個三字標準也是曾樸在翻譯源語選擇上的一個標準，符合其「眞」、「美」、「善」標準的作品才會被選譯，譯得「眞」、「美」、「善」的作品才會被選登。如其在《徵求文稿》中所要求的：「本雜誌歡迎投稿不論文言白話凡與同人等宗旨相同有文學價值之作品皆當儘量採錄」〔註59〕。這裏所謂的「有文學價值」，當指符合其「眞」、「美」、「善」的文藝標準，同時又要求「來稿如爲譯件望將原書一併寄交本雜誌」〔註60〕，明顯是因爲要對原文、譯文進行嚴格的對校審檢才會有此要求。

在確定了翻譯的目的、宏觀翻譯策略和源語作家作品與翻譯效果評價標準的同時，曾氏父子也對翻譯實踐的技術細節進行了深入系統的探索，並試圖通過具體的譯例來討論文學翻譯細部處理的某些共性技術問題，以期在技術層面作出標準性的行業規範。這種探索在宏觀規定性上主要有以下兩點：

（1）確定「文學的範圍」。這一「大抵依著歐洲文學上邏輯的分類法，把中國體裁概略的參合」〔註61〕的分類法的意義就在於，提醒譯者在翻譯外國文學作品時不要僵化地以中國固有文類套翻，而應直接使用源語文體，從而達到引進異質文化因子、豐富本國文學的文體類別，進而推動文學進步的目的。

（2）關於用白話譯介的問題：一是追求明白曉暢，要做群眾的文學；二是發揚自己的國性，維持種族的個性，尊重母語，在母語文字裏，改造中國國性的新文學；三是在語言文字的調和一致裏顯現美的印象，提出「白話文普通用語」〔註62〕的概念。以上這些要求既是對翻譯目的語的要求，也是對

〔註58〕盧白：《論戴望舒批評徐譯〈女優泰倚思〉》，《眞美善》，1930年第5卷第4號。
〔註59〕眞美善編輯所：《徵求文稿》，《眞美善》，1927年第1卷第1號。
〔註60〕眞美善編輯所：《徵求文稿》，《眞美善》，1927年第1卷第1號。
〔註61〕病夫：《編者的一點小意見》，《眞美善》，1927年第1卷第1號。
〔註62〕病夫：《編者的一點小意見》，《眞美善》，1927年第1卷第1號。

在翻譯過程中應採用的語言修飾策略和手段的強調。曾樸早期的著譯作品在目的語的「文」、「言」的選擇上，並無明顯傾向，《孽海花》使用了當時的文人白話，文雅易懂；連載於《小說林》1908 年第 11、12 期的《馬哥王后佚史》使用的是白話，而連載於《時報》1912 年 4 月 13 日至 6 月 14 日的《九十三年》則使用了文言；連載於《小說月報》1914 年第 5 卷第 1～4 期的《銀瓶怨》使用了白話。此後，曾樸便完全使用白話進行譯介創作了。而虛白在譯介《煉獄魂》時使用了文言，此後所有的著譯文章均用白話。

曾樸、曾虛白父子對於翻譯技術的微觀探索主要是在以下兩個方面展開的：（1）翻譯技術初步訓練和翻譯能力的初步養成，對此討論最集中深入的就是曾虛白的《翻譯的困難》一文；（2）詩歌翻譯技巧的探索與實驗。

在《翻譯的困難》一文中，曾虛白以「攝影術」比文學，以「直接取景」比「創作」，以「翻版」比翻譯，指出了翻譯與創作的區別：「它（指翻譯，引者注）負著充分摹仿人家個性的使命，卻時時刻刻提防著自己的個性鑽出來胡鬧。所以創作的需要是獨立性，翻譯的需要是摹仿性」〔註 63〕。可見，曾虛白是強調「忠實」，反對「意譯（過甚）」的，他認為「翻譯家的使命是要忠實摹仿這認為目的的映象，倘然原文所用的方法，換了一種文字，因為作者同觀者環境的不同發生了兩樣的感應，翻譯家就應該像科學家糾正色盲色感一樣，變換方法來完成它的使命。」〔註 64〕在此，曾虛白指出了翻譯過程中源語與目的語在語言文化、思維模式、風俗習慣等方面的差異會導致誤解、誤讀，但是他認為，翻譯家是可以糾正這種「誤」而正確譯介的。從理論上來說，這是可能的，但是在實際操作中，卻有著巨大的困難，實際上，文化差異讓百分百的翻譯忠實成為永遠無法實現的文化交流之夢。

曾虛白指出了導致「完全」翻譯的困難的原因有兩種：「第一種，因為各種族遺傳下來風俗，習慣，思想的不同，同樣的辭句卻能發生絕對不同的感應；第二種，因為各種族文學上的組織不同，沒有精鍊的改造，決計不能充分表現創作裏邊原來的映象。」〔註65〕應該說，曾虛白的歸納兼顧了導致翻譯過程中「文化轉譯」不等值、不等效的兩種因素：外部（外在於文學作品文本，僅作為文本文化背景存在）的「風俗，習慣，思想的不同」帶來的民族文化心理積

〔註 63〕 虛白：《翻譯的困難》，《真美善》，1928 年第 1 卷第 6 號。
〔註 64〕 虛白：《翻譯的困難》，《真美善》，1928 年第 1 卷第 6 號。
〔註 65〕 虛白：《翻譯的困難》，《真美善》，1928 年第 1 卷第 6 號。

澱的差異，這種差異會導致翻譯的「前理解」出現偏差。從文化信息的攜帶與傳播層次上講，源語作品要傳遞的文化信息實際上可以簡單地分為兩種：表層（或稱易解的）文化信息和深層（或稱潛在、難解的）文化信息。譯者在閱讀接受譯本傳遞的文化信息時，總難免（即使是那些異國文化通、語言文化專家們也難免）會對某些源語文學／文化信息（即閱讀者的非母語文化信息）產生誤讀和接受盲區，導致文學信息接受出現偏差，即「前理解」的偏差，這種偏差在譯者開譯之前就已經決定了目的語譯品與源語作品在文化信息傳遞上的「不等值」，即目的語譯品攜帶的源語文學信息量小於或不等於源語作品負載的文化信息量；而文學自身（文本本身的文字、句法、表述習慣和審美精神等內在因素）的「組織不同」，則會導致文本轉換時文化信息量的流失，這是由傳媒即不同國家、民族的語言文字及其背後的文化差異所導致的翻譯效果的「不等效」，即目的語文字（和語法等語言層面的文化因素）無法完全傳遞源語文字所能傳遞的信息，目的語文字和譯者在試圖傳遞某些源語信息時感到了表達的無奈和語言的貧乏，只能借助「轉義」來譯，即當不能「等效翻譯」時，只能退而求其次，採取所謂「意譯」或「迻譯」。

對於第一種困難，曾虛白表示了技術上的無奈：「第一種困難是根本上種族性的不同，只可靠時間來慢慢的調和，不是性急得來的。」〔註66〕他認為，對於異質文化的理解力需要慢慢「習得」，而「第二種困難卻完全是一個藝術上的問題。……正像一切藝術一樣，只要有確當的訓練，自然能產生純粹的作品。」〔註67〕即語言層面的翻譯能力是可以通過「訓練」獲得的。此外，他還指出了翻譯的對象和目的：「我們譯書的人應該認清我們工作之主因是為著不懂外國文的讀者，並不是叫懂得外國文的先生們看的。我們的任務是翻出版來叫看不見那張相片的人們看，所以我們訓練的進行應該就著這一班人的心理來定我們的方針。」〔註68〕曾虛白確定的這種翻譯的對象和目的，是從其「眞美善作家群」的文化姿態出發的，即追求「群眾的文學」和「普遍的瞭解」，也就是要求譯品要使用「目的語」「群眾」（即讀者大眾）能「普遍瞭解」的語言形式和表達方式，要實現譯本審美趣味的「目的語化」，即本國化，這是與他們反對歐化的主張相符合的，他追求的是譯品要適合目的語讀

〔註66〕虛白：《翻譯的困難》，《眞美善》，1928 年第 1 卷第 6 號。

〔註67〕虛白：《翻譯的困難》，《眞美善》，1928 年第 1 卷第 6 號。

〔註68〕虛白：《翻譯的困難》，《眞美善》，1928 年第 1 卷第 6 號。

者的閱讀習慣和審美期待，尤其是要能被沒有源語閱讀能力的讀者所接受和喜愛，為實現其「文學的普及」的目標服務。為達此目的，他提出翻譯時「就不能一手拿著筆，一手翻著字典，一字一句依樣葫蘆的描下來就算了事的了，我們應該拿原文所構造成的映象做一個不可移易的目標，再用正確的眼光來分析它的組織，然後參照著譯本讀者的心理，拿它重新組合成我們自己的文字。換句話說，必需改換了方法，才可以得到同樣的目的。」〔註69〕

接著，曾虛白提出了翻譯訓練的三個步驟，即「分析」──「鍛鍊原子」──「組織整個」。他認為「分析是翻譯家應有的訓練。文章的組織──由字成句，由句成段，由段成章──中國外國多是一樣的，所不同的，只有那組織的方法」〔註70〕，他提出「分析就是用著科學的方法來研究這不同的所在，藉此就可以找出那改造的規程」，即譯者要仔細分析源語和目的語在文法組織結構上的差異，並在目的語的表達規範中找到「等效」的語法和句法，這是後面兩個步驟的準備和基礎。而所謂「鍛鍊原子」，就是要在充分理解源語作品的基礎上，在目的語裏找尋「等值」的「字」，即「鍊字」；所謂「組織整個」，就是要在「鍊字」的基礎上「鍊句」：「我們既然精選了確當的原子，就把這一堆原子，參照著作者觀者兩方面的心理，拿來組織成一個適當的短句；做成了一堆短句，又照樣的把它們組成整句；於是用著這個方法逐步進行，由句成段，由段成章，只要選擇適當，組織合宜，總可以一絲一毫不走原樣的吧。只是要適當，要合宜，就得要把中西文組織的方法詳細研究那不同之點，等到後來水到渠成，自然能得心應手的了。」〔註71〕可以看出，曾虛白強調「等值」、「等效」的直譯，強調既要忠實於原作，又要對讀者負責。當然，他的討論似乎有些過於機械，但是對於一般的翻譯訓練還是有效的，這也是他針對當時翻譯界普遍存在的「懶惰無能」現象提出的有針對性的改進方法，也是對曾樸關於翻譯界「賣野人頭」和「零星小販」式翻譯現象的批評的一種呼應。

對於翻譯過程中源語文化和目的語文化的重要性，邵洵美也曾簡括地指出：「翻譯是一種運用兩國文字的文學工作，缺一不可。所以第一個條件應當是對於原作的文字要有徹底瞭解的修養；同時對於譯文的文字要有充分運用

〔註69〕 虛白：《翻譯的困難》，《真美善》，1928 年第 1 卷第 6 號。
〔註70〕 虛白：《翻譯的困難》，《真美善》，1928 年第 1 卷第 6 號。
〔註71〕 虛白：《翻譯的困難》，《真美善》，1928 年第 1 卷第 6 號。

的才能。」〔註72〕對翻譯技巧，他曾指出三種代表性的翻譯方法：「第一種是林琴南的翻譯，他是要原作來遷就中文的文字能力的範圍的；第二種是徐志摩和蘇曼殊的翻譯，他們相信中文盡夠有表現原作的能力；第三種是朱維基的翻譯，他覺得原有的中文不夠豐富，所以他要用一種新的中文結構去表現原作的精神。」雖然當時並無關於翻譯「等值」、「等效」的理論可供借鑒，但是邵洵美對於這三種翻譯方法的歸納分析，已經非常接近使用「等效翻譯」和「等值翻譯」理論對原作和譯本進行比較的譯介學分析法了，同時，他也注意到了翻譯中語言文字轉換的目的在於表意基礎上的傳神。

對於詩歌翻譯，曾樸曾談到他在翻譯《呂伯蘭》詩劇時因爲在技術上感到無奈，只好將「詩劇」譯成散文：「《呂伯蘭》特拉姆是詩劇，而且是抒情詩。講起來也應該譯成詩體，才可以把作者的煙士披里純 Inspiration 和音節的眞相，表現得完全。但是我那時對於譯外國詩，沒有想出適當的方法；固然要不失作者的眞精神，免卻仍是中國人自己的詩不是外國某家詩的譏評；又必須叫婦孺都能瞭解，不至發生一部分人會讀一部分人不會讀的困難；我實在沒有這天才，打出一條詩的新路徑來，只好避難就易，譯成散文。」〔註73〕由此可見，對於譯詩曾樸最注重的還是「不失作者的眞精神」（即完全表現「作者的煙士披里純 Inspiration 和音節的眞相」）、「叫婦孺都能瞭解」，即「忠實」、「傳神」和求「普遍的瞭解」。對於詩歌翻譯的困難，曾樸曾指出「譯詩這件事情，本來是頂石臼串戲的把戲，音韻節奏，中西文字根本懸殊，因此到處會遇到不可解救的困難，然而，在我們譯的這幾首詩裏，還是盡著可能的範圍，勉力著保持原詩的綴音數，押韻法，和浪漫詩種種應有的特點。」〔註74〕在《讀張鳳〈用各體詩譯外國詩的實驗〉》，曾樸提出了譯詩的五個任務：理解要確，音節要合，神韻要得，體裁要稱，字眼要切〔註75〕。曾樸分別對這五個任務作出解釋，就不同詩體的特徵作出說明，提出翻譯的策略與方法，表現出良好的比較文學的工夫，並通過對張鳳選譯戈恬詩的原文和譯文從「理解」、「音節」、「神韻」、「體裁」、「字眼」等五個方面進行仔細的文本對讀，從語法、文辭、音律等方面分析其得失優劣，指出可能會導致詩歌翻譯誤譯

〔註72〕 邵洵美：《談翻譯》，《人言周刊》，1934 年第 1 卷第 43 期。

〔註73〕 病夫：《呂伯蘭·譯者自敍》，眞美善書店，1927 年版，第 3 頁。

〔註74〕 佚名：《編者小言》，《眞美善》，1930 年第 6 卷第 3 號，第 828 頁。

〔註75〕 病夫：《讀張鳳〈用各體詩譯外國詩的實驗〉》，《眞美善》，1928 年第 1 卷第 10 號。

的文化的、民俗的、語言的和心理的諸種因素。

　　曾氏父子及「眞美善作家」們是懷抱著翻譯爲創作提供可資借鑒的文學模本的文化主張進行其翻譯理論與技術探索的，他們以「眞」、「美」、「善」爲其源語作品選擇和譯品翻譯效果評價的最高標準，在力所能及的範圍內較爲系統地翻譯、介紹了多國作家作品，來爲其實現他們「眞」、「美」、「善」的文學理想提供「創作的肥料」。

結　語

　　「眞美善」書店、雜誌是曾樸跨時代、跨文化文學活動的重要組成部分，
是他闡發和宣揚其「眞」、「美」、「善」的文學理想的傳媒陣地和發聲管道，
是他通過文學著譯來實現其「匡時治國」、「改革文學」的文化理想的物質基
礎，是 1930 年代上海出版業繁盛時期諸多文化出版機構和文學雜誌中的一
個。通過「眞美善」書店、雜誌，曾樸、曾虛白父子獲得了在上海公共文化
話語空間的發言權和號召文藝同好的傳媒資本，獲得了在大上海文化場域中
組織自己的「文化班底」的文化凝聚力。以「眞美善」書店、雜誌爲中介，
曾氏父子通過在法租界的異質文化氛圍中舉辦法國風文藝沙龍，拉攏、糾合
了一批有共同的文藝傾向和文學理想的學者、作家和翻譯家，形成了有一定
內部層級性文化交際方式的「眞美善作家群」，他們通過私人聚談和書信往
還，相互交流文學著譯的觀念與心得。在文學觀念的對外宣揚與推介上，他
們採取了較爲一致的文化姿態，通過圖書評論、編讀互動等方式在《眞美善》
雜誌和聲氣相投的同類刊物上相互呼應，表現出較爲一致的「群體性」審美
傾向。

　　身處租界中的「眞美善」書店和雜誌，因爲其主人對異質文化尤其是法
國文化的熱愛，從一開始便給自己塗抹了鮮明的異域文化色彩。但曾氏父子
開闊的文藝視野和開放的文學理想，加之其結交的「沙龍人物」的駁雜廣泛，
使得「眞美善」這一招牌經歷了幾次變化，從一開始傾向法國浪漫主義的「父
子書店」、「父子雜誌」，發展到中期的傾向於登載「左翼」文藝作品和爭論文
章，再到後期的專注於登載長篇著譯的「同人雜誌」。曾氏父子在辦刊和譯介
外國文藝作品過程中各自文藝思想的變化，以及編輯主幹從曾樸到曾虛白的

遞變帶來的刊物風格、撰稿人隊伍、稿件內容與質量的變化，與其間所展現出來的曾樸、曾虛白父子間的文化理想的差異，都是頗值得繼續掘進的話題。

此外，租界文化氛圍和留學生文化與其各自對應的異域文化體驗書寫和異國情感體驗書寫在「眞美善」書店出版物和《眞美善》雜誌上與關於本土生存體驗的文學書寫之間構成了一種鮮明而有意味的比照，體現了「眞美善作家」們在異域和本土兩種文化風景和情感間的徘徊。對他們而言，在對異域的社會昇平與文化繁盛的想像性體驗的幸福之中，也深深摻雜著對本國民生凋敝與文化煩亂破敗的焦慮與失望。可以想見，當這群嚮往異國情調卻又對本國文化的現狀和未來充滿焦慮的「文化入世者」，圍繞在曾樸這位厭倦官場的「政治出世者」身邊時，他們身上所體現出的 20 世紀 20、30 年代中國知識分子對於國族命運和文化出路的擔當與彷徨。作爲疏離現實政治的一群，他們在當時文化商業資本運作成熟的文化疆場上的奮鬥，不同於那些「文學革命家」，也迥異於「革命文學家」們，他們的文化選擇和文學理想與實踐，無疑帶有鮮明的時代文化生態標本性質。

「眞美善作家群」的文學探索具有那個時代文化人的共性特徵。「眞美善」書店和雜誌存在於風雲變幻的多事之秋，那是一個大動蕩大變革的時代，一個文學藝術「百家爭鳴」的時代，是一個文學藝術的生態圖景異常豐富的時代。不同的社會階層攪擾在外來的和自生的種種政治思想、宗教信仰和文藝思潮中，他們在文藝界的代表通過文學表達著他們的訴求，也通過創作、翻譯實踐和文學批評及相互間的文藝的與非文藝的論戰表達著他們對於文學和審美的訴求。同時，商業資本對文學的滲透和影響也達到了前所未有的深度和廣度。在當時全面左傾、革命化日熾和商業化漸濃的文壇上，「眞美善」書店、雜誌和「眞美善作家群」與其它文藝刊物與作家群一樣，生活在政治和商業的夾縫之中，試圖疏離政治、以非政治化的方式參與文學變革，卻又迫於時代和讀者的需求而不得不向政治示好；他們辦刊的目的本是藉以發表作品、團結文藝同好，但生存壓力又迫使他們不得不以商業化的方式進行刊物推介。在政治和商業的雙重擠壓下，文學不是被政治操控、變成宣傳工具和時代的傳聲筒，就是走向爲了商業利益而迎合低層次閱讀趣味的通俗路線，除此之外，便只有消亡一途。「眞美善」書店、雜誌在 20 世紀 20、30 年代的中國文壇、尤其是出版業興盛、書店、雜誌林立的文化中心——上海的創立、發展、掙扎與消亡，他們爲自己的文化理想所進行的奮鬥，都是 1930 年代中

國文藝界的典型代表，具有時代共性特徵。

　　「眞美善作家群」見證了中國文學由近代向現代的發展嬗變，經歷了由「文學革命」向「革命文學」的遞演。1930 年代是「追尋政治（及文學）正確的年代」，在時危國難面前，本就追求「單一的現代化」的「文學革命」一變而爲更加「窄化」的「革命文學」，文學試圖向政治靠攏以服務革命，政治試圖把文學納入革命的陣營，文學創作的主體意識慢慢被擠壓、文學的審美氣質慢慢被革命話語所消磨。同時，20 世紀中國文學發展到 1930 年代，達到了商業化的峰頂，文學不再是單純而高尚的精神高蹈，而是變成了一種文化商品。文學的產業化和商業化使得作家群體性地被文化商業資本所「驅馳」，文學生產的鏈條被文化商業資本所掌握，所有的文學生產者——作家和傳播者——書店、期刊都被迫陷入商業化競爭，文學的生產與傳播領域成了一個巨大的「名利場」。就這樣，1930 年代所有的出版機構、文學期刊雜誌和作家都被迫陷入政治、商業和文化／學間緊張的三角競爭關係中。那些宗旨不同的文學期刊、文學理念各異的作家們，一邊要抱持自己的文學理想，一邊要爲「文學的市場」打拼，一邊還要思量如何與政治和意識形態（主要是革命話語）保持適度的關係，從而形成了眾語喧嘩、豐繁複雜的 1930 年代中國現代文學生態。然而，文學場的競爭同生物場的競爭是一樣殘酷的，那些佔據了主流地位、掌握了話語權的文學勢力一刻也不會放鬆對異己勢力的壓抑和遮蔽。在這樣的文藝生存法則面前，種種文藝試驗宣告破產，曾氏父子苦心經營的「眞美善」文化事業也在苦撐了三年零八個月之後宣告終結。因此，置身高度現代化、商業化的大上海殖民社區和文化氛圍中，「眞美善」書店、雜誌獲得了現代先進出版技術和成熟的商業營銷渠道的支持而創立、發展、羽翼漸豐，同時也因面臨中華、商務、北新和現代等大型現代出版集團的競爭和無良書商的經濟擠壓而出現經營危機而頹敗、破產；同時，不斷革命化的時代社會政治對文學提出了革命化、階級化的要求，「眞美善作家群」的文藝思想和創作實踐逐漸喪失了其時代環境和讀者市場的消費需求，並最終在時代審美觀的大裂變中、在商業與政治的雙重壓迫下走向頹敗、消亡。作爲一個有代表性的文學史存在，「眞美善」書店、雜誌和「眞美善作家群」的發展歷程及其在商業與政治的張力之中的生存、掙扎和消亡是一個值得繼續思考和研究的文學史話題。

　　曾氏父子通過運作文化商業資本、編輯出版圖書雜誌，得以躋身現代都

市公共文化空間，獲得了在文學藝術層面上的公共話語權，通過創作、翻譯和文藝批評等方式進行關於中國文學現代化轉型的理論探索與路徑設計，形成了一個有趨同的文學理想、審美標準和文學生活方式的相對穩固、較有向心力的作家群。他們在 20 世紀 20、30 年代的中國文壇上是一支交往方式較爲特別、著譯較爲活躍的力量。「眞美善作家群」的作家們都有積極參與文學變革的自覺意識，他們主動與新文學接近卻又與新文學的新方向——革命文學主潮自覺疏離，這體現出他們獨特的審美訴求和文學理想與現實文學需求的深刻矛盾。作爲一個作家群，「眞美善」書店、雜誌及其代表作家的文學實績和文學史命運，爲我們考察 1930 年代的文學生態提供了一個頗爲獨特的典型性視角，他們以群體的形式，借助譯介外來文學資源來整合本土文學資源，以期確立新的文學範式。他們是在文學商業化和政治化的濁潮中懷抱著「眞、美、善」的文學理想，有意識地參與中國文學現代化建設的，雖最終頹敗，不無悲壯，卻也爲文藝園地的生態豐富性貢獻了自己的力量。

參考文獻

一、論著

1. 陳平原，中國現代小說的起點——清末民初小說研究〔M〕，北京：北京大學出版社，2005。

2. 陳平原，中國小說敘事模式的轉變〔M〕，北京：北京大學出版社，2003。

3. 郁達夫，郁達夫全集，第三卷，散文〔M〕，杭州：浙江大學出版社，2007。

4. 〔美〕本尼迪克特‧安德森，吳叡人譯，想像的共同體——民族主義的起源與流佈〔M〕，上海：上海世紀出版集團，2011。

5. 邵洵美，洵美文存〔M〕，瀋陽：遼寧教育出版社，2006。

6. 林淇，海上才子邵洵美傳〔M〕，上海：上海人民出版社，2002。

7. 茅盾，茅盾全集，中國文論一集〔M〕，北京：人民文學出版社，1989。

8. 茅盾，茅盾全集，中國文論二集〔M〕，北京：人民文學出版社，1989。

9. 張中良，五四時期的翻譯文學〔M〕，臺北：秀威信息科技，2005。

10. 謝天振，譯介學〔M〕，上海：上海外語教育出版社，1999。

11. 李今，海派小說與現代都市文化〔M〕，合肥：安徽教育出版社，2000。

12. 解志熙，美的偏執——中國現代唯美—頹廢主義文學思潮研究〔M〕，上海：上海文藝出版社 1997。

13. 曠新年，1928：革命文學〔M〕，濟南：山東教育出版社，1998。

14. 李楠，晚清、民國時期上海小報研究：一種綜合的文化、文學考察〔M〕，北京：人民文學出版社，2005。

15. 孔海珠，文氣相投的朋友圈子——從邵洵美的一封邀宴信說起〔M〕，孔海珠，浮沉之間——上海文壇舊事二編，上海：漢語大辭典出版社，2006：103。

16. 邵洵美，儒林新史〔M〕，上海：上海書店出版社，2008。

17. 宋原放，孫顒，上海出版志〔M〕，上海：上海社會科學院出版社，2001。

18. 王德威，被壓抑的現代性：晚清小說新論〔M〕，北京：北京大學出版社，2005。

19. 唐沅等，中國現代文學期刊目錄彙編（第二卷）〔M〕，北京：知識產權出版社，2010。

20. 朱傳譽，曾孟樸生平概述〔M〕，臺北：天一出版社，1982：81～85。

21. 時萌，曾樸研究〔M〕，上海：上海古籍出版社，1982：41。

22. 朱傳譽，曾孟樸作品研究目錄〔G〕，臺北：臺灣傳記文學出版社，1982。

23. Peter Li. Tseng P'u. Twayne Publishers, 1980。

24. 時萌，曾樸及虞山作家群〔M〕，上海：上海文化出版社，2001。

25. 魏紹昌，孽海花資料（增訂本）〔M〕，上海：上海古籍出版社，1982。

26. 王祖獻，孽海花論稿〔M〕，合肥：黃山書社，1990。

27. 歐陽健，曾樸與孽海花〔M〕，瀋陽：遼寧教育出版社，1992。

28. 楊聯芬，晚清至五四：中國文學現代性的發生〔M〕，北京：北京大學出版社，2001。

29. 〔美〕李培德，陳孟堅譯，曾孟樸的文學旅程〔M〕，臺北：傳記文學出版社，1977。

30. 曾虛白，曾虛白自傳〔M〕，臺北：聯經出版事業公司，1988。

31. 郁達夫，爐邊獨語〔M〕，北京：大眾文藝出版社，2001。

32. 沈從文，「文藝政策」探討，劉洪濤編，沈從文批評文集〔M〕，珠海：珠海出版社，1998。

33. 陳碩文，上海三十年代都會文藝中的巴黎情調〔D〕，臺北：臺灣政治大學，2009。

34. 李永東，租界文化與 30 年代文學〔M〕，上海：上海三聯書店，2006。

35. 〔日〕樽本照雄，清末民初的翻譯小說，陳平原，二十世紀中國小說史（第一卷）〔M〕，北京：北京大學出版社，1989。

36. 蘇雪林，蘇雪林自傳〔M〕，南京：江蘇文藝出版社，1996。

37. 邵洵美，一個人的談話：文藝閒話〔M〕，上海：上海書店出版社，2008：49。

38. 〔法〕皮埃爾·布迪厄，劉暉譯，藝術的法則：文學場的生成和結構〔M〕，北京：中央編譯出版社，2001。

39. 郭沫若，創造十年〔M〕，沫若文集（第七卷），北京：人民文學出版社，1957：72。

40. 楊聯芬等，20 世紀中國文學期刊與思潮：1897～1949〔M〕，南昌：百花洲文藝出版社，2006。

二、民國圖書

1. 張若谷，異國情調〔M〕，上海：世界書局，1929。

2. 〔法〕囂俄著，東亞病夫譯，歐那尼〔M〕，上海：眞美善書店，1927。

3. 〔法〕囂俄著，東亞病夫譯，夫人學堂〔M〕，上海：眞美善書店，1927。

4. 張若谷，異國情調〔M〕，上海：世界書局，1929。

5. 東亞病夫，東亞病夫序，張若谷，異國情調〔M〕，上海：世界書局，1929。

6. 張若谷，代序，咖啡座談〔M〕，上海：眞美善書店，1929。

7. 東亞病夫，呂伯蘭，譯者自敘〔M〕，上海：眞美善書店，1927。

8. 虛白原編，蒲梢修訂，漢譯東西洋文學作品編目（第一回）〔M〕，上海：眞美善書店，1929。

9. 東亞病夫，孽海花〔M〕，上海：眞美善書店，1928：4～5。

10. 邊勒魯意著，病夫，虛白譯，肉與死〔M〕，上海：眞美善書店，1929：後記，6～7。

11. 東亞病夫，東亞病夫序〔M〕，張若谷，異國情調，上海：世界書局，1929：7。

12. 徐蔚南，都市的男女〔M〕，上海：眞美善書店，1929：11。

13. 曾虛白，美國文學 ABC〔M〕，上海：世界書局，1928。

14. 張若谷，十五年寫作經驗〔M〕，上海：谷峰出版社，1930：58。

三、民國期刊雜誌

1. 《越風》。

2. 《時代》。

3. 《獅吼》。

4. 《新月》。

5. 《新青年》。

6. 《眞美善》。

7. 《宇宙風》。

8. 《十日談》。

9. 《新女性》。

10. 《小說月報》。

11. 《上海漫畫》。

12. 《人言周刊》。

13. 《申報・自由談》。

四、論文

1. 曾虛白編，曾公孟樸紀念特輯〔J〕，宇宙風，1935，2。

2. 徐一士，讀〈曾孟樸先生年譜〉〔J〕，國聞周報，1935，12（40），（42）。

3. 日本清末小説研究會，曾孟樸研究資料目錄〔J〕，清末小説研究，1978，2。

4. 馬曉冬，從「眞事實」到「眞情感」——曾樸創作觀的現代轉型〔J〕，文化與詩學，2009，2。

5. 楊聯芬，從曾樸到李劼人：中國長篇歷史小説現代模式的形成〔J〕，四川大學學報，2003，6。

6. 沈潛，近代社會變遷與曾樸的文化選擇〔J〕，蘇州大學學報，2008，1。

7. 張正，論曾樸文學活動的價值取向〔D〕，揚州大學碩士學位論文，2008，5。

8. 吳舜華，試論曾樸小説創作的超越性〔J〕，廣東教育學院學報，2009，6。

9. 錢林森，「新舊文學交替時代的一道大橋梁」——曾樸與法國文學〔J〕，中國文化研究，1997，2。

10. 袁荻湧，曾樸對法國文學的接受與翻譯〔J〕，貴州師範大學學報，2001，4。

11. 馬曉冬，不一樣的「革命」——曾樸譯〈九十三年〉〔J〕，法國研究，2009，3。

12. 車琳，曾樸——中法文學交流的先行者〔J〕，外國文學，1998，3。

13. 胡蓉，論曾樸對雨果作品的譯介與接受〔J〕，雲南大學學報，2005，5。

14. 李永東，政治與情慾的雙重敍事——論上海租界語境調控下的《孽海花》〔J〕，中國文學研究，2011，1。

15. 陳夢，曾樸與雨果〔J〕，文藝理論與批評，2006，6。

16. 宋莉華，上海、法租界與晚清小説對異域的想像性建構——以《孽海花》爲中心〔C〕，21 世紀都市發展與文化：上海——巴黎都市文化國際學術研討會論文集，2009 年 10 月。

17. 陳夢，容納外界成分，培養創造源泉——試論雨果對曾樸的創作影響〔J〕，寧夏大學學報，2007，5。

18. 陳夢，尋求「眞善美」和諧統一——曾樸與雨果的文藝思想比較〔J〕，藝術教育，2006，1。

19. 馬曉冬，譯本的選擇與闡釋：譯者對本土文學的參與——以〈肉與死〉爲中心〔J〕，中國比較文學，2011，2。

20. 馬曉冬，作者與譯者的對話：曾樸的〈魯男子〉與法國小說〈肉與死〉〔J〕，延邊大學學報，2008，6。

21. 徐蒙，曾樸的編輯出版活動〔J〕，山東圖書館學刊，2010，2。

22. 王建輝，小說家兼出版家曾樸〔J〕，出版廣角，2000，11。

23. 曹培根，常熟近現代作家群的編輯出版與創作活動〔J〕，常熟理工學院學報，2007，11。

24. 徐雁平，曾氏父子與眞美善書店〔J〕，編輯學刊，1998，3。

25. 郭謙，曾氏父子開眞美善書店〔J〕，世紀，2006，4。

26. 時萌，曾樸探索新文學之路〔J〕，淮陰師專學報，1996，2。

27. 張凱的，「譴責小說」視野中的《孽海花》研究〔D〕，中國海洋大學碩士論文，2010 年 6 月。

28. 劉大先，流言時代：《孽海花》與晚清三十年〔J〕，明清小說研究，2012，2。

29. 田甜，社會轉型視角下《孽海花》的現代性書寫〔D〕，江西財經大學碩士學位論文，2012 年 6 月。

30. 李華，何志平，論《孽海花》藝術形式的矛盾性〔J〕，明清小說研究，1992，1。

31. 楊聯芬，《孽海花》與中國歷史小說模式的轉變〔J〕，四川師範大學學報，2002，4。

32. 張瑜，重構「作者／讀者」關係的企圖——從《孽海花》的一段作者辯白說起〔J〕，安徽文學，2007，2。

33. 宋莉華，傳統與現代之間：從《孽海花》看晚清小說中的異域書寫〔J〕，文學遺產，2008，1。

34. 閏立飛，現代中國歷史小說的發生——以吳趼人、曾樸爲例〔J〕，天津大學學報，2008，3。

35. 劉宇，《孽海花》價值新論〔D〕，遼寧師範大學碩士學位論文，2009 年 5 月。

36. 王芳，論《孽海花》的結構〔D〕，湖南師範大學碩士學位論文，2009 年 11 月。

37. 郭志芳，《孽海花》的多重意蘊探析〔D〕，青島大學碩士學位論文，2010 年 6 月。

38. 吳舜華，曾樸與晚清小說的現代性萌芽〔J〕，小說評論，2010，3。

附　錄

附錄 1：眞美善書店出版圖書目錄（1927～1931）

（含出版圖書 83 種，其中譯作 28 種，著作 49 種，其它 6 種；加*的爲預告未出版書目，共 7 種。）

書（刊）名	著／譯者（署名）	出版時間	定 價	備 注
歐那尼	囂俄著，東亞病夫譯	1927.9	實價八角	囂俄戲劇全集第三種
呂克蘭斯鮑夏	囂俄著，東亞病夫譯	1927.9	實價六角半	囂俄戲劇全集第六種
呂伯蘭	囂俄著，東亞病夫譯	1927.9	實價八角	囂俄戲劇全集第九種
夫人學堂	穆里哀著，東亞病夫譯	1927.9	實價六角	
越縵堂駢體文	會稽李慈銘著	1927.11	（連史紙）每部定價兩元；（竹連紙）每部定價一元五角	駢散文集
補後漢書藝文志並考證十卷	常熟曾樸著	1927.11	每部定價一元半	考證
孽海花第一二集	東亞病夫修改	1928.1	每部兩冊定價一元六角	長篇小說，有再版
鬼	王爾德著，虛白譯	1928.4	實價五角	短篇小說集
南丹與奈儂夫人	佐拉著，東亞病夫譯	1928.5	實價四角半	中篇小說集
母與子	武者小路實篤著，萬秋譯	1928.5	實價九角	長篇小說，有再版
神秘的戀神	法國梅麗曼著，虛白譯	1928.5	實價三角半	長篇小說
眞美善第一卷合訂本	病夫、虛白編	1928.7	實價一元八角	期刊合集
一家言（眞美善叢書）	病夫、虛白著	1928.8	實價三角	病夫和虛白詩文的合集
魯男子（眞美善叢書）	東亞病夫	1928.8	實價三角半	至《戀》的第八章爲止

書（刊）名	著／譯者（署名）	出版時間	定　價	備　注
虛白小說（眞美善叢書）	虛白	1928.8	實價三角	共計有十餘精選的短篇
法蘭西小說（眞美善叢書）	病夫虛白合譯	1928.8	實價三角半	包括法國名作家的傑作
歐美小說（眞美善叢書）	虛白編譯	1928.8	實價三角	包括英美德俄西班牙猶太等國的小說
女屍	谷劍塵著	1928.9	實價四角五分	長篇小說
愛的幻滅	曼陀羅著	1928.9	實價三角	長篇小說
白癡	葉鼎洛著	1928.9	實價五角五分	短篇小說集
阿串姐	盧夢殊著	1928.9	實價六角	中篇小說
人生小諷刺	哈代著，虛白、仲彝合譯	1928.11	實價八角	短篇小說集，有再版
德妹（虛白小說第一）	虛白著	1928.11	實價四角半	短篇小說集，有再版
色的熱情	法國葛爾孟著，虛白譯	1928.11	實價五角	長篇小說，有再版
鐘樓怪人	囂俄著，東亞病夫譯	1928.12	實價五角	囂俄歌劇
姊夫	黃歸雲著	1928.12	實價五角	長篇小說，有再版
喜轎	俞長源著	1928.12	實價五角半	短篇小說集
女作家號	張若谷主編	1929.2	實價八角	專號，初版 3000 冊，再版 7000 冊，三版 3000 冊
南風的夢	陳學昭著	1929.3	實價五角	長篇小說
太平洋的暖流	馬仲殊著	1929.3	實價五角五分	長篇小說
苦酒	陳明中著	1929.3	實價三角五分	短篇小說集
金鞭	孫席珍著	1929.3	實價四角五分	短篇小說集
如夢	陳學昭女士著	1929.3	實價三角	散文集
魔窟（虛白小說第二）	虛白著	1929.3	實價四角五分	短篇小說集
積翠湖濱	周開慶作	1929.3	實價五角	短篇小說集 2000 冊
留滬外史	法國駐華領事莫郎著，張若谷譯	1929.4	實價五角五分	長篇小說
同胞姊妹	應用劇本，顧仲彝改編	1929.4	實價三角	戲劇
戰場上	孫席珍著	1929.4	實價三角	長篇小說
眞美善月刊第一二卷合訂本	病夫、虛白主編	1929.5	實價一元八角	期刊合集
肉與死	法國邊勒魯意著，病夫、虛白合譯	1929.6	平裝八角半；桃綾紙精裝一元二角；黃印書紙皮裝編號本四元	長篇小說，有再版

書（刊）名	著／譯者 （署名）	出版 時間	定　價	備　注
草枕	夏目漱石著，崔萬秋譯	1929.6	實價六角	長篇小說
短篇小說做法綱要	美國佛雷特立克教授著，馬仲殊譯	1929.6	實價三角五分	刊物雜集
叛道的女性	陳翔冰著	1929.6	實價六角	短篇小說集
椰子集	鄭吐飛著	1929.6	實價五角	短篇小說集
潛熾的心（盧白小說第三）	盧白著	1929.6	實價四角五分	短篇小說集 2000 冊
咖啡座談	張若谷著	1929.6	實價四角五分	散文集
都市的男女	徐蔚南著	1929.7	實價六角	短篇小說集
女人的心	孫席珍著	1929.7	實價五角五分	短篇小說集
熱情摧毀的姑娘	崔萬秋著	1929.8	實價五角	短篇小說集
現代作家（金帆叢書）	王墳著	1929.8	實價五角五分	短篇小說集
蟬之曲（金帆叢書）	王佐才著	1929.8	實價四角	詩集
目睹的蘇俄（新世紀叢書）	美國德蘭散著，盧白譯	1929.8	實價一元	遊記
法西斯蒂的世界觀（新世紀叢書）	英國巴翁茲著，劉麟生譯	1929.9	實價四角半	政治經濟學論著
藝術家及其它	徐蔚南作	1929.9	實價七角半	散文集
都會交響曲	張若谷作	1929.9	實價五角半	短篇小說集
一吻	捷克史萬德孩女士著，杜衡譯	1929.9	實價三角	長篇小說
樂園之花	法國法郎士著，顧仲彝譯	1929.9	實價六角	散文集，1500 冊
蛇蠍	程碧冰著	1929.9	實價五角	長篇小說
蠹魚生活（金帆叢書）	雪林女士著	1929.10	實價七角	文藝批評論著
漢譯東西洋文學作品編目（第一回）	盧白原編，蒲梢修訂	1929.9	實價三角	編目，1500 冊
東路中俄決裂之真相（新世紀叢書）	董顯光著	1929.10	七角	新聞報導
銀影	王家棫著	1929.11	實價四角	短篇小說集 1500 冊
魯男子第一部戀	病夫著	1929.12	皮裝編號作者簽名本實價五元，精裝皮面桃林紙精裝本實價一元五角，平裝瑞典紙精印本實價一元	長篇小說，有再版，三版
脆弱的柔絲（一九小叢書）	荷拂作	1929.12	實價一角	短篇小說 2000 冊
一隻高跟鞋（一九小叢書）	陸魯一作	1929.12	實價八分	短篇小說 2000 冊
甄團長（一九小叢書）	陸魯一作	1929.12	實價八分	短篇小說 2000 冊

書（刊）名	著／譯者（署名）	出版時間	定　價	備　注
遺恨（一九小叢書）	陸魯一作	1929.12	實價五分	短篇小說 2000 冊
夢裏的朋友（一九小叢書）	陳亇竹作	1929.12	實價八分	短篇小說 2000 冊
馬克思主義根本問題（新世紀叢書）	薄力哈諾夫著，李史翼、陳湜合譯	1930.4	實價六角	哲學論著
魚兒跳（金帆叢書）	朱慶疆作	1930.4	實價二角	長篇小說
忠厚老實人	武者小路實篤著，崔萬秋譯	1930.4	實價四角	長篇小說
翠環	於在春作	1930.1	實價四角	短篇小說集 1500 冊
世界傑作小說選	虛白編譯	1930.4	分一二兩輯，每輯實價四角	短篇小說集
項日樂	囂俄著，東亞病夫譯	1930.5	實價四角	「囂俄戲劇全集第八種」
八少奶的曖昧	莊江秋作	1930.5	實價三角五分	短篇小說
政治思想之變遷	高橋清吾著，姜蘊剛譯	1930.6	道林紙布面精裝本二元，平裝本一元二角	政治學論著
民族的國際鬥爭（新世紀叢書）	美國皮藹爾著，葉秋原譯	1930.6	實價六角五分	國際問題專論
法國浪漫運動百年紀念號	病夫、虛白編	1930.7		眞美善第六卷第三號
孽海花第三編	東亞病夫著	1931.1	實價每冊四角	長篇小說，有再版
九十三年	囂俄著，曾樸譯	1931.4	精裝定價一元五角，平裝定價九角	長篇小說
雪曇夢院本	曾樸著	1931.4	精裝定價一元三角，平裝定價六角	戲劇（院本）
眞美善月刊第二三四卷合訂本	病夫、虛白編	1931.7	每卷一元八角	期刊合集
孽海花 第一二三編	東亞病夫著	1931.7	實價每冊四角	長篇小說
*法國文學研究之一論法蘭西悲劇源流	病夫著			預告未出版
*棒喝主義的世界觀	巴納斯著，劉鳳生譯			預告未出版
*鐵血女郎（原題哥龍巴）	梅麗曼著，虛白譯			預告未出版
*春的詛咒	馬仲殊著			預告未出版
*喜轎集	俞脯雲著			預告未出版
*煉獄魂與伊珥村之婤娛絲（又題煉獄魂）	梅麗曼著，虛白譯			預告未出版
*孤單的叫喊	湯增敫著			預告未出版

附錄 2：曾樸著譯篇目考錄

關於曾樸的著譯篇目、書目，迄今已有如下五種：

1. 曾樸自編《曾樸所敘全目》，附印在《雪曇夢院本》前（上海眞美善書店 1931 年 6 月版），起訖時間爲 1888 年至 1931 年，分三個時期（未列詳細著譯時間），按詩、文、札記、考證、戲劇、小說、筆記等文體羅列著、譯共 38 種，其中實際未出版或僅作爲著譯計劃列入的有 25 種，因編寫時間和體例（僅列書目）關係未將其已出版圖書和發表的大量文稿列入。此目可以讓我們窺見曾樸的著譯計劃和雖已創作但未能付梓的作品之一斑。以下簡稱「曾目」；

2. 李培德在其《曾孟樸的文學旅程》（臺灣傳記文學出版社 1977 年版）書末附列了一個《曾孟樸先生著作及譯文（按出版前後序）》，此目僅標注了著譯時間（年序），未注明出版／發表的具體時間和刊物／出版機構信息，摒除了未見出版的書目，列曾樸著譯 62 種，含已出版成書和散見於報刊的譯作、信函、文論、日記、序文和舊體詩詞等，以下簡稱「李目」；

3. 登載在樽本照雄教授主編的《清末小說研究》第 2 期（1978 年 10 月 31 日）上的《曾孟樸研究資料目錄》之一《編著譯目錄》（筆者所據爲耶魯大學圖書館藏、臺灣天一出版社 1982 年影印本），此目按發表時序詳細羅列了曾樸著譯 178 篇部，詳細標注了發表／出版時間、刊物／出版社、署名、譯作的原作者，再版／重刊者亦有標注，並存目未刊稿 22 種。以下簡稱「樽目」；

4. 時萌的《曾樸著譯考》（見《曾樸研究》，上海古籍出版社 1982 年版），此稿爲學界提供了當時難見的《曾樸所敘全目》，分七種文類，詳細舉列了當時能見到的曾樸著譯文稿 91 種，錄未見發表的文稿一項，即《詩與小說》，

其餘均標明了發表／出版項，並作考證。以下簡稱「時目」；

5. 于潤琦編《曾樸的譯著及版本》（見《南京理工大學學報（社會科學版）》
2004 年第 5 期）「一、譯著書目」列曾樸譯著書、文 18 種。此目較粗疏，如
將《夫人學堂》的著者「穆理哀」、「穆里哀」（原書有這兩種標法）標爲「莫
利愛」，《女性的交情》的作者「顧岱林」標爲「顧岱臨」，《阿弗洛狄德》標
作《阿佛洛狄德》，又將其作者「邊勒魯意」標爲「道勒魯意」等，外文譯名
本來會有差異，但此類編目宜依史料原文照錄。以下簡稱「于目」。

除以上五種著譯編目外，本文還參考了《中國現代文學期刊目錄彙編》、
《中國現代文學總書目》等工具書和《大晚報》、《當代詩文》、《古今半月刊》、
《華國》、《時事新報》、《詩與散文》、《小說林》、《小說月報》、《學衡》、《遊
戲雜誌》、《宇宙風》、《越風》、《眞美善》和《紫禁城》等現當代文學期刊，
在前輩學者研究成果的基礎上，對曾樸著譯篇／書目重加考訂，以發表時間
爲序，注明文體、出版項、署名和再版重刊信息，以爲學界曾樸研究之參考。

本目分兩部分：一、曾樸著譯出版、發表篇目（225 種）；二、曾樸著譯
散佚、未刊存目（30 種）。爲醒目起見，他目未錄而本目新搜集到的篇目，以
*標示。

一、曾樸著譯出版、發表篇目（225 種）

篇／書名	著／譯	文體	發表刊物 出版社	發表出版 時間	署 名	備 註
補後漢書藝文志一卷考十卷	著	考證	錫山文苑閣（活字本）	1895	常熟曾樸纂	見注 1
奉題金洞仙史田端別墅即次胡山翁原韻	著	詩歌	金井雄編《三岳莊唱和編》	1904.9.25	籀齋曾樸	據「樽目」
孽海花（一二集，20 回）	著	小說	小說林社	1905	東亞病夫	見注 2
影之花（上卷）	譯	小說	小說林社	1905 農曆六月	法國嘉綠傅蘭儀著，競雄女史譯意，東亞病夫潤詞	「時目」注未出版，實已出版
歷史小說 孽海花 卷十一 第二十一回 背履歷庫丁蒙廷辱 通苞苴衣匠弄神通	著	小說	小說林第 1 期	1907 農曆正月	愛自由者發起東亞病夫編述	
歷史小說 孽海花 卷十一 第二十二回 隔牆有耳都院會名花 宦海回頭小侯驚異夢	著	小說	小說林第 1 期	1907 農曆正月	愛自由者發起東亞病夫編述	

篇／書名	著／譯	文體	發表刊物出版社	發表出版時間	署 名	備 註
歷史小說 孽海花 卷十二 第二十三回 天威不測蠻語中詞臣 隱恨難平違心驅俊僕	著	小說	小說林第 2 期	1907農曆二月	愛自由者發起東亞病夫編述	
歷史小說 孽海花 卷十二 第二十四回 憤輿論學士修文 救藩邦相公主戰	著	小說	小說林第 2 期	1907農曆二月	愛自由者發起東亞病夫編述	
歷史小說 孽海花 卷十三 第二十五回 送鶴求書俠魁持戰議 張燈宴客名角死微辭	著	小說	小說林第 4 期	1907農曆六月	愛自由者發起東亞病夫編述	見注 3
無題	著	詩歌	小說林第 4 期	1907農曆六月	東亞病夫	見注 4
天津道中夢囈二首	著	詩歌	小說林第 4 期	1907農曆六月	東亞病夫	
題東鄰巧笑圖爲江建霞標作	著	詩歌	小說林第 4 期	1907農曆六月	東亞病夫	見注 5
結客少年場行贈黃雪珊	著	詩歌	小說林第 5 期	1907農曆七月	東亞病夫	「樽目」漏掉「雪」字
八月九日偕樵孫雪珊隱南宴仲泥飲木疆齋中醉後作歌	著	詩歌	小說林第 5 期	1907農曆七月	東亞病夫	
虎阜晚歸	著	詩歌	小說林第 5 期	1907農曆七月	東亞病夫	
（文學家乘）大仲馬傳	譯	評傳	小說林第 5 期	1907農曆七月	小仲馬附	未署譯者
纂大仲馬傳脫稿後即書其後並題小像	著	詩歌	小說林第 5 期	1907農曆七月		見注 6
（大仲馬叢書第一種）馬哥王后佚史 卷一 第一節 婚宴	譯述	小說	小說林第 11 期	1908農曆五月	法國大仲馬著東亞病夫譯述	
（大仲馬叢書第一種）馬哥王后佚史 卷一 第二節 洞房	譯述	小說	小說林第 12 期	1908農曆九月	法國大仲馬著東亞病夫譯述	
陳鴻璧譯《蘇格蘭獨立記》後病夫贅語	著	評論	小說林第 12 期	1908農曆九月	病夫	
常昭教育會公祭徐先生文	著	祭文	小說林第 12 期	1908農曆九月	曾樸	見注 7
*挽徐念慈聯「一身奄有眾能……」	著	輓聯	小說林第 12 期	1908農曆九月	常熟曾樸	
馬哥王后佚史	譯	小說	小說林社	1908	東亞病夫譯	見注 8

篇／書名	著／譯	文體	發表刊物 出版社	發表出版 時間	署　名	備　註
血婚哀史	譯	小說	時報	1912.12.14 ～20	法國大仲馬著 病夫譯	連載。據「于 目」
九十三年	譯	小說	時報	1912.4.13 ～6.14	囂俄著 東亞病夫譯	連載。據「于 目」
九十三年	譯	小說	有正書局	1913.10	囂俄著 東亞病夫譯	見注 9
銀瓶怨	譯	戲劇	《小說月報》第 5 卷 1～4 號	1914.4.25 ～7.25	囂俄著 東亞病夫譯	1930 年 4 月 改名爲《項日 樂》在眞美善 書店出版
*贈內	著	詩歌	遊戲雜誌第 3 期	1914	病夫	見注 10
*春日園中有感	著	詩歌	遊戲雜誌第 4 期	1914	病夫	
*晚秋偶感	著	詩歌	遊戲雜誌第 8 期	1914	病夫	
*嘲蜂／嘲蝶／嘲蚊／嘲 蠅（四首）	著	詩歌	遊戲雜誌第 10 期	1914	病夫	見注 11
梟歟	譯	戲劇	有正書局	1916.9	囂俄著 東亞病夫編譯	見注 12
呂伯蘭	譯	戲劇	學衡第 36，37 期	1924.12 1925.1	法國囂俄著 常熟曾樸	見注 13
李花篇	著	詩歌	學衡第 36 期	1924.12	曾樸	見注 14
*與邑子孫師鄭同康丁秉 衡國鈞張隱南鴻胡夐秋 炳蓋同題名於黃初平石 上大書深刻蓋欲繼鄭道 昭雲峰山之芳躅也爲紀 一時幽緒輒賦短章	著	詩歌	學衡第 37 期	1925.1	曾樸	
*偕友人遊白雲寺歸賦	著	詩歌	學衡第 38 期	1925.2	曾樸	
無題二首	著	詩歌	學衡第 38 期	1925.2	曾樸	與小說林第 四期《無題》 詩同
贈宗仰上人二首（時上人 在金山寺）	著	詩歌	學衡第 39 期	1925.3	曾樸	見注 15
*侵曉過燕子磯	著	詩歌	學衡第 39 期	1925.3	曾樸	
寄懷沈北山	著	詩歌	華國 3.1	1926	曾樸	見注 16
李花篇	著	詩歌	華國 3.1	1926	曾樸	見注 17
山塘晚步	著	詩歌	華國 3.1	1926	曾樸	見注 18
*柳如是蘼蕪小研歌	著	詩歌	華國 3.1	1926	曾樸	

篇／書名	著／譯	文體	發表刊物出版社	發表出版時間	署　名	備　註
歐那尼	譯	戲劇	眞美善書店	1927.9	法國嚻俄原著東亞病夫譯	《眞美善》第一期即刊登此書廣告
夫人學堂	譯	戲劇	眞美善書店	1927.9	法國穆里哀造東亞病夫譯	《眞美善》第一期即刊登此書廣告
*喜劇大家穆里哀小傳	著	評傳	附刊在《夫人學堂》前	1927.9		
*節譯法賅法蘭西文學史	譯	評論	附刊在《夫人學堂》前	1927.9		爲法賅對穆里哀的文學史評價
呂伯蘭	譯	戲劇	眞美善書店	1927.9	法國嚻俄原著東亞病夫譯	《眞美善》第一期即刊登此書廣告
*《呂伯蘭》譯者自敘	著	評論	附刊在《呂伯蘭》前	1927.9		見注 19
*呂伯蘭悲劇後記	著	評論	附刊在《呂伯蘭》後	1927.9		述該劇上演、嚻俄指導演出情況、演員陣容等
呂克蘭斯鮑夏	譯	戲劇	眞美善書店	1927.9	法國嚻俄原著東亞病夫譯	《眞美善》第一期即刊登此書廣告
*呂克蘭斯鮑夏劇後記	著譯	評論	附刊在《呂克蘭斯鮑夏》後	1927.9		述該劇修改與版本
編者的一點小意見	著	文論	眞 1.1	1927.11.1	東亞病夫	
魯男子 序幕	著	小說	眞 1.1	1927.11.1	東亞病夫	
孽海花 第十一卷 第二十一回 背履歷庫丁蒙廷辱 通苞苴衣匠弄神通	著	小說	眞 1.1	1927.11.1	東亞病夫	
夜宿翁司農第，第中白鶴綠龜各贈以詩	著	詩歌	眞 1.1	1927.11.1	籀齋	
碧莉娣牧歌 在邦斐利的歌	譯	牧歌	眞 1.1	1927.11.1	病夫重譯	見注 20
論法蘭西悲劇源流（一）希臘悲劇原始	著	評論	眞 1.1	1927.11.1	病夫	
鴉片煙管	譯	小說	眞 1.1	1927.11.1	法國戈恬原著東亞病夫譯	見注 21
女性的交情	譯	短劇	眞 1.1	1927.11.1	法國顧岱林著病夫譯	見注 22
編者小言	著	評論	眞 1.2	1927.11.16		考文風爲曾樸作
魯男子 戀 （一）白鴿	著	小說	眞 1.2	1927.11.16	東亞病夫	

篇／書名	著／譯	文體	發表刊物出版社	發表出版時間	署　名	備　註
孽海花 第十一卷 第二十二回 隔牆有耳都院會名花 宦海回頭小侯驚異夢	著	小說	眞 1.2	1927.11.16	東亞病夫	見注 23
論法蘭西悲劇源流（一）希臘悲劇原始（續）	著	評論	眞 1.2	1927.11.16	病夫	
希臘碧莉娣牧歌（續前）牧歌	譯	牧歌	眞 1.2	1927.11.16	法邊勒魯意譯 病夫重譯	
補後漢書藝文志並考證十卷	著	考證	眞美善書店	1927.11	常熟曾樸	
魯男子 第一集 戀 二 元宵	著	小說	眞 1.3	1927.12.1	東亞病夫	
孽海花 第十二卷 第二十三回 天威不測蠻語中詞臣 隱恨難平違心驅俊僕	著	小說	眞 1.3	1927.12.1	東亞病夫	該號目錄誤標爲「卷十一，第二十二回」
論法蘭西悲劇源流（一）希臘悲劇原始（續）	著	評論	眞 1.3	1927.12.1	病夫	
希臘碧莉娣牧歌 （續）母的話	譯	牧歌	眞 1.3	1927.12.1	法邊勒魯意譯 病夫重譯	
燕	譯	詩歌	眞 1.3	1927.12.1	Pierre de Ronsard 詩選　病夫譯	
贈宗仰上人二首（時上人在金山寺）	著	詩歌	眞 1.3	1927.12.1	籀齋	原刊《學衡》第 39 期，署曾樸
寄懷沈北山	著	詩歌	眞 1.3	1927.12.1	籀齋	原刊《華國》第 3 卷第 1 期，署曾樸
（文壇小史）穆理哀的女兒	著	史論	眞 1.3	1927.12.1	病夫	
（文藝雜組）哥德的《綠蛇》	著	書評	眞 1.3	1927.12.1	病夫	
卷頭語	著	詩歌	眞 1.4	1927.12.16	病夫	
編者一個忠實的答覆	著	書信	眞 1.4	1927.12.16	病夫	
魯男子 第一集 戀 三 剝栗	著	小說	眞 1.4	1927.12.16	東亞病夫	
孽海花 第十二卷 第二十四回 憤輿論學士修文救藩邦名流主戰	著	小說	眞 1.4	1927.12.16	東亞病夫	見注 24
題江建霞標東鄰巧笑圖	著	詩歌	眞 1.4	1927.12.16	籀齋	見注 25
高耐一的女兒	著	史論	眞 1.4	1927.12.16	病夫	

篇／書名	著／譯	文體	發表刊物出版社	發表出版時間	署　名	備　註
呈李忌師伯	著	詩歌	真 1.4	1927.12.16	籀齋	
山塘晚步	著	詩歌	真 1.4	1927.12.16	籀齋	見注 26
戈雄特曼大	譯	戲劇	真 1.4	1927.12.16	法國顧岱林著 病夫譯	見注 27
試卷被墨污投筆慨然題二律	著	詩歌	真 1.4	1927.12.16	籀齋	
卷頭語	著	散文	真 1.5	1928.1.1	病夫	
魯男子 第一集 戀 四 鬼	著	小說	真 1.5	1928.1.1	東亞病夫	
孽海花 第十二卷 第二十五回 疑夢疑真司農訪鶴 七擒七縱巡撫吹牛	著	小說	真 1.5	1928.1.1	東亞病夫	見注 28
孽海花 第十三卷 第二十六回 主婦索書房中飛赤鳳 天家脫輻被底臥烏龍	著	小說	真 1.6	1928.1.16	東亞病夫	
希臘碧莉娣牧歌（續）赤腳	譯	牧歌	真 1.6	1928.1.16	法邊勒魯意譯 病夫重譯	
論法蘭西悲劇源流（一）希臘悲劇原始（續第三號）	著	評論	真 1.6	1928.1.16	病夫	
介紹書畫家俞劍華君	著	廣告	真 1.6	1928.1.16	東亞病夫	
孽海花（修訂二十回本）	著	小說	真美善書店	1928.1	東亞病夫	見注 29
修改後要說的幾句話	著	小說	真美善書店	1928.1	東亞病夫	附刊在注 29 所及的兩個修改本前
魯男子 第一集 戀 五 靈與肉	著	小說	真 1.7	1928.2.1	東亞病夫	
無題四首次巢人均	著	詩歌	真 1.7	1928.2.1	籀齋	又刊《曾公孟樸紀念特輯》
孽海花 第十四卷 第二十七回 秋狩記遺聞白妖轉劫 春颿開協議黑眚臨頭	著	小說	真 1.8	1928.2.16	東亞病夫	
都門感懷四首	著	詩歌	真 1.8	1928.2.16	籀齋	
希臘碧莉娣牧歌（香頌）	譯	牧歌	真 1.8	1928.2.16	病夫譯	
馬篤法谷	譯	小說	真 1.8	1928.2.16	法國弗勞貝著 病夫譯	見注 30
覆戴望道的信	著	書信	真 1.8	1928.2.16	病夫	見注 31
魯男子 第一集 戀 六 歡喜佛	著	小說	真 1.9	1928.3.1	東亞病夫	

篇／書名	著／譯	文體	發表刊物 出版社	發表出版 時間	署　名	備　註
親昵集（花月）（輪圖）	譯	詩歌	眞 1.9	1928.3.1	法國李顯賓著 病夫試譯	
遊南泡歸途口占	著	詩歌	眞 1.9	1928.3.1	籀齋	
覆陳錦遲的信	著	書信	眞 1.9	1928.3.1	病夫	
讀張鳳《用各體詩譯外國詩的實驗》	著	批評	眞 1.10	1928.3.16	病夫	
孽海花 第十四卷 第二十八回 棣萼雙絕武士道舍生 霹靂一聲革命團特起	著	小說	眞 1.10	1928.3.16	東亞病夫	
別一個人	譯	小說	眞 1.10	1928.3.16	法國浦萊孚斯德著，病夫譯	
讀張鳳《用各體詩譯外國詩的實驗》（續）	著	批評	眞 1.11	1928.4.1	病夫	
魯男子 第一集 戀 七 明珠	著	小說	眞 1.11	1928.4.1	東亞病夫	
覆王石樵、黃序龐、顧羲的信	著	書信	眞 1.11	1928.4.1	病夫	
孽海花 第十五卷 第二十九回 龍吟虎嘯跳出人豪 燕語鶯啼驚逢逋客	著	小說	眞 1.12	1928.4.16	東亞病夫	
覆胡適的信	著	書信	眞 1.12	1928.4.16	病夫	
南丹及奈儂夫人	譯	小說	眞美善書店	1928.4	左拉小說集 東亞病夫譯	見注 32
孽海花 第十五卷 第三十回 白水灘名伶擲帽 青陽港好鳥離籠	著	小說	眞 2.1	1928.5.16	東亞病夫	
徵求陳季同先生事跡及其作品	著	廣告	眞 2.1	1928.5.16	病夫 啓	
魯男子 第一集 戀 八 龍舟	著	小說	眞 2.1	1928.5.16	病夫	
穆理哀的戀愛史	著	評傳	眞 2.1	1928.5.16	病夫	
李顯賓乞兒歌的鳥瞰	著	評論	眞 2.1	1928.5.16	病夫	
乞兒歌	譯	詩歌	眞 2.1	1928.5.16	病夫譯 Par Jean Richepin	
巴爾薩克的婚姻史	著	評傳	眞 2.1	1928.5.16	病夫	
孽海花 第十六卷 第三十一回 搏雲搓雨弄神女陰符 瞞鳳棲鶯惹英雌決鬥	著	小說	眞 2.2	1928.6.16	東亞病夫	

篇／書名	著／譯	文體	發表刊物出版社	發表出版時間	署　名	備　註
魯男子 第一集 戀 九 朝山宮	著	小說	眞 2.2	1928.6.16	東亞病夫	
讀物展覽館	譯	文論	眞 2.2	1928.6.16	陳季同原著 病夫譯	
孽海花 第十六卷 第三十二回 豔幟重張懸牌燕慶里 義旗不振棄甲雞隆山	著	小說	眞 2.3	1928.7.16	東亞病夫	
魯男子 第一集 戀 十 血	著	小說	眞 2.3	1928.7.16	正文未署	目錄署病夫
*魯男子（八章本）	著	小說	眞美善書店	1928.7	東亞病夫	見注 33
一家言	著	詩文	眞美善	1928.7	病夫 虛白	見注 34
魯男子 第一集 戀 十一 惡夢 十二 墮落	著	小說	眞 2.4	1928.8.16	正文未署	目錄署病夫
喬治桑的訴訟	著	報導	眞 2.4	1928.8.16	病夫	
覆劉舞心女士書	著	書信	眞 2.5	1928.9.16	病夫	見注 35
魯男子 第一集 戀 十三 我不配！	著	小說	眞 2.5	1928.9.16	東亞病夫	
阿弗洛狄德（婊娛絲）的考索	著	考證	眞 2.5	1928.9.16	病夫	
談談法國騎士文學	著	評論	眞 2.6	1928.10.16	病夫	
魯男子 第一集 戀 十四 快樂與厭倦	著	小說	眞 2.6	1928.10.16	正文未署	目錄署病夫
魯男子 第一集 戀 十五 重九	著	小說	眞 3.1	1928.11.16	正文未署	目錄署病夫
鐘樓怪人	譯	歌劇	眞美善書店	1928.11	囂俄歌劇 東亞病夫譯	見注 36
魯男子 第一集 戀 十六 我全給了你吧！	著	小說	眞 3.2	1928.12.16	正文未署	目錄署病夫
覆劉舞心女士的第二封信	著	書信	眞 3.2	1928.12.16	病夫	見注 37
論法蘭西悲劇源流	著	論著	眞美善書店	1928	病夫	
魯男子 第一集 戀 十七 秋祭	著	小說	眞 3.3	1929.1.16	正文未署	目錄署病夫
諾亞伊夫人	著	評傳	眞美善 女作家號	1929.2.2	病夫	
虞山女作家	著	評傳	眞美善 女作家號	1929.2.2	病夫	
題蘇梅女士詩集	著	詩歌	眞美善 女作家號	1929.2.2	病夫	

篇／書名	著／譯	文體	發表刊物 出版社	發表出版 時間	署　名	備　註
魯男子 第一集 戀 十八 姊姊嫁了	著	小說	眞 3.4	1929.2.16	正文未署	目錄署病夫
諾亞伊夫人的詩（青年、童兒愛洛斯、月問）	譯	詩歌	眞 3.4	1929.2.16	病夫譯	
魯男子 第一集 戀 十九 自殺是怯懦者	著	小說	眞 3.5	1929.3.16	正文未署	目錄署病夫
魯男子 第一集 戀 二十 撲作教刑	著	小說	眞 3.6	1929.4.16	正文未署	目錄署病夫。見注 38
你是我	著	新詩	眞 3.6	1929.4.16	病夫	此爲曾樸少見的新詩傑作
*大曾序	著	序	眞美善書店	1929.4.20	病夫	見注 39
*東亞病夫序	著	序	眞美善書店	1929.4	東亞病夫	見注 40
魯男子 第一集 戀 二十一 吻錯了人	著	小說	眞 4.1	1929.5.16	正文未署	目錄署病夫
青年文學家費鐸葛拉特哥佛 Fedor Glabkov 自傳	譯	傳記	眞 4.1	1929.5.16	病夫譯	見注 41
孽海花 第十六卷 第三十三回 保殘疆血戰臺南府 謀革命舉義廣東城	著	小說	眞 4.2	1929.6.16	東亞病夫	本期未完，第四卷第四號續登
肉與死	譯	小說	眞美善書店	1929.6 初版	法國邊勒魯意作，病夫虛白合譯	見注 42
*葛爾孟的批評（譯錄 le Livre de Masques）	譯	評論	附刊《肉與死》後	1929.6	病夫	署「十八，五，十八，病夫譯。」
*《肉與死》後記	著	評論	附刊《肉與死》後	1929.6	病夫	述譯《肉與死》的動機和經過
魯男子 第一集 戀 二十二 死別與生離	著	小說	眞 4.3	1929.7.16	正文未署	目錄署病夫
孽海花 第十六卷 第三十三回（續第 4 卷第 2 號） 保殘疆血戰臺南府 謀革命舉義廣東城	著	小說	眞 4.4	1929.8.16	正文未署	目錄署病夫
*嚚俄拜訪拉馬丁先生記	譯	傳記	詩與散文 第一期	1929.9.10	病夫 譯	目錄署「嚚俄訪拉馬丁先生記」，疑爲漏排，依正文
法國文豪喬治顧岱林誄頌	著	評傳	眞 4.5	1929.9.16	病夫	未完

篇／書名	著／譯	文體	發表刊物出版社	發表出版時間	署　名	備　註
魯男子 第一集 戀 二十三 血泊	著	小說	眞 4.5	1929.9.16	正文未署	目錄署病夫。《魯男子：戀》連載至此期結束
魯男子 第二部 婚 一 腳划船	著	小說	眞 4.6	1929.10.16	正文未署	目錄署病夫
南鄉子 題珊圓遺象	著	詩歌	當代詩文創刊號	1929.11.1	病夫	見注 43
*湘月 清明日北麓墓祭作	著	詩歌	當代詩文創刊號	1929.11.1	病夫	
*代閨人秋別	著	詩歌	當代詩文創刊號	1929.11.1	病夫	
*囂俄的情書	譯	書信	當代詩文創刊號	1929.11.1	病夫	見注 44
法國文豪喬治顧岱林誄頌（續前）	著	評傳	眞 5.1	1929.11.16	病夫	
孽海花 第十六卷 第三十四回 雙門底是烈士殉身處 萬木堂作素王改制談	著	小說	眞 5.1	1929.11.16	正文未署	目錄署病夫
魯男子（第一部 戀）	著	小說	眞美善書店	1929.11.10 初版	病夫	見注 45
*卷頭語	譯	詩歌	附刊《魯男子（第一部 戀）》書前	1929.11.10	病夫	見注 46
魯男子 第二部 婚 二 觀風	著	小說	眞 5.2	1929.12.16	正文未署	目錄署病夫
民眾派小說	譯	評論	眞 5.3	1930.1.16	法國勒穆彥 Leon Lemonnie 作 病夫譯	
雷麥克西部前線平靜無事的法國批評	譯	評論	眞 5.4	1930.2.16	拉蒙黃南臺 Ramon Fernandez 著 病夫譯	
莫洛華的擺倫生活	著	報導	眞 5.4	1930.2.16	病	「文壇近訊」欄目
馬利斯罷雷記阿爾封斯杜岱的死	著	報導	眞 5.4	1930.2.16	病	「文壇近訊」欄目
項日樂	譯	戲劇	眞美善書店	1930.4.15	東亞病夫譯	見注 47
孽海花 第十六卷 第三十五回 燕市揮金豪公子無心結死士 遼天躍馬老英雄仗義送孤臣	著	小說	眞 5.6	1930.4.16	正文未署	目錄署病夫

篇／書名	著／譯	文體	發表刊物出版社	發表出版時間	署　名	備　註
法國今日的小說	譯述	評論	眞 6.1	1930.5.16	病夫	特大號，脫期出版。見注48
雷翁杜岱四部奇著的批評	譯	評論	眞 6.2	1930.6.16	法國 Rene Lalou 著，病夫譯	見注 49
歐那尼出幕的自述	譯	評傳	眞 6.3	1930.7.16	Victor Hugo 作 病夫譯	該期爲「法國浪漫運動百年紀念號」
戀書的發端——在給未婚妻的書翰	譯	書信	眞 6.3	1930.7.16	Victor Hugo 作 病夫譯	
我的戀書 O mes lettres d'amour　秋葉集 les Feuilles d'automne	譯	詩歌	眞 6.3	1930.7.16	Victor Hugo 作 病夫譯	
憤激 Enthousi sme 東方集 les Orientales	譯	詩歌	眞 6.3	1930.7.16	Victor Hugo 作 病夫譯	
童（見東方集）	譯	詩歌	眞 6.3	1930.7.16	Victor Hugo 作 病夫譯	
春之初笑	譯	詩歌	眞 6.3	1930.7.16	Theophile Gautie 作病夫譯	
法國語言的原始	著	評論	眞 6.4	1930.8.16	病夫	
孽海花 第三編	著	小說	眞美善書店	1931.2	東亞病夫	見注 50
魯男子:戰 一 想像中的女兒	著	小說	眞季 1.1	1931.4	曾樸著	
笑的人 第一部 海與夜 發端兩章	譯	小說	眞季 1.1	1931.4	V.Hugo 著 曾樸譯	
雪曇夢（院本）	著	戲劇	眞美善書店	1931.6 初版	曾樸編著	見注 51
曾樸所敘全目	著	編目	附刊《雪曇夢》書前	1931.6		見注 52
魯男子:戰 二 芝草無根 根在江南	著	小說	眞季 1.2	1931.7	曾樸著	
笑的人 第一部 海與夜 第一卷 人類之黑暗更甚於黑夜	譯	小說	眞季 1.2	1931.7	V.Hugo 著 曾樸譯	
孽海花 一二三編	著	小說	眞美善書店	1931	東亞病夫	見注 53
賽金花之生平及與余之關係	著	文論	時事新報	1934.11.25～26	東亞病夫	見注 54
《孽海花》創作之動機及過程	著	文論	時事新報	1934.11.25～26	東亞病夫	同上
哀文	著	散文	越風 第 1 期	1935.10	曾樸	

篇／書名	著／譯	文體	發表刊物出版社	發表出版時間	署　名	備　註
藍榜	著	自傳	大晚報 火炬副刊	1935.6.29～30	曾樸	據「時目」
病夫日記	著	日記	宇宙風第 1 期	1935.9	東亞病夫	見注 55
病夫日記	著	日記	曾公孟樸紀念特輯	1935.10	東亞病夫	見注 56
與沈北山書	著	書信	紀念特輯	1935.10		
女德徵文言行小記	著	散文	紀念特輯	1935.10		
祭亡妻汪孺人文	著	祭文	紀念特輯	1935.10		
哀楊叔嶠文	著	散文	紀念特輯	1935.10		
鎮南關	著	詩歌	紀念特輯	1935.10		
赴試學院放歌	著	詩歌	紀念特輯	1935.10		
京口酒樓歌	著	詩歌	紀念特輯	1935.10		
李花篇（隱諷慈禧寵李蓮英事——編者按）	著	詩歌	紀念特輯	1935.10		
*都城酒樓放歌	著	詩歌	紀念特輯	1935.10		
湖橋竹枝詞 十二首	著	詩歌	紀念特輯	1935.10		
懷珊六首	著	詩歌	紀念特輯	1935.10		
山塘晚步	著	詩歌	紀念特輯	1935.10		
無題四首次巢人均	著	詩歌	紀念特輯	1935.10		
論國朝詩人絕句	著	詩歌	紀念特輯	1935.10		
纂大仲馬傳竟即書其後並題畫像	著	詩歌	紀念特輯	1935.10		
南鄉子 題珊圓遺像	著	詩歌	紀念特輯	1935.10		
金縷曲 盆荷（隱諷清德宗囚瀛臺事）	著	詩歌	紀念特輯	1935.10		
*俠隱記	譯	小說	上海開明書局	1936.5 初版	大仲馬著曾孟浦譯	見注 57
*小引	著	序	上海開明書局	1936.5	曾孟浦	見注 58
*俠隱記（續）	譯	小說	上海開明書局	1939.6 初版	大仲馬著曾孟浦譯	
龔自珍病梅館記（解說）（翻譯白話文）	著	講義	古今半月刊（香港）	1944.5	曾孟樸	見注 59
*燕都小吟（15 首）清三殿／社稷壇／天壇／先農壇／國子監／碧雲寺／王貝子花園／明十三陵／頤和園／什剎海／玉泉山／大悲寺／龍泉寺／居庸關／新明戲園觀劇	著	詩歌	紫禁城1981.第 6 期1982.第 1 期	1981.12.271982.3.2	曾樸	見注 60

篇／書名	著／譯	文體	發表刊物出版社	發表出版時間	署　名	備　註
*曾樸日記摘抄（約見蘇雪林）	著	日記	臺灣聯經事業出版公司	1988.3	曾樸	見注 61
*公文 35 種	著	公文	江蘇省公報	1915～1927 年間	曾樸	見注 62

注：《眞美善》各期表示方法由「眞美善第一卷第一號」簡化爲「眞 1.1」，「眞美善季刊第一卷第一號」簡化爲「眞季 1.1」，其它刊物如有「卷」、「號／期」別者，依次類推。沒有「卷」，而只有「號／期」次的，已標明如上。

二、曾樸著譯散佚、未刊存目（30 種）

據 1931 年 6 月眞美善書店出版的《雪曇夢》院本前附「曾樸所敍全目」，對照所輯「曾樸著譯出版、發表篇目」，列存曾樸著譯散佚、未刊書（篇）目如下：

著作名	時　期	備　註
未理集	（第一時期，1888～1900）庚寅以前	「三十歲以前之古今體詩集」，據「曾目」
羌無集	辛卯壬辰	據「曾目」
呴沫集	癸巳至丙申	據「曾目」
毗輞集	丁酉至庚子	據「曾目」
推十合一室文存 二卷		「青年壯年時代之駢散文合集」，據「曾目」
執丹璅語 二卷		「讀書札記」，據「曾目」
歷代別傳 四卷		「爲搜集歷代之遺聞佚事而加以整理之作品」，據「曾目」
龍灰集	第二時期（1901～1926）	「爲三十歲以後之詩集」，據「曾目」
吹萬廎文錄 二卷		「爲論法蘭西詩法，詩史，及詩之派別源流之巨製」，據「曾目」
蟹沫掌錄 二卷		「爲研究法蘭西文學之讀書札記」，據「曾目」
續未理集	第三時期（1927～現時）	「爲最近轉變後之新詩集」，據「曾目」（「現時」指 1931 年，筆者注）
魯男子（樂、議、宦）		《婚》、《戰》在《眞美善》各刊集兩集，未完
囂俄著《笑的人》		在《眞美善》刊兩集，未完
短篇小說集		據「曾目」
囂俄著《克林威爾》		據「曾目」
囂俄著《瑪莉韻妲洛姆》		據「曾目」
囂俄著《嬉王》		據「曾目」

嚻俄著《瑪麗丟陶》		據「曾目」
嚻俄著《弸格拉佛》		據「曾目」
嚻俄著《自由戲劇》		據「曾目」
嚻俄著《雙生子》		據「曾目」
中國神代史 四卷		據「曾目」
新韻譜		據「曾目」
象記 二卷		「爲隨筆式之自傳，並列入各時期生活之圖像」，據「曾目」
回憶錄 一卷		「爲生活之回憶」，據「曾目」
病的心聲 一卷		「爲隨感錄」，據「曾目」
巴杜暴君		據「樽目」
*鮑華利夫人	1928	見注 30
*法宮秘史	1929	見注 57
詩與小說	1929.12	據「時目」

注釋：

1. 眞美善書店 1927 年 11 月再版，更名《補後漢書藝文志並考證十卷》（署常熟曾樸著），1997 年 12 月北京出版社根據錫山文苑閣活字本影印出版，收入《四庫未收書輯刊》，編爲九輯九冊。

2. 有正書局，覺世社，東亞書局亦印行這個前 20 回本。

3. 「李目」「1907 孽海花（廿一至廿四回）」條漏掉第二十五回。

4. 又刊《學衡》第 38 期，題「無題二首」，署「曾樸」。

5. 「李目」漏「標」字；又更題爲《題江建霞標東鄰巧笑圖》發《眞美善》第一卷第 4 號，署「籀齋」。

6. 「時目」與《特輯》題目同，爲「纂大仲馬傳竟即書其後並題畫像」，時萌《曾樸研究》一書中《曾樸生平繫年》一文內又題作「纂大仲馬傳脫稿後即書其後並題肖像」，不知何據。

7. 此條據「樽目」。原祭文在「常熟丁祖蔭述」之《徐念慈先生行述》後，未署名，查該刊該處署名方式，當爲丁祖蔭作。且存此條，備考。

8. 「時目」注爲「嚻俄著」，誤；又謂「未譯完」，亦誤。實因《小說林》停刊未刊完，實有兩個單行本印行，此本和新世界小說社 1908 年版。

9. 1931 年 6 月又在眞美善書店出版，署「曾樸所敘，第二時期小說之部，嚻俄原著」，這種署名方式是循了其在 1931 年眞美善書店出版的《雪曇夢》前附刊的「曾樸所敘全目」的體例。

10. 該刊爲王鈍根與天虛我生（陳蝶仙）於 1913 年底創辦，設滑稽文、詩詞曲、譯林、談叢、劇談、魔術講義、戲學講義、說部、傳奇等欄目，彙集了堪稱一時之選的遊戲諷世之作，也發表了一些作家如周瘦鵑等的翻譯作品。

11. 此四首嘲物諷世詩，與曾樸《李花篇》等諷詠詩作風最似，應爲應約之作。

12. 1927 年 9 月又在眞美善書店出版，改名爲《呂克蘭斯鮑夏》。

13. 1927 年 9 月眞美善書店出版，據該書《譯者自敘》，曾樸自 1917 年八月費時 3 個月譯完，先在《學衡》連載，又於 1926 年在董顯光創辦的《庸報》上連載。

14. 又刊《華國》第 3 卷第 1 期及曾虛白編《曾公孟樸紀念特輯》（《宇宙風》第 2 期）。

15. 又刊《眞美善》第 1 卷第 3 號，署籀齋。

16. 又刊《眞美善》第 1 卷第 3 號，署籀齋。

17. 又刊《學衡》第 36 期和《曾公孟樸紀念特輯》。

18. 又刊《眞美善》第 1 卷第 4 號，署籀齋；又刊《曾公孟樸紀念特輯》。

19. 述翻譯該書的原因、經過和自承的缺點。署「病夫，一六，八，五，寫於上海。」

20. 原注爲「從法國新希臘派作家邊勒魯意的譯本中重譯」，實爲轉譯。

21. 編入《世界傑作小說選》第一輯（虛白主編），眞美善書店，1930 年出版。

22. 編入《世界傑作小說選》第一輯（虛白主編），眞美善書店，1930 年出版。

23. 已有修改，與小說林本不同，具體可參魏紹昌《小說林本第七回至第二十四回與眞美善本修改處對照表》，詳見《〈孽海花〉資料》。

24. 回目第二句「救藩邦名流主戰」，與小說林第二期所刊本回回目「救藩邦相公主戰」有二字異。

25. 原刊《小說林》第 4 期，題爲「題東鄰巧笑圖爲江建霞標作」，署「東亞病夫」。

26. 原刊《華國》第 3 卷第 1 號，署曾樸，又刊《曾公孟樸紀念特輯》。

27. 編入《世界傑作小說選》第一輯（虛白主編），眞美善書店，1930 年出版。

28. 本章回目與小說林本第二十五回（1907 年第四期）不同，原爲「送鶴求書俠魁持戰議，張燈宴客名角死微辭」。另，按此前兩回一卷的編排體例，本回應標爲「第十三卷」，但該期《眞美善》目錄和正文分別標爲「卷十二」和「第十二卷」，當爲排印誤，下期標爲「第十三卷第二十六回」。「樽目」錄爲「第 12 卷第 25 回」。

29. 「樽目」謂「《孽海花》（修改版）一‧二編全 20 回，東亞病夫，上海眞美善書店，1928.1.10 初，1928.3.21 再」，根據實物和《眞美善》雜誌第 1 卷第 6 號的《孽海花》廣告和所附第一二編目錄，可知確有此本，在該本實物書籍第二編末頁上也有「第三編起在眞美善雜誌按期登載 孽海花第二編終」的字樣可以證之。改本前附有曾樸《修改後要說的幾句話》，署「東亞病夫自識」。所以強調這個「二十回修改本」的存在，主要是因爲有很多學者往往忽略此本的存在，提到「《孽海花》眞美善修改本」時往往只提及一個「三十回本」，如阿英《晚清小說史》，魏紹昌《〈孽海花〉資料》「前言」，時萌《曾樸研究》「曾樸著譯考」等。

30. 在此篇譯者前言中曾樸說「譯者擬譯鮑華利夫人」，僅爲著譯計劃，實未譯。此篇又編入《世界傑作小說選》第一輯（虛白主編），眞美善書店，1930 年出版。

31. 戴望道爲戴望舒的哥哥，信中提到戴望舒持戴望道信與譯稿往訪曾樸不遇。

32. 《眞美善》第 1 卷第 12 號的新書預告中，該書譯名爲「南丹及奈儂夫人」，署爲「佐拉著 病夫譯」，其新書廣告始見於《眞美善》第 2 卷第 1 號，題署爲「南丹與奈儂夫人 實價四角半 佐拉著 病夫譯」。「曾目」、「樽目」、「時目」、「李目」均題爲「南丹與奈儂夫人」，「于目」未提及此書。但筆者所見實物，署題爲「南丹及奈儂夫人 左拉小說集 東亞病夫譯」。「時目」謂「1928 年 3 月眞美善書店出版」亦誤，據 1928 年 4 月 16 日的《眞美善》第 1 卷第 12 期此書還在「本店新書預告欄」，而在 1928 年 5 月 16 日的第 2 卷第 1 期則移入「本店新書 已出版」這一事實，可證之。

33. 第 2 卷第 3 號新書廣告曰：「至《戀》的第八章爲止，實價三角半」，此爲「八章本」。學界多不提此本。

34. 第 2 卷第 3 號新書廣告曰：「病夫和虛白的詩文合集，實價三角」。

35. 該文亦見於《肉與死》（1929 年 6 月初版）前，題爲「代序覆劉舞心女士書」。

36. 《眞美善》雜誌第 3 卷第 2 號（1928 年 12 月 16 日）始登新書出版廣告，實價五角。此前爲新書預告。

37. 載「文藝的郵船」欄目，題爲「劉舞心女士的覆信」，「樽目」此條依此照錄，考慮到此文爲曾樸「覆信之覆信」，故題。

38. 「樽目」標此期出版時間爲「1928.3.16」，此後所標《眞美善》第 4 卷第 1、2、3 號出版時間均早一個月，均誤。

39. 附刊徐蔚南《都市的男女》前。署「十八，四，二十，病夫。」

40. 附刊在張若谷《異國情調》前。署「一.一二.一九二八.病夫.在馬斯南路寓所。」

41. 前附標題爲「介紹新俄無產階級的兩個偉大作家」，另一篇爲虛白譯的「夫塞浮羅特伊萬諾夫　Vsevolod　Ivanov 事略」。

42. 「樽目」謂「《阿弗洛狄德》，邊勒魯意（原文爲日文譯名，此略，引者注）著，病夫譯，上海眞美善書店 1927」，更名「《肉與死》，上海眞美善書店 1930」，「于目」條 13 謂「阿佛洛狄德，（法）道勒魯意著，病夫（曾孟樸）曾虛白合譯，上海眞美善書店 1927 年」，及條 15 謂「肉與死，（法）道勒魯意著，病夫（曾孟樸）曾虛白合譯，上海眞美善書店 1929 年 6 月」，「時目」謂「阿弗洛狄德（又名《肉與死》），〔新希臘派作品，邊勒路意絲著，1928 年眞美善書店出版〕」，「李目」謂「1929～30（譯）肉與死（Aphrodite）」。我們且看，在 1929 年眞美善書店出版的《肉與死》「後記」中，曾樸這樣寫道：「我們譯這書，是從一九二七年六月開始的，一九二八年三月譯完」，而「後記」最後的落款與時間是「一八，五，一八，病夫校完記」，曾樸用民國（公元）紀年，陽曆紀月日，當爲 1929 年 5 月 18 日。我們再看「病夫又記」：「我寫完了這篇後記，還忘了一句要緊的聲明□（原文空白）就是這書改名的根據。葛爾孟說：『邊勒魯意先生很覺得□（原文脫一字）部肉的書恰如實地達到了死。』這句很足概括全書的主旨，所以我們就把《肉與死》來題做書名。」以上各目均有問題；1.書名。「樽目」、「于目」、「時目」均謂此書曾以《阿弗／佛洛狄德》爲名出版過，實誤，《眞美善》雜誌此書廣告《肉與死》旁曾有標注「原名阿弗洛狄德」，實指該書的法文原名 Aphrodite；2.時間。據上述引文，該書翻譯時間爲 1927 年 6 月至 1928 年 3 月，費時 9 個月而成，又據「一八，五，一八，病夫校完記」（1929 年 5 月 18 日），怎麼會有「樽目」、「于目」、「時目」中所謂的 1927、1928 年的版本呢？「李目」謂「1929～30（譯）肉與死」，時間亦誤；3.原作者。「于目」謂「道勒魯意」許是把「邊」字的繁體誤爲「道」字？「時目」謂「邊勒路意絲著」，與該書 1929 年 6 月初版所署差異較大，既是著譯考，當依原書照錄。

43. 又刊《曾公孟樸紀念特輯》，題爲「南鄉子　題珊圓遺像」。

44. 此文與《眞美善》第六卷第三號所載「Victor　Hugo 作　病夫譯」《我的戀書》不同。

45. 初版印 2000 冊，1930.9.10 二版印 2000 冊，1931.4.1 三版印 2000 冊。此本不

同於 1928 年出版的「八章本」。封面題「第三時期　小說之部　魯男子」，附「魯男子全目　第一部　戀，第二部　婚，第三部　樂，第四部　議，第五部　宦，第六部　戰」，正文除在《眞美善》雜誌連載的《戀》23 章外，又增加了「第二十四　秘密」和「第二十五　最後一信」，全書共 458 頁，從末頁所署日期看，全書寫完的時間是「一九二九，八，三日完。」

46. 題爲「卷頭語」，全文如下「知識全是虛無，想像才是萬有，世上存在只有人們的想像物。我就是想像物。（法郎士波納兒之罪）」。

47. 署「囂俄戲劇全集第八種」，一版 1000 冊。曾以《銀瓶怨》爲題連載於《小說月報》1914 年第 5 卷 1～4 號。

48. 「樽目」此文後注爲「病夫」，容易誤爲「病夫著」。據該期目錄所署「拉魯著　病夫譯」及文末「十九，三，三一譯完」和「病夫附記」的「這篇敍述，我大概依據了欒奈拉魯《法蘭西一九二九年的文學狀況》和各雜誌參錯而成的」可知，此文爲病夫譯述。

49. 該期目錄署「法國欒奈魯拉著　病夫譯」，爲「拉魯」誤排。

50. 《眞美善》第 7 卷第 3 號即有出版廣告，據本期雜誌廣告，該書出版時間爲 1931 年 2 月。據虛白在《眞美善》第 2 卷第 4 號（1928 年 8 月 16 號出版）「讀者論壇」覆馬仲殊《論本刊抽去〈孽海花〉的理由》一文，曾樸是在邊寫邊刊《孽海花》的這幾回，不堪其勞，並預告「我父親已經立下決心，在這兩月之中趕完第三第四兩集，大概十月中一定可以有單行本出版」，只是這個第三集單行本到 1931 年 2 月才見出版。

51. 封面署「曾樸所敘　第一時期　戲劇之部」，書前附刊「曾樸所敘全目」，即本稿所謂「曾目」。

52. 曾樸自編著譯目錄，有些未出版，已散失。眞美善書店所出曾樸著譯多依此目體例編序。

53. 據《眞美善》季刊第 1 卷第 2 號新書廣告，可知這個「再版孽海花　一二三集」就是「修改三十回本」，當爲 1931 年 7 月前印行的。《孽海花》初編 10 回，在 1905（乙巳）年由小說林社出版，1906（丙午）年出版續編 5 卷 10 回，1907（丁未）年《小說林》雜誌創刊後，又續作 5 回後（阿英《晚清小說史》及「李目」均謂「四回」，查《小說林》原刊，當爲「五回」，見本目）。1916 年，擁百書局出版的《孽海花》第三冊，包含了《孽海花》續作第 21～24 回和強作解人的「《孽海花》人名索引表」和「《孽海花》人物故事考證

八則」及「續考十一則」。這與此後的「修改三十回本」不同。查 1928 年眞美善書店出版和 1941 年根據初版重刊的《孽海花》，還有一個 30 回本，該本前亦附有曾樸的《修改後要說的幾句話》，時間署爲「十七年。一月六日。東亞病夫自識」。眞美善書店出版的「修改本」實際上有兩個，即「二十回修改本」和「三十回修改本」，前者初版 1927 年 1 月 10 日，3000 冊，二版 3 月 21 日，3000 冊；此間《眞美善》雜誌正在續寫連載各回，1928 年 1 月 1 日第 1 卷第 5、6、8、10、12 號（第 1 卷爲半月刊，從第 2 卷改爲月刊）、第 2 卷第 1、2、3 號分別刊登第 25、26、27、28、29、30、31、32 回，從時間上來看，「二十回修改本」是肯定的，因爲此時後面幾回還正在陸續創作登載，不可能在 1928 年出一個「三十回修改本」。據《眞美善》季刊第 1 卷第 2 號（1931 年 7 月出版）圖書廣告可知，1931 年 7 月前才出了這個「三十回本」，此本前附發了署爲「十七年。一月六日。東亞病夫自識」的《修改後要說的幾句話》，讓很多研究者誤以爲此本出版於 1928 年初，並「遮蔽」了此前的「二十回本」和「第三編本」。而此後《眞美善》第 4 卷第 2、4 號、第 5 卷第 1、6 號又斷續連載了第 33、34、35 回，全題作第十六卷，與此前的兩回一卷的體例不同，殊怪。此後，曾樸便停止了這部前後延續 20 餘年的長篇創作。《孽海花》的另一重要版本爲 1959 年中華書局上海編輯所出版的 35 回增訂本。此後再版，基本都是依據眞美善書店 30 回本和中華書局 35 回本爲定本增刪。

54. 據魏紹昌《〈孽海花〉資料》（增訂本）（上海古籍出版社 1982 年版，頁 143。）此文出自崔萬秋採寫的新聞稿《東亞病夫訪問記》，該稿同時刊登於《申報》、《新聞報》、《大晚報》。

55. 遺稿，曾虛白整理發表。「時目」謂「分刊於 1928 年間《宇宙風》雜誌」，查《宇宙風》創刊於 1935 年 9 月，本期刊登的日記開首有「民國二十三年六月八日」（1934 年 6 月 8 日）字樣，另據文後「虛白附識」知此日記是曾樸 1935 年 6 月 23 日病逝後他整理發表的「先父遺稿」。

56. 遺稿，曾虛白整理發表在《曾公孟樸紀念特輯》上，與上條不同，開首時間標注爲「十七年五月二十日」。《特輯》實附刊在 1935 年 10 月出版的《宇宙風》第 2 期上。

57. 封面題爲《俠隱記（一名三劍客）》。據《曾虛白自傳》「第六章　父子同窗　第三節　廣交文友」，曾虛白回憶曾氏父子因爲約請張若谷編輯「女作家號」的

關係，在家約見蘇雪林時的場景，曾抄錄一段曾樸日記，寫到：「我（指曾樸，引者注）突然提起《俠隱記》到《法宮秘史》實在沒有譯完，還有三本沒有譯的話。」由此可見，曾樸是譯過此書的，只是去世後才出版而已。由此可知曾樸還翻譯過《法宮秘史》一書。

58. 附刊在《俠隱記》書前，簡介大仲馬生平、述故事梗概、討論歷史小說的創作與翻譯問題。

59. 見該刊懺庵《曾孟樸函授女弟子的一篇講義》一文。

60. 據吳泰昌《曾樸佚詩〈燕都小吟〉》，這些佚詩共 18 首，惜只整理發表 15 首，謂「曾樸一九一八年旅居北京時寫」。查曾虛白《曾孟樸先生年譜》，曾樸 1918 年「卜居南京」，查時萌《曾樸生平繫年》，「民國七年　戊午（一九一八年）四十七歲　先生仍居南京」，倒是此前的 1914、1916 和 1922 年曾樸數次赴北京，疑爲吳先生所謂「錄存者」記誤了年份。

61. 摘自《曾虛白自傳》「第六章　父子同窗　第三節　廣交文友」，頁 96～97。題目爲筆者所加。

62. 這些公文爲曾樸仕宦江蘇省沙田局、財政廳和官產處時撰寫發佈的公文、訓令、公函和指令等，非文學著譯，僅列存此目。

附錄 3：曾虛白文學著譯篇目輯錄
（共 205 篇／部）

本目含譯作 80 篇／部，著作 115 篇／部，輯錄 6 篇／部，注 2 篇／部，編輯 2 篇／部。

篇／書名	著／譯	文體	發表刊物出版社	發表出版時間	署名及備註
美國霍丕京大學教授馬茲基批評	譯	評論	眞美善書店	1927.9	虛白譯；附刊在東亞病夫譯《歐那尼》書後
《歐那尼》初次出演紀事	著	史傳	眞美善書店	1927.9	虛白；附刊在東亞病夫譯《歐那尼》書後
愛的歷劫	著	短篇小說	眞 1.1	1927.11.1	虛白
現在是偉人的荒歲	著	補白	眞 1.1	1927.11.1	虛白
陶斯屠夫斯奇的第一個知己	著	補白	眞 1.1	1927.11.1	虛白
煉獄魂（一）	譯	長篇小說	眞 1.1	1927.11.1	法國梅黎曼著，虛白譯
無題	著	編者講話	眞 1.1	1927.11.1	虛白
巴爾薩克付車錢的妙法	著	補白	眞 1.1	1927.11.1	虛白
原來如此！	著	補白	眞 1.2	1927.11.16	虛白
巴爾薩克主張文學的衛生法	著	補白	眞 1.2	1927.11.16	虛白
躲避	著	短篇小說	眞 1.2	1927.11.16	虛白
色（黃）	譯	短篇小說	眞 1.2	1927.11.16	法國葛爾孟著，虛白譯
煉獄魂（二）	譯	長篇小說	眞 1.2	1927.11.16	法國梅黎曼著，虛白譯
編者小言	著	編輯講話	眞 1.3	1927.12.1	虛白
再嫁	著	戲劇	眞 1.3	1927.12.1	虛白
煉獄魂（三）	譯	長篇小說	眞 1.3	1927.12.1	法國梅黎曼著，虛白譯
意靈娜拉	譯	短篇小說	眞 1.3	1927.12.1	美國濮愛倫著，虛白譯；又見於《歐美小說》，眞美善書店 1928.8

篇／書名	著／譯	文體	發表刊物出版社	發表出版時間	署名及備註
色（黑）	譯	短篇小說	真 1.3	1927.12.1	法國葛爾孟著，虛白譯
雋語	輯	補白	真 1.3	1927.12.1	虛白
編輯的商榷（覆田菊濟）	著	通信	真 1.3	1927.12.1	虛白
一服興奮劑（覆李伯龍）	著	通信	真 1.3	1927.12.1	虛白
聽他到來（一）	輯	語錄	真 1.4	1927.12.15	虛白
聽他道來（二）	輯	語錄	真 1.4	1927.12.15	虛白
回家	著	短篇小說	真 1.4	1927.12.15	虛白
民間歌謠（一）	注	歌謠	真 1.4	1927.12.15	魯毓泰搜集，虛白編注
窗	譯	散文詩	真 1.4	1927.12.15	法國薄臺萊著，虛白譯
一個末日裁判的幻夢	譯	短篇小說	真 1.4	1927.12.15	英國威爾斯著，虛白譯；又見於《歐美小說》，真美善書店 1928.8
煉獄魂（四）	譯	長篇小說	真 1.4	1927.12.15	法國梅黎曼著，虛白譯
佛郎士也會說笑話	著	補白	真 1.5	1928.1.1	虛白
西笑（一）	輯	笑話	真 1.5	1928.1.1	虛白
法網	著	短篇小說	真 1.5	1928.1.1	虛白
走失的斐貝	譯	短篇小說	真 1.5	1928.1.1	美國德蘭散著，虛白譯；又見於《歐美小說》，真美善書店 1928.8
西笑（二）	輯	笑話	真 1.5	1928.1.1	虛白
歐美名人書簡 賽維妍侯爵夫人致柯侖樹侯爵書；史帝爾的一封情書；濟慈給他妹子的信；約翰孫與卻斯特脫飛侯爵書	輯譯	書信	真 1.5	1928.1.1	虛白
美國文學家海納的格言	著	補白	真 1.5	1928.1.1	虛白
翻譯的困難	著	文論	真 1.6	1928.1.16	虛白
托爾斯泰的名言	譯	補白	真 1.6	1928.1.16	虛白
被劫	著	短篇小說	真 1.6	1928.1.16	虛白
歡詞考證表	著	考證	真 1.6	1928.1.16	虛白製
西笑	輯	笑話	真 1.6	1928.1.16	虛白
民間歌謠（二）	注	歌謠	真 1.6	1928.1.16	魯毓泰搜集，虛白編注
色（藍）	譯	短篇小說	真 1.6	1928.1.16	法國葛爾孟著，虛白譯
偶像的神秘	著	短篇小說	真 1.7	1928.2.1	虛白
考戴惹，再見！	譯	短篇小說	真 1.7	1928.2.1	西班牙阿拉斯作，虛白譯；又見於《歐美小說》，真美善書店 1928.8
門徒	譯	散文詩	真 1.7	1928.2.1	王爾德著，虛白譯

篇／書名	著／譯	文體	發表刊物出版社	發表出版時間	署名及備註
心靈一瞥	著	小品	眞 1.8	1928.2.16	虛白
看不見的傷痕	譯	短篇小說	眞 1.8	1928.2.16	匈牙利卡羅萊稽斯法呂提著，虛白譯；又見於《歐美小說》，眞美善書店 1928.8
大除夕的懺悔	譯	短篇小說	眞 1.8	1928.2.16	德國蘇特門著，虛白譯；又見於《世界短篇小說名作選》，然而社出版，1935.2；《歐美小說》，眞美善書店 1928.8
兩張紙	著	短篇小說	眞 1.9	1928.3.1	虛白
心靈一瞥	著	小品	眞 1.9	1928.3.1	虛白
師父	譯	散文詩	眞 1.9	1928.3.1	王爾德著，虛白譯
色（玫瑰）	譯	短篇小說	眞 1.9	1928.3.1	法國葛爾孟著，虛白譯
被棄者	譯	短篇小說	眞 1.9	1928.3.1	新猶太阿盧作，虛白譯
名言片段	譯	補白	眞 1.9	1928.3.1	虛白輯
鎮上有一家酒店	譯	短篇小說	眞 1.9	1928.3.1	愛爾蘭司帝芬士作，虛白譯
柴訶夫日記的一頁	譯	日記	眞 1.10	1928.3.16	虛白
馬篤法谷	譯	短篇小說	眞 1.10	1928.3.16	法國梅麗曼著，虛白譯
模仿與文學	著	文論	眞 1.11	1928.4.1	虛白
樓果	著	神話小說	眞 1.11	1928.4.1	虛白
傀儡	著	神話小說	眞 1.12	1928.4.16	虛白
輓歌	譯	詩歌	眞 1.12	1928.4.16	Thomas Gray 著，虛白譯
馬奇的禮物	譯	小說	眞 1.12	1928.4.16	美國奧亨利作，虛白譯；又見於《歐美小說》，眞美善書店 1928.8
鬼	譯	小說集	眞美善書店	1928.4	英國王爾德著，虛白譯
給全國新文藝作者一封公開的信	著	文論	眞 2.1	1928.5.16	虛白
鬼子	著	神話小說	眞 2.1	1928.5.16	虛白
色（橘黃）	譯	短篇小說	眞 2.1	1928.5.16	法國葛爾孟著，虛白譯
取媚他的妻子	譯	短篇小說	眞 2.1	1928.5.16	英國湯姆士哈代作，虛白譯；又見於《歐美小說》，眞美善書店 1928.8；《人生小諷刺》，虛白仲彝合譯，眞美善書店 1928.11；後更名爲《娛妻記》選入《英國小說名著》，上海啓明書局 1937.6；入選《娛妻記》，啓明書局，1941.7

篇／書名	著／譯	文體	發表刊物出版社	發表出版時間	署名及備註
沉默	譯	短篇小說	眞 2.1	1928.5.16	俄國安特烈夫著，虛白譯；又見於《歐美小說》，眞美善書店 1928.8
包底隆的美女戲弄審判官	譯	短篇小說	眞 2.1	1928.5.16	法國巴薩克著，虛白譯
覆黎錦明的信	著	書信	眞 2.1	1928.5.16	虛白
末一頁	著	編輯講話	眞 2.1	1928.5.16	虛白
神秘的戀神	譯	長篇小說	眞美善書店	1928.5	法國梅麗曼著，虛白譯
《神秘的戀神》的敘文	著	序文	眞 2.2	1928.6.16	虛白
德妹	著	短篇小說	眞 2.2	1928.6.16	虛白
西路巡審	譯	短篇小說	眞 2.2	1928.6.16	哈代著，虛白譯；又見於《人生小諷刺》，虛白仲彝合譯，眞美善書店 1928.11
浪漫派的紅半臂	譯	文論	小說月報，第 19 卷第 7 期	1928.7.10	戈恬著，虛白譯
囂俄的結婚	著	傳記	眞 2.3	1928.7.16	虛白
爲良心故	譯	短篇小說	眞 2.3	1928.7.16	英國湯姆士哈代著，虛白譯；又見於《人生小諷刺》，虛白仲彝合譯，眞美善書店 1928.11
徐福的下落	著	神話小說	眞 2.4	1928.8.16	虛白
德國隊裏鬱悶的騎兵	譯	短篇小說	眞 2.4	1928.8.16	哈代著，虛白譯；又見於《人生小諷刺》，虛白仲彝合譯，眞美善書店 1928.11
色（血牙）	譯	短篇小說	眞 2.4	1928.8.16	法國葛爾孟著，虛白譯
論本刊抽去孽海花的理由	著	書信	眞 2.4	1928.8.16	虛白
一家言	著	詩文集	眞美善書店	1928.8	病夫、虛白詩文合集
虛白小說	著	小說集	眞美善書店	1928.8	虛白
歐美小說	譯	小說集	眞美善書店	1928.8	虛白編，譯 9 篇
英國文學 ABC	著	文學史	世界書局	1928.8	曾虛白，「ABC 叢書」
英國文學的鳥瞰	著	文論	眞 2.5	1928.9.16	虛白
苦悶的尊嚴	著	短篇小說	眞 2.5	1928.9.16	虛白
《色》的原敘	譯	序文	眞 2.5	1928.9.16	葛爾孟著，虛白譯
文人遺物的價值	著	小品	眞 2.5	1928.9.16	虛白
從辦雜誌說到辦日報覆林樵民	著	書信	眞 2.5	1928.9.16	虛白

篇／書名	著／譯	文體	發表刊物出版社	發表出版時間	署名及備註
我的父親	著	傳記	良友，第 30 期	1928.9.30	虛白
眞美善女作家號徵文啓事	著	啓事	眞 2.6	1928.10.16	署「上海眞美善編輯所謹啓」，此據眞美善第 4 卷第 1 號張若谷的《關於女作家號》一文，「籌備出版《女作家號》的動機很簡單，曾虛白先生在徵文裏早已說過」。
孝子	著	神話小說	眞 2.6	1928.10.16	虛白
中國翻譯歐美作品的成績	著	編目	眞 2.6	1928.10.16	虛白
我的美國文學觀	著	文論	眞 3.1	1928.11.16	虛白
貢獻	著	短篇小說	眞 3.1	1928.11.16	虛白
法郎士的戀愛	著	評傳	眞 3.1	1928.11.16	虛白
葬禮進行曲	譯	短篇小說	眞 3.1	1928.11.16	法國巴比塞著，虛白譯
人生小諷刺	譯	小說集	眞美善書店	1928.11	英國哈代著，虛白、仲彝合譯
德妹	著	小說集	眞美善書店	1928.11	虛白
色的熱情	譯	小說集	眞美善書店	1928.11	法國葛爾孟著，虛白譯，在《眞美善》以《色》連載
文藝的新路——讀了茅盾的《從牯嶺到東京》之後	著	文論	眞 3.2	1928.12.16	虛白
魁訴	著	神話小說	眞 3.2	1928.12.16	虛白
死颶	著	神話小說	眞 3.3	1929.1.16	虛白
致《新月》的陳淑先生	著	書信	眞 3.3	1929.1.16	虛白
夜的迷媚：都市之夜（一）	著	小品	雅典，第 3 期	1929.2.15	曾虛白
法國浪漫運動的女先驅	著	評傳	眞 3.4	1929.2.16	虛白
紅燒肉	著	短篇小說	眞 3.4	1929.2.16	虛白
贖罪	著	短篇小說	眞 3.5	1929.3.16	虛白
南洋來的談話	著	文藝通信	眞 3.5	1929.3.16	虛白（與醒儂）
致陳淑先生的最後幾句話	著	文藝通信	眞 3.5	1929.3.16	虛白
魔窟	著	小說集	眞美善書店	1929.3	虛白
美國文學 ABC	著	文學史	世界書局	1929.3	曾虛白，「ABC 叢書」
賭場之夜	著	短篇小說	雅典，第 4 期	1929.4.15	虛白
《潛熾的心》自序	著	序文	眞 3.6	1929.4.16	虛白
敬愛你的	譯	短篇小說	眞 3.6	1929.4.16	英國瑪麗衛勃作，虛白譯

篇／書名	著／譯	文體	發表刊物 出版社	發表出版 時間	署名及備註
目睹的蘇俄	譯	遊記	眞 4.1	1929.5.16	美國德蘭散著，虛白譯
美與醜	著	文論	眞 4.1	1929.5.16	虛白
介紹新俄無產階級的兩位偉大作家（夫塞浮羅特伊萬諾夫 Vsevolod Ivanov 事略）	著	評傳	眞 4.1	1929.5.16	虛白
力與惰	著	文論	眞 4.2	1929.6.16	
蘇俄今日的婦女	譯	遊記	眞 4.2	1929.6.16	美國德蘭散著，虛白譯
肉與死	譯	長篇小說	眞美善書店	1929.6	法國邊勒魯意著，病夫虛白合譯
潛熾的心	著	小說集	眞美善書店	1929.6	虛白
松影	著	短篇小說	眞 4.3	1929.7.16	虛白
托爾斯泰派的素食館	譯	遊記	眞 4.3	1929.7.16	美國德蘭散著，虛白譯
悲哀的號哭	著	文藝通信	眞 4.3	1929.7.16	虛白（與王墳）
《都市的男女》小曾序	著	序文	眞美善書店	1929.7	刊徐蔚南《都市的男女》前
旅俄雜感	譯	遊記	眞 4.4	1929.8.16	美國德蘭散著，虛白譯
恭士丹瞿那	譯	短篇小說	眞 4.4	1929.8.16	法國李顯賓作，虛白譯；入選《世界文學讀本》，上海新文化出版社，版年不詳
目睹的蘇俄	譯	遊記	眞美善書店	1929.8	美國德蘭散著，虛白譯，散見於《眞美善》各期
幻想集	譯	詩歌	詩與散文，第1期	1929.9.10	法國保羅孚爾作，虛白譯
秋，聽說，你已來到！	著	散文詩	詩與散文，第1期	1929.9.10	虛白
知難行易辯——讀胡——適之先生知難行不易後的感想	著	評論	眞 4.5	1929.9.16	虛白
漢譯東西洋文學作品編目	編	編目	眞美善書店	1929.9.28	虛白原編，蒲梢修訂
倒垃圾	著	短篇小說	眞 4.6	1929.10.16	虛白
從本刊說到麵包問題	著	文藝通信	眞 4.6	1929.10.16	虛白（與林墨農）
一隻小狗的死	譯	短篇小說	當代詩文，創刊號	1929.11.1	梅特靈克作，虛白譯
翻譯中的神韻與達——西瀅先生《論翻譯》的補充	著	文論	眞 5.1	1929.11.16	虛白
蘇州文藝的曙光	著	文藝通信	眞 5.1	1929.11.16	虛白（與王墳）
法國女英雄貞德評傳	著	評傳	眞 5.2	1929.12.16	虛白

篇／書名	著／譯	文體	發表刊物出版社	發表出版時間	署名及備註
一次火車的遇險	譯	短篇小說	眞 5.2	1929.12.16	德國湯賣司曼作，虛白譯
成吉思汗的馬	譯	短篇小說	眞 5.2	1929.12.16	法國保爾穆杭作，虛白譯
詩人與英雄	譯	散文	眞 5.3	1930.1.16	嘉萊爾著，虛白譯
野獸	譯	短篇小說	眞 5.3	1930.1.16	德國瓦塞門作，虛白譯
柏拉圖與共產主義	譯	文論	眞 5.4	1930.2.16	法國蘇爾培、克洛斯合作，虛白譯
黑貓	譯	短篇小說	眞 5.4	1930.2.16	新猶太賓斯基作，虛白譯；入選《世界文學讀本》，上海新文化出版社，版年不詳
意大利舉行佛吉爾二千年紀念	著	文藝通訊	眞 5.4	1930.2.16	虛
德蘭散與女人	著	文藝通訊	眞 5.4	1930.2.16	虛
偉大戰爭劇《路的盡頭》	著	文藝通訊	眞 5.4	1930.2.16	虛
論戴望舒批評徐譯《女優泰倚思》	著	文藝通信	眞 5.4	1930.2.16	虛白（與王聲）
中國舊時代文學觀念之剖析	著	文論	眞 5.5	1930.3.16	虛白
三稜（一）	著	長篇小說	眞 5.6	1930.4.16	虛白
三十歲婦人的迷媚——《一個青年男子的懺悔》第五章	譯	長篇小說	眞 5.6	1930.4.16	英國喬治摩阿著，虛白譯
文學的討論	著	文藝通信	眞 5.6	1930.4.16	虛白（與禾仲）
世界傑作小說選	編	小說集	眞美善書店	1930.4	兩輯
甘地的無暴力主義	譯	評傳	眞 6.1	1930.5.16	C.F.Anderson 著，虛白譯
三稜（二、三）	著	長篇小說	眞 6.1	1930.5.16	虛白
暮靄中海邊的幻夢——《死之勝利》第五卷第五章	譯	長篇小說	眞 6.1	1930.5.16	G.d'Annunzio 著，虛白譯
關於《三稜》的題名	著	文藝通信	眞 6.1	1930.5.16	虛白（與禾仲）
國家主義與自由	譯	政論	眞 6.2	1930.6.16	意大利尼蒂著，虛白譯
三稜	著	長篇小說	眞 6.2	1930.6.16	虛白
好利害的妹子——《高龍巴》第十五章	譯	長篇小說	眞 6.2	1930.6.16	法國梅麗曼著，虛白譯
歐那尼研究——為浪漫派百年紀念作	譯	文論	眞 6.3	1930.7.16	法國格拉孫奈作，虛白譯
雷利亞序文	譯	序文	眞 6.3	1930.7.16	法國喬治桑作，虛白譯
良心	譯	詩歌	眞 6.3	1930.7.16	法國囂俄作，虛白譯
狼之死	譯	詩歌	眞 6.3	1930.7.16	法國維尼作，虛白譯

篇／書名	著／譯	文體	發表刊物出版社	發表出版時間	署名及備註
十二月之夜	譯	詩歌	眞 6.3	1930.7.16	法國繆塞作，虛白譯
劊子手	譯	小說	眞 6.3	1930.7.16	法國巴爾札克作，虛白譯
翁梵珋——一篇舊貨堆的故事	譯	小說	眞 6.3	1930.7.16	法國戈恬作，虛白譯
德謨格拉西在中國	著	政論	眞 6.4	1930.8.16	虛白
歐洲各國的文學觀念（上）	著	文論	眞 6.4	1930.8.16	虛白
三稜（五）	著	長篇小說	眞 6.4	1930.8.16	虛白
新生的土耳其	著	政論	眞 6.5	1930.9.16	虛白
歐洲各國的文學觀念（下）	著	文論	眞 6.5	1930.9.16	虛白
三稜（六）	著	長篇小說	眞 6.5	1930.9.16	虛白
印度獨立運動的意義	著	政論	眞 6.6	1930.10.16	虛白
三稜（七）	著	長篇小說	眞 6.6	1930.10.16	虛白
民族主義文藝運動的檢討	著	文論	眞 7.1	1930.11.16	虛白
三稜（八）	著	長篇小說	眞 7.1	1930.11.16	虛白
再論民族文學——與王家棫的第二次通信	著	文論	眞 7.2	1930.12.16	虛白
機器與情感	譯	文論	眞 7.2	1930.12.16	英國羅素著，虛白譯
三稜（九）	著	長篇小說	眞 7.2	1930.12.16	虛白
三十年	著	短篇小說	航聲，第 10 期	1930	虛白
愛之罪惡	著	短篇小說	航聲，第 11 期	1930	虛白
做人與讀書——在金陵女子文理學院的演講辭	著	演講	眞 7.3	1931.1.16	虛白
三稜（十）	著	長篇小說	眞 7.3	1931.1.16	虛白
斷橋	譯	小說	中華書局	1931.2	美國魏魯特爾著，曾虛白譯，（新文藝叢書）
三稜（十一、十二）	著	長篇小說	眞季 1.1	1931.4	虛白
娜娜（第一章）	譯	長篇小說	眞季 1.1	1931.4	法國佐拉著，虛白譯
高龍巴（一——六）	譯	長篇小說	眞季 1.1	1931.4	法國梅麗曼著，虛白譯
偕金女大同學泰山春遊五日記	著	遊記	眞季 1.2	1931.7	虛白
三稜（十三）	著	長篇小說	眞季 1.2	1931.7	虛白
娜娜（第二章）	譯	長篇小說	眞季 1.2	1931.7	法國佐拉著，虛白譯
高龍巴（七 —— 十一）	譯	長篇小說	眞季 1.2	1931.7	法國梅麗曼著，虛白譯

篇／書名	著／譯	文體	發表刊物出版社	發表出版時間	署名及備註
華家的破產	著	短篇小說	航聲，第 20 期	1932	虛白
紅樓夢前三回結構的研究	著	文論	青鶴，第 1 卷第 4 期	1933.1.1	虛白
三稜	著	長篇小說	世界書局	1933.1	曾虛白
曾孟樸先生年譜（上）	著	年譜	宇宙風，第 2 期	1935.10.1	虛白
曾孟樸先生年譜（中）	著	年譜	宇宙風，第 3 期	1935.10.16	虛白
曾孟樸先生年譜（下）	著	年譜	宇宙風，第 4 期	1935.11.1	虛白
英雄與英雄崇拜	譯	散文	商務印書館	1937.3	美國嘉萊爾著，曾虛白譯
遺忘了的舊夢	著	日記	青年界，第 12 卷第 1 期，日記特輯	1937.6	曾虛白
北新重版《魯男子》弁言	著	序文	時代生活（重慶）創刊號	1943	虛白
嘉萊爾論穆罕默德	譯	政論	清眞鐸報，新十八期	1945	嘉萊爾著，曾虛白譯

注：《眞美善》各期表示方法由「眞美善第一卷第一號」簡化爲「眞 1.1」，「眞美善季刊第一卷第一號」簡化爲「眞季 1.1」，其它刊物名稱、期次未簡化。

附錄 4：《眞美善》雜誌登載各類廣告目錄

　　本目統計《眞美善》全刊 48 期（第 1 卷半月刊 12 期，第 2～7 卷第 3 號月刊 33 期，季刊第一卷 2 期，「女作家號」1 期）中登載的各類廣告 171 條，其中不含「眞美善書店」本店出版的圖書廣告和《眞美善》本刊期刊目錄廣告，「附錄一：眞美善書店出版圖書目錄」中所列圖書均有廣告在《眞美善》連續登載，故在本目中略去。本目含 43 種文藝期刊的 158 條次期刊目錄或徵訂、版權廣告，其餘 13 條爲雜類廣告。

廣告客戶名稱	登載版面	登載期次	備　注
華東印刷所（廠）	內文	1.1 至 1.8	據該廣告，時《眞美善》雜誌和圖書在該所印刷，整頁；自 1.6 半頁
交通銀行廣告	內文	1.1 至 1.8	半頁
華大商業儲蓄銀行廣告	內文	1.1 至 1.3	半頁
服用威廉士大醫生紅色補丸恍同眞光照臨百病全消	內文	1.1;1.2	整頁
袁製解毒精	內文	1.1;1.2	半頁
試驗保腎固精丸	內文	1.1 至 1.5	半頁，1.3 起設計變化
（眞美善）徵求投稿	封三內文	1.1 至 1.9	此後每期封三照登，1.3 起內文亦登載，後略
雲裳	內文	1.3 至 1.11	半頁
彩鳳唱機	內文	1.3 至 1.11	整頁
本店經售絲織風景畫片西式信紙信封	內文	1.5 至 1.8	半頁
東亞病夫介紹畫家俞劍華君	內文	1.6	整頁；書畫潤例廣告

廣告客戶名稱	登載版面	登載期次	備　注
《貢獻》旬刊第五期目錄	內文	1.7	整頁，嚶嚶書屋發行，每冊大洋一角
《貢獻》旬刊第六期目錄	內文	1.8	半頁
《貢獻》旬刊第七期目錄	內文	1.9	半頁
《生路》月刊第一卷第三期	內文	1.10	半頁；上海新學會發行，每期一角五分
《貢獻》旬刊第九期目錄	內文	1.10	半頁
《貢獻》旬刊第二卷第一期目錄	內文	1.11	半頁
《新評論》（半月刊）	內文	1.11	半頁；新評論社，每期四分
（天津）《北洋畫報》	內文	1.11	半頁；北洋畫報社，每份大洋四角
《女青年》月刊一萬徵求運動	內文	1.12	整頁；女青年協會編輯部
《生路》第一卷第四期	內文	1.12	半頁
《貢獻》旬刊第二卷第三期目錄	內文	1.12	半頁
徵求陳季同先生事跡及其作品	內文	2.1	整頁；眞美善書店，病夫啓
《貢獻》旬刊第二卷第五期目錄	內文	2.1	半頁
《新月》月刊第一卷第三號目錄	內文	2.1	半頁；上海望平街新月書店發行
《新評論》半月刊第九期出版	內文	2.1	半頁
《生路》月刊第五期要目	內文	2.1	半頁
本店遷址通告	內文	2.1	整頁；眞美善書店
徵求孤本中國舊小說	內文	2.1	整頁；眞美善書店
《新評論》第十一期目錄	內文	2.2	半頁
《洪荒》第二期要目期目錄	內文	2.2	半頁
《新月》月刊第一卷第四號目錄	內文	2.3	半頁
《小說月報》第十九卷第六號	內文	2.3	半頁
俞劍華書畫潤例（十七年元旦重訂）	內文	2.3	半頁
胡同光贈扇	內文	2.3	半頁
《秋野》第二卷第二期	內文	2.3	半頁；批發及發行者新月書店
《新評論》半月刊第三十期目錄	內文	2.3	半頁
曾耀仲博士開診	內文	2.4;2.6	兩頁
《一般》四月號第四卷第四號	內文	2.4	半頁
《小說月報》第十九卷第七號	內文	2.4	半頁
《新月》月刊第一卷第五號目錄	內文	2.4	半頁
《新評論》半月刊第十五期要目	內文	2.4	半頁
眞美善女作家號徵文啓事	內文	2.6	兩頁，附編輯體例
《小說月報》第十九卷第十一號	內文	3.1	半頁

廣告客戶名稱	登載版面	登載期次	備　注
《秋野》第二卷第五號目錄	內文	3.1	半頁
《新月》月刊第一卷第八號目錄	內文	3.1	半頁
《獅吼》半月刊第十期目錄	內文	3.2	半頁
《秋野》第二卷第六期目錄	內文	3.2	半頁
《新評論》半月刊第廿三期要目	內文	3.2	半頁
《新月》月刊第一卷第九號目錄	內文	3.2	半頁
《新月》月刊第一卷第十號目錄	內文	3.3	半頁
《新月》月刊第一卷第十一號目錄	內文	3.5	半頁；每期三角
《國立藝術院》半月刊亞波羅	內文	3.5	半頁；每冊一角五分
《紅黑》胡也頻主編 第二期目錄	內文	3.5	半頁；零售一角五分；發行處上海法租界薩坡賽路二百零四號
《大江》月刊十二月號	內文	3.5	半頁
《新女性》第四卷新年號（第三十七號）	內文	3.5	半頁
《樂群》月刊第三期目錄	內文	3.5	半頁
《雅典》月刊第一號目錄	內文	3.5	半頁；上海卿雲圖書公司總髮行，零售每冊大洋二角
《一般》十二月號第六卷第四號	內文	3.5	半頁
《春潮》第一卷第三期目錄	內文	3.5	半頁；上海春潮書局發行
《雅典》月刊第二期目錄	內文	3.6	半頁
《金屋》月刊第三期	內文	3.6;4.1	半頁
《泰東》月刊二卷七期目次	內文	3.6	半頁
《小說月報》第二十卷第一號	內文	3.6	半頁
《人間》月刊第二期目錄	內文	3.6	半頁；上海閘北西賓昌路人間書店發行，每期實價二角
《一般》一月號七卷一號	內文	3.6	半頁
《秋野》三卷一期要目	內文	3.6	半頁
《華嚴》月刊第一卷第一期目錄	內文	3.6	半頁；北平都城隍廟街十四號華嚴書店出版，每冊一角五分
《生活》周刊（徵訂廣告）	內文	3.6;4.3;5.2	半頁；生活周刊社
《新女性》第四卷二月號第卅八號	內文	3.6	半頁
《新月》月刊第一卷第十二號目錄	內文	3.6	半頁
《文學》周刊第八卷第五號至第九號要目	內文	3.6	半頁
《春潮》月刊第一卷第四期目錄	內文	4.1	半頁；春潮書局發行，每冊一角五分
《新女性》第四卷三月號第三十九號	內文	4.1	半頁
《泰東》月刊第二卷第八期目次	內文	4.1	半頁

廣告客戶名稱	登載版面	登載期次	備　注
《人間》月刊第四期目錄，沈從文主編	內文	4.1	半頁；沈從文主編
《雅典》月刊第三期目錄	內文	4.1	半頁
《小說月報》第二十卷第二號目次	內文	4.1	半頁
《春潮》月刊第一卷第五期目錄	內文	4.1	半頁
《華嚴》月刊第一卷第二期目錄	內文	4.1	半頁
《一般》二月號　第七卷第二號	內文	4.1	半頁
《新月》月刊第二卷第一號目次	內文	4.1	半頁
《文學》周刊第八卷第九號至第十三號	內文	4.2	半頁
《泰東》月刊第二卷第九期目次	內文	4.2	半頁
《新月》月刊第二卷第二號目錄	內文	4.2	半頁
《一般》四月號要目	內文	4.2	半頁；上海開明書店印行，每期二角
《小說月報》第四號目錄	內文	4.2	半頁
《新女性》五月號要目	內文	4.2	半頁；上海開明書店印行，每冊一角五分
《一般》三月號目錄	內文	4.2	半頁；上海開明書店印行，每期兩角
《春潮》月刊第一卷第六期目錄	內文	4.2	半頁；春潮書局發行
《金屋》月刊第四期二號	內文	4.2	半頁
張若谷先生主幹女作家雜誌徵求一萬定戶	內文	4.2;4.3	整頁；爲眞美善書店擴張計劃之一
《文學》周報蘇俄小說專號目錄	內文	4.3	半頁；上海北四川路遠東圖書公司發行，本期零售大洋二角
《華嚴》月刊第一卷第三四期目錄	內文	4.3	半頁；北平都城隍廟街華嚴書店出版；每冊定價大洋一角五分
《一般》五月號目錄	內文	4.3	半頁；上海開明書店發行，每期二角
《新女性》第四卷六月號目錄（兒童問題專號）	內文	4.3	半頁；上海開明書店發行，每期一角五分
《小說月報》二十卷第六號目錄	內文	4.3	半頁
《貢獻》月刊五卷三期即第三九期目錄	內文	4.4	半頁；嚶嚶書屋發行
《春潮》月刊第一卷第七期目錄	內文	4.4	半頁；春潮書局
《新月》月刊第二卷第三號目錄	內文	4.4	半頁；上海四馬路望平街新月書店出版
《一般》六月號第八卷第二號	內文	4.4	半頁
《華嚴》月刊第五期要目	內文	4.4	半頁；華嚴書店出版每冊一角五分
《新女性》四卷七號四十三號	內文	4.4	半頁
《新月》月刊第二卷第四號目錄	內文	4.5	半頁
《一般》七月號	內文	4.5	半頁；上海開明書店發行

廣告客戶名稱	登載版面	登載期次	備　注
《春潮》月刊第一卷第八期目錄	內文	4.5	半頁；上海春潮書局發行，一角五分
《生活》第四卷三十八期要目	內文	4.5	半頁；上海拉斐德路四四二號生活周刊社
《新女性》第四卷八月號	內文	4.5	半頁上海開明書店發行
《華嚴》月刊第六期	內文	4.5	半頁；華嚴書店發行
《春潮》月刊第一卷第九期目錄	內文	4.6	半頁；上海春潮書局發行，一角五分
《現代小說》第三卷第一期擴充紀念特號目錄	內文	4.6	整頁；上海現代書局發行，每冊二角五分
《清華》周刊第三十二卷第一期目次	內文	5.1	半頁
《青春》月刊第二期目錄	內文	5.1	半頁；上海南華圖書局發行，另售二角四分
《銀沫》專號目次即第四號草野半月刊	內文	5.1	半頁；實價大洋三角，草野社
《新月》月刊二卷五期	內文	5.1	半頁
《白華》旬刊創刊號	內文	5.1	半頁；每期二分，蘇州東吳大學王墳轉白華文藝研究社
《清華》周刊第三十二卷第二期目次	內文	5.2	半頁
《新文藝》第三號	內文	5.2	半頁；上海水沫書店發行，另售每冊兩角
《白華》一卷二號目錄	內文	5.2	半頁，東吳大學王墳主編
《現代小說》第三卷第二期十一月號目錄	內文	5.2	半頁
《華嚴》月刊第二期要目	內文	5.2	半頁，一角五分，華嚴書店出版
《新月》月刊二卷六七合刊目錄	內文	5.3	半頁
《白華》旬刊王墳主編第一第三號至第七號要目	內文	5.3	半頁
《世界》月刊二卷三期要目	內文	5.3	半頁；世界學會世界月刊社；每冊二角半
本店刊行岩海叢書宣言	內文	5.6	整頁，眞美善書店
本刊法國浪漫運動百年紀念號徵文啓事	內文	5.6	整頁，眞美善書店
《草野》周刊二卷三號目次	內文	5.6	半頁
《世界》月刊最近要目	內文	5.6	半頁
《人文》月刊第一卷第二期	內文	5.6	半頁
《金屋》第七期目次	內文	5.6	半頁
《生活》周刊第五卷十七期要目	內文	5.6	半頁
《人文》月刊第一卷第三期	內文	5.6	半頁
杜俊東啓事	內文	6.2	半頁

廣告客戶名稱	登載版面	登載期次	備　注
《世界》月刊第四卷第二期目錄	內文	6.2	半頁
《草野》周刊	內文	6.2	半頁；另有《獨唱》詩集，湯增歅作，實價三角；《掙扎》短篇，嚴芝馥等，實價三角；《隨便寫寫》小品，金寬生作，實價四角；《愛人》短篇，金寬生作，實價四角。上海草野社出版部
《世界》月刊第四卷第三號要目	內文	6.3	半頁
《新生命》月刊第三卷第七號要目	內文	6.3	半頁
《清華》月刊第三十三卷第十一期地學專號目錄	內文	6.3	半頁
《前鋒》周報	內文	6.3;6.4;6.6	半頁
《新東方》雜誌殖民問題專號要目	內文	6.3	半頁
《人文》月刊第五期要目	內文	6.3	半頁
《眞美善》金屋半價廉售廣告	內文	6.4	整頁
《新生命》月刊第三卷第八號（憲法研究專號）	內文	6.4	半頁
《白潮》旬刊五期要目	內文	6.4	半頁；上海還龍路六號白潮社，每期三分
《草野》周刊第三卷二號要目	內文	6.4	半頁；上海斐倫路三十四號草野社出版
《世界》月刊五卷一二期紀念號目錄	內文	6.4	半頁
《新月》月刊第二卷第十二號	內文	6.5	半頁
《現代學生》雜誌創刊號要目	內文	6.5	半頁；上海大東書局發行
《新生命》月刊第三卷第九號	內文	6.5	半頁；每冊二角
《人文》月刊第七期要目	內文	6.6	半頁
《社會科學》雜誌第二卷第四期要目	內文	6.6	半頁；上海泰東書局出版，每冊二角
《展開》月刊第四期要目	內文	7.1	半頁；總髮行南京展開書店
《文藝》月刊第四期目錄提要	內文	7.1	半頁；中國文藝社出版
《現代學生》第二期要目	內文	7.1	半頁；上海大東書局
《現代學生》第一卷三號目錄摘要	內文	7.2	半頁
《人文》月刊第一卷第九期要目	內文	7.2	半頁
國立中央大學社會科學季刊第一期第一號要目	內文	7.2	半頁
《文藝》月刊第五期要目	內文	7.2	半頁
眞美善書店冬季廉價大贈品	內文	7.2	整頁

廣告客戶名稱	登載版面	登載期次	備　注
眞美善書店春季半價	內文	7.3	整頁
孽海花版權啓事	內文	7.3	半頁
《人文》月刊第一卷第十期要目	內文	7.3	半頁
《新東方雜誌》第一卷第十二期要目	內文	7.3	半頁
《新東方雜誌》第一卷第十一期要目	內文	7.3	半頁
中央大學法學院季刊第一卷第三期要目	內文	季刊 1.1	半頁
《文藝》月刊第二卷第四期要目	內文	季刊 1.1	半頁
清華周刊第三十五卷第八九期合刊目錄本校二十週年紀念號	內文	季刊 1.1	半頁；每冊定價大洋一角
《人文》月刊第二卷第三期要目	內文	季刊 1.1	半頁；零售每期兩角
中央大學社會科學季刊第二期要目	內文	季刊 1.1	半頁；每冊三角五分
《人文》月刊第二卷第七期要目	內文	季刊 1.2	半頁；另售每冊三角
《文藝》月刊第二卷八期要目	內文	季刊 1.2	半頁；零售每本三角

後　記

　　這部書稿是在我的博士論文的基礎上修改而成的。書稿不長，正文加注釋、附錄等攏共 16 萬字左右，主要寫了常熟曾家曾樸、曾虛白兩父子在1927~1931 年間在上海法租界辦眞美善書店、雜誌的成績，討論了兩父子的文學理想和文藝主張，提出並從學理上論證了「眞美善作家群」的存在、構成、文學生活方式、著譯實績及其文化姿態。因爲當時趕著申請參加 2012 年下半年的畢業答辯，書稿寫得匆促，在 9 月 15 日至 10 月 15 日間寫就，留下了「眞美善作家群」的創作及其翻譯對創作的影響兩章未及成文，就匆匆打印了寄送外審。因爲我的疏懶，書稿至今也還是一個令我汗顏的未完成，好在已有的部分也算相對完整，權且付梓，算是對自己幾年來閱讀和思考的一個不成熟的階段性總結吧。

　　我用了四年半的時間（2008.9~2012.12）完成博士學業，仍舊師從我的碩士導師王榮教授。在選定這個題目之前，我先後選了幾個題目如「吳宓翻譯研究」「『學衡派』翻譯研究」「傅東華翻譯研究」和「魯迅翻譯研究」等。每選一題均集中購置相關圖書，集中閱讀，隨後感覺到種種難度，便腆著臉去跟王老師講自己遇到的問題和困難，請求換題。如此數次反覆，王老師均寬懷大度，諒解我，容我改題，並給我悉心指導和幫助。最後，在王老師的指導和摯友李躍力的幫助下，我選定受關注較少、但在 1930 年代文壇頗具代表性的《眞美善》雜誌及其創辦者曾樸、曾虛白父子作爲研究對象。幸運的是，我校圖書館古籍閱覽室裏恰好就收藏了一整套 48 本《眞美善》雜誌原刊。當我看到這一大排落滿灰塵的雜誌時，喜出望外，也感覺到冥冥中似乎早有安排，這一整套飽含著曾家父子對文學的摯愛與期許的雜誌，就在那裏，在遠

離它的誕生地——上海——的西安城南的陝西師範大學長安校區圖書館裏，等著我，等著我在八十年後重新翻開那泛黃的書頁，來仔細品讀它們的創造者留在歷史深處爲復興民族文藝所發出的眞誠吶喊，等著我來重新翻檢曾家父子留在紙上字間的努力、辛勤和那綿綿不盡、感人至深的父子之愛。最初的設想是做期刊研究，但在翻閱《眞美善》雜誌的過程中，我讀到曾樸先生爲了用自己的方式來爲民族的文藝復興盡一份力，讓正在追隨董顯光辦《庸報》的長子曾虛白放棄記者事業來協助自己，用仕宦二十餘年的積蓄，在上海的法租界裏創辦了眞美善書店和《眞美善》雜誌；讀到兩父子一起商量各項辦刊事宜，共同選定書店和編輯部的地址，相攜參加滬上的各類文藝聚會和客廳文藝沙龍，一起寫稿編刊；也讀到了最感動我的這樣一個細節：爲了增加自己譯介法國文學的能力，曾樸在已知天命的年紀去一位在滬的法國女士家裏學習法語，做了半年的「老學生」，長子曾虛白一直在旁陪同學習，這是一段「父子同窗」「進修文藝」的文壇佳話，其中的父子之情，實在令人欽慕。辦刊期間，曾氏父子積極組織圖書出版和文藝活動，有意識地聚攏起了一大批作家，他們出入曾家的客廳文藝沙龍，基本認同曾樸借鑒法國浪漫主義文藝運動的口號而提出的「眞」「美」「善」的文藝主張，其在《眞美善》雜誌發表的文章和在眞美善書店出版的文學著譯，也有明顯趨同的審美追求和藝術品格，這就使我萌生了將其定位命名爲「眞美善作家群」的想法，經與王老師數次討論，遂決定定題爲「曾樸、曾虛白父子與『眞美善作家群』研究」。王老師特別數次叮嚀：一定要把曾氏父子的文學活動放置到整個 20 世紀中外文學交流的視野中來進行研究和言說，一定要關注其外國文學譯介與其創作的關係。對於王老師的這兩點要求，第二點我沒有做好，還要繼續努力。

論文寫成雖僅用了一個月的時間，但此前的閱讀與思考卻是漫長的。因我於 2011 年 8 月至 2012 年 8 月間赴美訪學，考慮到國外民國原刊難找，就在徵得圖書館領導和古籍部姚老師的特許後，將全部 48 本刊物逐頁拍照，存在電腦裏帶到國外閱讀、筆記。我現在還清晰地記得在美國馬薩諸塞州立大學波士頓分校讀書時的情景：8 點進 Healey Library，上午讀《眞美善》，記筆記；中午用圖書館的微波爐加熱自帶的米飯醬牛肉，趴在書桌或乾脆躺在圖書館的地毯上眯一會；下午在圖書館裏樓上樓下地翻檢中國文學英文譯本和臺灣地區出版的與民國文學有關的圖書。等把他們館藏的此類書籍搜羅盡了，我

就開始了每天下午的「館際互借」，用 WorldCat 將附近大學如耶魯、哈佛、波士頓大學、哥倫比亞大學和麻省理工學院等校館藏的中國文學英文譯本都借了回來，晚上帶回家掃描有用的部分，留存電腦，有時爲了趕著還書，要整夜掃描資料。我至今還清晰地記得我在圖書館六層的窗前讀著曾氏父子的文學故事，抬頭看見窗外天光雲影映在大西洋洋面上，水天共一色，萬物俱靜寂；清晰地記得我被 Healey Library 讀者服務部的 Susan 約見，問我借那麼多臺灣地區出版的圖書是不是在爲大陸有關部門搜集情報，我只好把手頭上剛借到的臺灣書口譯給她聽，告訴她我借的書僅限文學，無關政治；清晰地記得我每天最後一個從圖書館背著裝滿書的背包離開時，外借部的那幾位金髮碧眼的工作人員熱情的 Bye 和 See you tomorrow。

　　記憶最深刻的，是每每讀到曾氏父子天天一起「進修文藝」的文字時，不禁想自己英年早逝的慈父，多少次在異國樓頭禁不住淚流滿面，那時候眞害怕古人「落日樓頭，斷鴻聲裏」的詩意。那麼，請容我說說我的父親王俊年吧。父親是村子裏最聰明的人，雖然因爲家庭貧困而未能讀書識字，卻是遠近聞名的鐵匠、石匠、鎖匠和泥瓦匠，會打鋤頭、菜刀、鍘刀、剪刀，會造土槍，能建造高溫玻璃爐，會看圖紙修橋，會打石碾石磨，會配鑰匙開鎖，會壘屋泥牆。父親很幽默很善良，爲人大方，能急人所急，樂於助人，也常常在農閒時默默義務補路修橋，在鄉里人緣很好。我和父親的關係一直很融洽。我自 12 歲離家出門念書，一年之中可以見到父親的時間有限，卻在每每回家時與父親有說不完的話，待我到西安讀大學後，每年寒暑假回家，總要和父親喝茶聊天到深夜。後來家裏裝了座機，每周末都會給父親打電話，有時稍忙忘記了，他總會打過來問我是不是工作忙了，注意身體，寥寥數語後，就爲了節約話費而匆匆掛掉。現在想來，有個父親牽掛著眞是莫大的幸福，而我卻永遠失去了聽父親叮嚀嘮叨的那個福分。父親非常疼愛我和弟弟妹妹，嚴而不苛，家裏氛圍很民主。記憶裏，父親從未因學習問題責罵過我們，即使一時成績不好，也是鼓勵再鼓勵。父親爲家事操勞，因爲自己受盡不識字的苦楚，竭盡全力供我們三個念書，也因此累壞了身體。父親是患肺癌於 2010 年 1 月 16 日午後 12 時 45 分去世的，從查出病症到辭世，僅十個月。病前已有多種慢性病纏身，卻還總在不那麼難受的時候掙扎著出去打工持家。對我而言，讀博士的四年過得眞慢眞難，其間有太多不得不硬著頭皮要去邁過的坎。最難的，是 2009 年整整一年間父親罹患重病、纏綿病榻，這讓我這

個常年離家的人子深深體會到了眼巴巴看著至親的生命之光慢慢黯淡、身體悄然瘦去、最後不得不天人永隔的悲哀、無奈與無助。那段日子，在我的心頭刻下的疼痛記憶，讓我深深感受到了命運的殘酷無情和不可捉摸，讓我深深悔恨自己在父親健康的時候沒能讓他多享受些兒孫繞膝的天倫之樂，讓我深深自責沒能好好恪盡爲人子的孝道，也深深羨慕著曾虛白陪伴父親爲文藝而奮鬥的那份幸福。哀哀父母，生我劬勞。子欲養而親不待，恐怕是人間最大的悲涼。我要感謝父親，謝謝他給我生命，看我成長，爲我操勞，謝謝他喜悅過我的每一點成績，寬容著我所有的錯誤。

再容我說說如慈父般關懷提攜我的導師王榮先生。我在 2000 年大學畢業剛留校任教時就認識了爲人敦厚的王老師。2003 年 9 月即拜在王老師門下攻讀中國現當代文學碩士學位，2008 年 9 月又作爲王老師的首屆博士生跟隨王老師攻讀博士學位。我在選題上幾次遊移變更，人本愚鈍，有時又冥頑固執，加之家事纏雜，讓先生爲我枉操了太多心。先生寬容仁慈，待我如待子侄，在學業上，容忍我屢變選題，允許我自取所好，雖要求嚴格，但指導詳盡入微、不厭其煩，對於學術理路和規範，向來嚴謹有加；在生活上，承先生多次在我無助時主動施以援手，讓我每每安度難關；在我情緒最低落的時候，先生每每和氣鼓勵、勸慰，讓我總能挺起身來，繼續勇敢面對生活。在本書的寫作過程中，先生爲給我提供一個安靜的寫作環境，特讓出自己的教授工作室，容我橫豎其間，並時時從論證邏輯到段落文詞上幫我斟酌。本書內容實在淺薄，其謬皆在我。但若無先生悉心指導，恐更不知又是何等醜拙。畢業後，我仍時時糾纏於先生門下，經常得聆先生關於做人、做事的教誨，並經常系列先生迎送學弟學妹們的席間，此間快樂，雖不足爲外人道，但卻心腦融融，萬分自傲。這些年來，如果沒有先生的幫扶，我眞不知道自己能走到哪裏。先生湧泉之恩，我心惶惶，不知何德得之，又何以爲報！惟有感謝上蒼眷顧，讓我得先生知遇、培育之恩。我也要鄭重感謝我的師母劉老師。多少次我在先生家的客廳裏和王老師、師母聊天說話，師母在茶几上擺滿好吃的點心水果、不斷爲我添茶續水、閒說家常時的那種家的感覺，對我這離家千里的遊子來說，又何嘗不是春暉般溫暖的慈母之愛呢？

感謝我的博士後合作導師、華東師範大學博士生導師楊揚教授！蒙先生不棄，允我門下讀書求學，先生課上的教導敦促和課餘的關懷寬容，讓我切身感受到楊門學風的誠樸嚴謹和先生爲人作文的格局與風度。正是在楊老師

的幫助和提攜下，我才有機會參與、體會滬上的文化活動與人文氣息。

　　在寫作本書期間，我還得到了哈佛大學王德威教授、李潔教授，馬薩諸塞州立大學波士頓分校玄恩淑（Eunny Hyun）教授、戴沙迪（Alenxander Des Forges）教授、馬大 Healey Library 副館長 George Keller Hart 先生，復旦大學張業松教授，吉林大學張福貴教授，西北大學周燕芬教授，陝西師範大學李繼凱教授、趙學勇教授、張積玉教授、田剛教授、李震教授、程國君教授等諸位先生的提點和指導，感謝他們的無私幫助！

　　我的博士論文外審專家中國人民大學文學院李今教授、北京師範大學文學院劉勇教授、西南大學文學院王本朝教授、華中師範大學文學院許祖華教授和福建師範大學文學院朱立立教授等五位先生認真審讀了我的論文，對其中的觀點和我的寫作態度予以肯定，對存在的問題給予了指正，感謝他們提出的寶貴修改意見。

　　多年來，我工作的陝西師範大學外國語學院的領導和同事們容忍我的缺點，寬容我的疏懶，支持我的學歷提升。我還要鄭重感謝老院長張思銳教授在我父親生病期間數次允我請長假，讓我能在父親病床前盡點人子的孝道！感謝多年來對我照顧有加、屢屢幫我度過難關的杜乃儉教授和師母薛玲仙教授！謝謝我的摯友吳國彬、李躍力、劉薇和李萍多年來對我無私無盡的幫助，兄弟之情，親同手足。感謝姐姐一樣關照我的王維雋老師。謝謝我的同門鄭莉、馬亞琳、錢章勝、翟二猛、黃金萍、張靜濤和焦欣波諸君對我的幫助！沒有你們，我的生活會艱難很多，失色很多！

　　感謝這套叢書的主編、北京師範大學和四川大學教授李怡先生，我和李老師僅兩面之緣，當我冒昧給李老師寫信投寄書稿時，蒙李老師寬厚接納拙作，使本書得以有機會系列這套叢書之中。感謝花木蘭文化出版社的楊嘉樂女士，她認真、高效的工作使本書得以盡早面世，與她合作是我莫大的榮幸。

　　最後，感謝我的家人，感謝我的至愛余露茜。謝謝我的孩子們，我的忘憂草，給我無盡的快樂。沒有你們的寬容、支持與犧牲，我又何能走到今天。你們的愛與支持，是我繼續前行的最大動力。

王西強

2016 年 3 月 12 日

於長安城南臥雲齋